"创新型"跨境电商实训教材

跨境电子商务概论与实践

冯晓宁◎编著

CROSS BORDER E-COMMERCE

INTRODUCTION

AND

PRACTICE

中国海关出版社

·北京·

图书在版编目（CIP）数据

跨境电子商务概论与实践／冯晓宁编著．—北京：中国海关出版社，2019.1

ISBN 978-7-5175-0313-2

Ⅰ.①跨…　Ⅱ.①冯…　Ⅲ.①电子商务—高等学校—教材　Ⅳ.①F713.36

中国版本图书馆CIP数据核字（2018）第242063号

跨境电子商务概论与实践

KUAJING DIANZI SHANGWU GAILUN YU SHIJIAN

作　　者：冯晓宁
策划编辑：马　超
责任编辑：郭　坤
责任监制：王岫岩　赵　宇
出版发行：中国海关出版社
社　　址：北京市朝阳区东四环南路甲1号　　邮政编码：100023
网　　址：www.hgcbs.com.cn；www.hgbookvip.com
编 辑 部：01065194242-7554（电话）　　01065194234（传真）
发 行 部：01065194221/4227/4238/4246（电话）　　01065194233（传真）
社办书店：01065195616/5127（电话/传真）　　01065194262/63（邮购电话）
印　　刷：北京天宇星印刷厂　　经　　销：新华书店
开　　本：710mm×1000mm　1/16
印　　张：18.75　　字　　数：320千字
版　　次：2019年1月第1版
印　　次：2019年1月第1次印刷
书　　号：ISBN 978-7-5175-0313-2
定　　价：48.00元

前　言

速卖通是在2010年正式上线的，2012年暑假我组织了4个学生开了一个C2C的店开始尝试速卖通的运营。转眼6年多的时间过去了，现在跨境电商成了中央、地方各级政府、跨境电商企业以及各大高校密切关注的热点。从一名专业教师的视角来看，无论是高等职业院校还是本科院校，无论是国际贸易专业还是电子商务专业，都在最近几年开始开设跨境电商课程，各种各样的跨境电商培训、比赛、交流等层出不穷，各出版社也随之出版了各类跨境电商教材达十几种。

因为2012年有幸在中国海关出版社出版了《国际电子商务实务精讲》一书，目前已被20余所大学选用，销量还算过得去，我的编辑马超老师又在两年前邀请我写“跨境电商”的教材。于是我联合了我的一个“大咖”级别的做跨境电商的学生写了两本关于速卖通的书，不过可惜的是它们并不适合做教材。马超老师又鼓动我，要我继续写。说句实在话，认真思考要写一本什么样的跨境电商教材的时候，真的让我头疼。

首先，跨境电商发展速度很快，但是大部分老师（尤其是国际贸易专业的老师）并不能跟上这个发展速度。其次，跨境电商是国际贸易和电子商务以及其他学科的结合体，大部分老师包括我在内并不能掌握全部知识。再次，要教给学生理念还是技能，教哪方面的技能都需要推敲。最后，社会需要的人才是什么样的，我们还不能完全理解。

因此，首先需要解决的是这本教材给谁看的问题。作为一个本科院校的教师，我决定将这本教材定位于本科水平，因此教材中不能像某些高职教材一样讲授某个平台的具体操作流程。总体来说，这本书是讲“是什么和为什么”，而不是讲“怎么做”。所以，它更具有“概论”的特点，而缺乏“实务”的特点。

其次，需要解决的是教材内容的问题。一些专家的本科层面的教材非常理论化，而且包含了大量的法律条文、规章制度和网络技术，这对于普通的本科学生而言有一定的理解难度。因此，我力求本教材内容以讲授理念为主，但更加贴合实践，过于宏观和技术化的内容尽可能简化。

其实，一本书很难将跨境电商说透，也不可能面面俱到。作为一个新兴的方向，势必需要系统的研究，在教学上也需要一系列的教材才能完整地体现跨境电商的全貌。

总之，我的目标是写一本“教师好教，学生好学”的概论性质的教材。当然，这只是一个理想的目标。由于能力有限，我本人对此书的设想也没有完全实现，我给这本书打65分，算是勉强及格。是好是坏，最终还是需要各位老师和同学们来评判吧。

最后，我想说一下，跨境电商已经大大地改变了国际贸易的运行方式，大大降低了国际贸易的进入门槛，尤其是跨境 B2C 这种模式，“全球买全球卖”，使得地球村似乎更加小了，这值得我们深思。

书中如有不当之处，敬请批评指正。

我的邮箱：f2002xiao@163.com（如需教学 PPT 也可发邮件到此邮箱）。

我的微信：yxz031。

冯晓宁

2018 年 4 月 15 日

目　录 *CONTENTS*

第一章 跨境电子商务导论

国务院办公厅2015年发布的《关于促进跨境电子商务健康快速发展的指导意见》指出：近年来，我国跨境电子商务快速发展，已经形成了一定的产业集群和交易规模。支持跨境电子商务发展，有利于用“互联网+外贸”实现优进优出，发挥我国制造业大国优势，扩大海外营销渠道，合理增加进口，扩大国内消费，促进企业和外贸转型升级；有利于增加就业，推进大众创业、万众创新，打造新的经济增长点；有利于加快实施共建“一带一路”等倡议，推动开放型经济发展升级。跨境电子商务作为推动经济一体化、贸易全球化的技术基础，具有非常重要的战略意义。跨境电子商务不仅冲破了国家间的障碍，使国际贸易走向无国界贸易，同时它也正在引起世界经济贸易的巨大变革。对企业来说，跨境电子商务构建的开放、多维、立体的多边经贸合作模式，极大地拓宽了进入国际市场的路径，大大促进了多边资源的优化配置与企业间的互利共赢；对于消费者来说，跨境电子商务使他们非常容易地获取其他国家的信息并买到物美价廉的商品。

学习目标

了解内容：跨境电子商务的概念，跨境电子商务产生和发展历程，国外跨境电子商务发展状况

理解内容：跨境电子商务的特点，国际电子商务和传统商务的异同，跨境电子商务在国际贸易中的应用

掌握内容：跨境电子商务与国内电子商务的区别，跨境电子商务的功能，跨境电子商务的意义，中国跨境电子商务发展状况，跨境电子商务对国际贸易的影响

关键术语

跨境电子商务、国际电子商务、国际贸易电子商务、外贸 3.0、新外贸、海淘、代购、出口跨境电子商务、进口跨境电子商务

第一节　跨境电子商务概述

一、跨境电子商务的概念

2012 年以来，“跨境电子商务（简称跨境电商）”这个词在社会各界逐渐红火起来，主要是基于以下事件的推动。

首先，以速卖通、Amazon、eBay、敦煌网、Wish 等为代表的跨境电子商务平台在外贸领域的影响力越来越大，名气越来越响。外贸公司和外贸人士对这类平台的认识越来越深，并且有相当一部分企业和个人加入这样的平台。

其次，以兰亭集势、大龙网等为代表的、面向国外普通消费者的 B2C 平台蓬勃发展，使得跨境电子商务得到了外贸企业的关注和重视，许多做一般贸易的外贸企业开始在这个领域竞相布局，而且诞生了一批新型的“外贸电子商务”企业。

再次，“海淘”或“跨国代购”对于普通消费者已不再陌生，海淘大军开始了爆发式的增长，因此在境内催生了一批海淘代购网站，并且取得了令人瞩目的成绩。

最后，各级政府对“跨境电子商务”越来越重视，例如，中华人民共和国商务部（简称商务部）批准上海、重庆、杭州、宁波、郑州、广州、深圳等城市为跨境电子商务试点城市。商务部、各地海关、各地方政府为扶持跨境电子商务的发展也推出了众多的优惠政策和措施。

但是如何定义“跨境电子商务”，目前国际上并没有统一的意见，出现了诸如“cross-border electronic business”“cross-border electronic commerce”“cross-border e-commerce”“online cross-border shopping”“global e-commerce”等多个不同的说法。总体来看，这些概念虽然表达不同，但还是反映了一些共同

的特点：一是渠道上的电子商务性，即以电子商务网络平台为基本的交易途径；二是空间上的跨境（关境）性，即国际贸易，由一个经济体成员境内向另一个经济体成员境内提供的贸易服务；三是表现上的数字化，即以现代信息技术和网络渠道为主要的表现方式，实现信息流和部分物流的跨境流动。

同样，在国内，也有不同的名词来表达这个概念，如跨境在线贸易、外贸电子商务、跨境网购、国际电子商务等。这些词语被大家混用，在不同的语境下拥有了不同的含义。一个被普遍提到的是百度百科上的定义：跨境电子商务是指分属不同关境的交易主体，通过电子商务平台达成交易，进行支付结算，并通过跨境物流送达商品、完成交易的一种国际商业活动。该定义着重强调了跨境电子商务的交易方式、交易过程，是对其交易模式的一种描述，它突破了关境的界线，有利于企业在更广阔的市场空间寻找商业伙伴。

实际上，"跨境电子商务"这个名词在2012年后才流行开来。在这之前，人们更多的是用"国际电子商务""国际贸易电子商务（外贸电子商务）"等词语来描述相关现象。从实践来看，"跨境电子商务"的含义可以从三个层面来理解。

第一，宏观层面。"跨境电子商务"是指利用计算机网络以及移动通信等技术跨越国界、在国际上进行商务活动的行为，这个概念基本等同于"国际电子商务"。"国际商务"所包含的内容非常广泛，从国际贸易的角度来讲，既包括货物贸易也包括服务贸易。更加细化的话，国际商务包括国际采购、生产、销售、商贸磋商、价格比较、经营决策、营销促销、公关形象、售前/售后服务、客户关系、咨询服务等，也包括国际旅游、国际金融、国际运输、国际通信、服务外包等服务贸易。这些国际商务活动都可以部分或完全地借助"跨境电子"的方式进行。因此，从宏观角度讲，跨境电子商务所涉及的领域和范畴非常广泛。

第二，中观层面。"跨境电子商务"是指电子商务在国际货物贸易流程中的应用，是传统国际贸易商务流程的电子化、数字化和网络化。从贸易活动的角度看，电子商务几乎可以在外贸活动的各个环节实现，即从市场调研、寻找客户开始，到洽谈、订货、网上收付货款、在线租船订舱、在线投保，再到电子报关、电子报检、电子纳税等流程都可以通过计算机网络来完成。从这个意义上讲，"跨境电子商务"基本上等同于"国际贸易电子商务（外贸电子商务)”。它涉及许多方面的活动，包括货物的电子贸易、在线数据传递、电子资金划拨、电子货运单证等内容。从这个意义上看，在国际贸易环节中只要涉及电子商务应用都可以纳入这个统计范畴内。

第三，微观层面。“跨境电子商务”是指通过电子商务技术将货物销售到外国市场，或者将货物从国外进口并且通过电子商务方式销售到国内市场（即简单意义上的“全球买、全球卖”）。微观层面主要有三个特点：一是“商务”一般仅仅是指货物贸易，不包含服务贸易；二是主要从企业（或卖家）的视角来阐述问题，很少涉及政府或其他监管机构的视角；三是从企业（或卖家）的角度主要强调 B2B（Business to Business，企业与企业之间的交易）和 B2C（Business to Customer，企业与消费者之间的交易）两种基本电子商务模式。

另外，从狭义上来看，跨境电子商务实际上基本等同于“跨境零售”。跨境零售指的是分属于不同关境的交易主体，借助计算机网络达成交易、进行支付结算，并采用快件、小包等行邮的方式通过跨境物流将商品送达消费者手中的交易过程。跨境电子商务在国际上流行的说法叫 Cross-border E-commerce，其实指的都是跨境零售，通常跨境电子商务对海关来说等同于在网上进行小包的买卖，基本上针对消费者。从严格意义上来说，随着跨境电子商务的发展，跨境零售消费者中也会含有一部分碎片化小额买卖的 B 类商家用户，但现实中这类小 B 商家和 C 类个人消费者很难区分，也很难界定小 B 商家和 C 类个人消费者之间的严格界限，所以，从总体来讲，这部分针对小 B 的销售也归属于跨境零售部分。

目前而言，业界对跨境电子商务的探讨大部分都集中在微观层面，仅涉及货物贸易的进口和出口。因此，跨境电子商务从货物流向上也分为“出口跨境电子商务”和“进口跨境电子商务”两种。

专栏 1.1 跨境电子商务与外贸电子商务

网络上有人认为，跨境电子商务一定不等于外贸电子商务。他认为目前对跨境电子商务模式的争执，事实上无非是混淆了新型的跨境电子商务和传统的外贸电子商务。此人进一步指出，跨境电子商务和外贸电子商务本质区别在于以下五点。

1. 主体不一样。在外贸电子商务时代，出口企业无非是运用电子商务手段推广宣传自己及产品，从网上寻找外商求购信息等，故主体是信息流；而在跨境电子商务时代，人们试图利用网络把商品直接销售给海外消费者，故主体是商品流。

2. 环节不一样。在外贸电子商务时代，进出口的环节并没有任何缩短或改变，而跨境电子商务则要求尽量减少或缩短各个环节以最大限度降低中间成本。

3. 交易不一样。在外贸电子商务时代，交易都是在线下完成的，而跨境电子商务则大多在线上直接完成交易。

4. 税收不一样。外贸电子商务体现的是传统的一般贸易，涉及复杂的关税、增值税及消费税等，而跨境电子商务面临的税收一般简单很多，如很多只涉及行邮税而已。

5. 模式不一样。外贸电子商务的基本模式是 B2B，而跨境电子商务的主流模式却是 B2C。

显然，跨境电子商务的确不等于外贸电子商务，跨境电子商务体现的是一种与传统的外贸电子商务有极大不同的新型的运行模式；只不过广义的跨境电子商务也包含了外贸电子商务而已。

请讨论：你认为跨境电子商务、国际电子商务、外贸电子商务有没有区别？如果有区别，区别在哪些地方？你认为哪个词更为恰当，为什么？

资料来源：知乎，www. zhihu. com/question/52210924/answer/254353860.

二、跨境电子商务的功能

（一）跨境电子商务的基本功能

从较宏观的角度看，跨境电子商务具有三个基本功能，即内容管理、协同处理与交易服务。

1. 内容管理

内容管理即跨境电子商务企业管理网络上的各种信息，其内容主要包括三个方面：信息沟通的渠道与信息的发布、信息服务（集成信息资源，信息搜索、分类、处理）和信息的安全（保密、真实、可靠）。

2. 协同处理

协同处理指跨境电子商务能支持国际上不同组织（如企业和企业之间、供应链和供应链之间、企业和政府机构之间）、不同部门（如企业各个部门之间、政府各个部门之间）、群体人员的协同工作，它通过通信系统、自动处理业务流程系统、管理信息系统、内部网和外部网协同业务活动，减少成本，更加便捷，提高工作效率。

3. 交易服务

跨境电子商务的交易服务即电子方式下的跨境买卖和商务活动，比如市场与售前服务、销售活动、客户服务、电子货币支付。

（二）跨境电子商务的交易功能

从另一个更实用的角度来看，跨境电子商务具有以下交易功能。

1. 跨境广告宣传

跨境电子商务使企业可通过自己的网站、B2B 平台、黄页、企业数据库和 Email 等，利用互联网在全球范围做广告宣传，宣传企业形象和发布各种商品、服务信息。

2. 跨境咨询洽谈

跨境电子商务使企业可借助非实时的 Email，实时的如 Skype（一种网络电话工具）等软件工具洽谈交易事务和交流即时的信息。在网上使用这些工具咨询和洽谈能超越国境限制、提供多种方便的异地交谈形式。

3. 跨境网上订购

国外客户可以通过网络直接进行采购。这样，跨境电子商务企业可以实时地进行订购、生产、销售业务全过程，保证企业对销售活动进行紧密的跟踪。

4. 跨境电子支付

跨境电子支付是跨境电子商务交易过程中的重要环节，国外客户通过网络渠道，可以采用信用卡、电子钱包、电子支票和电子现金等多种电子支付方式进行跨境的网上支付。

5. 跨境服务传递

对于有形的商品，跨境电子商务系统可以对本国和外国的仓库进行物流的调配并实时跟踪配送信息；对于无形的信息产品如软件、电子读物、信息服务等，则可以立即将商品通过网络传递给境外客户。

6. 跨境信息征询

跨境电子商务系统可以及时收集客户对商品和销售服务的反馈意见以及需求信息，能提高网上交易、售后服务的水平，使得跨境电子商务企业获得改进产品、发现市场的商业机会。

7. 跨境交易管理

整个跨境交易的管理将涉及人、财、物多个方面，企业和企业、企业和客户及企业内部等各方面的协调和管理。跨境电子商务能够为交易管理提供一个良好的网络环境及多种多样的应用服务系统，进而也使得跨境电子商务获得更广泛的应用。

三、跨境电子商务的特点

随着科学技术的不断发展，国际贸易的运转方式也发生了深刻的变化。跨境电子商务相对于传统国际贸易而言，呈现出了四大新特征。

（一）多边化、网状结构

传统的国际贸易主要表现为两国之间的双边贸易，即使有多边贸易，也是通过多个双边贸易实现的，呈线状结构。跨境电子商务可以通过一国的交易平台，实现与其他国家（地区）间的直接贸易，贸易过程相关的信息流、商流、物流、资金流由传统的双边逐步向多边的方向演进，呈现出网状结构，这一特征使跨境电子商务重构世界经济新秩序。

（二）直接化、效率高

传统的国际贸易主要由一国的进/出口商通过另一国的出/进口商集中大批量进/出口货物，然后通过境内流通企业经过多级分销，最后到达有进/出口需求的企业或者消费者，通常环节多、时间长、成本高。而跨境电子商务可以改变价值链格局。在跨境电子商务模式下，传统的国际贸易供应链更加扁平化，传统贸易中一些重要的中间环节被弱化甚至替代，原来的贸易商、批发商，以及国外的进口商等环节的中间成本被挤压甚至完全消失，这部分成本被很大程度转移出来，变成生产商的利润，另一部分成为消费者获得的价格优惠，国际贸易的成本在产品价格中的比重大幅度降低。

（三）小批量、高频度

跨境电子商务通过电子商务交易与服务平台，实现了多国企业之间、企业与最终消费者之间的直接交易，由于是单个企业之间或单个企业与单个消费者之间的交易，相对于传统贸易而言，大多是小批量，甚至是单件。而且一般是即时按需采购、销售和消费，相对于传统贸易而言，交易的次数和频率高。

（四）网络化、数字化

网络化、数字化是指国际贸易越来越多地借助网络数字化信息技术展开，包括采用电子化平台以及无纸化运作方式对各种信息进行传递，以及完成贸易中的有关环节。随着全球互联网、电子商务以及现代物流和支付方式的发展，在跨境电子商务平台的帮助下，企业的出海通道更为通畅，营销方式更为灵活，跨境贸易更为便利。跨境电子商务平台提供的专业服务可以代替传统贸易中贸易、金融、外语等专业人才的作用，使过去复杂的国际贸易变得简单、透明。这些可使企业进入国际贸易的门槛和进出口成本大大降低，有助于企业快速成长。

四、跨境电子商务与国内电子商务的区别

跨境电子商务虽然在技术基础上与一般电子商务基本相同，但是与国内电子商务相比，跨境电子商务还是有着显著的区别。

（一）业务环节的差异

国内电子商务属于国内贸易，而跨境电子商务实际上是国际贸易。较之国内电子商务，跨境电子商务业务环节更加复杂，需要经过租船订舱、办理保险、通关、检验检疫、外汇结算、征税以及退税等环节，牵涉更多的参与者，线长，面广，风险更大。

（二）交易主体的差异

国内电子商务是国内企业对国内企业或消费者，跨境电子商务的交易主

体是指在不同关境的，有不同的消费习惯、文化心理、生活习俗的企业或消费者。这就需要交易者对国外的贸易、互联网、消费行为、文化认知等有更深入的了解，难度要远远大于国内电子商务。

（三）适用规则的差异

跨境电子商务比一般国内电子商务需要适应更多、更复杂的规则，包括国际贸易规则、进出口管制、关税制度、产业政策、知识产权保护以及贸易协定等。另外，从微观上讲，各国电子商务交易平台规则都不相同，需要有针对性运营的技能。

（四）交易风险的差异

比如不同国家（地区）的政策和法律对电子商务税收的问题、电子商务交易的有效性问题、对消费者隐私权保护的问题、交易平台法律责任的问题、垃圾邮件以及网络广告的法律问题、链接和软件的许可专利性问题等都有不同的认识，所以当争议产生后解决难度较大。

第二节 跨境电子商务与国际贸易

一、跨境电子商务在国际贸易中的应用

从贸易活动的角度看，跨境电子商务几乎可以在外贸活动的各个环节实现，即从市场调研、寻找客户开始，到洽谈、订货、网上收付货款、在线租船订舱、在线投保，再到电子报关、电子报检、电子纳税等流程都可以通过计算机网络来完成。从这个意义上来讲，跨境电子商务重新塑造了国际贸易的交易手段，使国际贸易发生了重大的变革，提高了工作效率。

（一）交易前的准备

1. 国际市场的调研

在磋商交易之前，外贸企业首先必须做的是对国内外的市场进行调查研

究。而在当今电子商务时代中，外贸企业可以通过跨境电子商务网络来对市场的供求状况、价格动态、消费者的购买能力及各国有关进出口的政策、法规和贸易习惯等信息进行调研，从而选择最适当的目标市场，并合理地确定市场布局。

2. 寻找客户并与之建立业务关系

外贸企业通过跨境电子商务搜寻潜在的客户，迅速获取客户的相关信息，并及时、低成本地与他们联系。此外，跨境电子商务还可以通过网络对客户的政治背景、支付能力、经营范围、经营能力、信用状况等方面进行调查，选出成交可能性最大的客户。

3. 随时随地发布宣传信息

跨境电子商务企业还可以通过各种网站和网页全天候地发布企业或产品的最新消息，进行企业和产品的宣传和展示，来吸引客户、增加贸易机会。跨境电子商务中，买方主要通过随时上网来获取自己所需要的商品信息；卖方则主要利用互联网和各种贸易网站发布商品广告，积极上网推送自己的商品信息，寻找贸易伙伴和交易机会，扩大贸易范围和市场份额。

（二）外贸交易磋商与外贸合同的签订

1. 外贸交易磋商

外贸交易磋商的程序包括询盘、发盘、还盘、接受，这些环节都可以通过电子邮件或者即时通信软件等电子商务方式进行。

2. 外贸合同的成立与签订

按《联合国国际货物销售合同公约》第二十三条的规定：合同于按照本公约规定对发盘的接受生效时订立。在传统贸易中，订立合同的形式有书面形式、口头形式和以行为表示的形式，而在电子商务条件下出现了电子合同，可以通过电子数据交换系统签约。

各种各样的跨境电子商务系统和专用的数据交换协议自动保证了网络信息传递过程的准确和安全可靠，提高了整个交易过程的速度，减少了漏洞和失误发生的概率，规范了整个商品贸易的过程。

（三）外贸合同的履行

履行外贸合同的工作主要包括备货、报验、签发原产地证、催证、审证、改证、租船订舱、投保、报关、装运、制单结汇、出口收汇核销、出口退税、索赔与理赔。在跨境电子商务条件下，这些工作基本上都可以借助电子商务系统来完成，业务员的手工工作量大大减少。电子商务使得原本烦琐的合同履行环节变得简洁、高效。

二、跨境电子商务对国际贸易的影响

（一）跨境电子商务改变了国际贸易的运行环境

跨境电子商务通过网上“虚拟”信息的交换，促进了世界经济市场全球化。信息流动加速了资本、商品、技术等生产要素的全球流动，导致了全球“网络经济”的崛起，在这种网络贸易的环境下，各国间的经贸联系与合作大大加强。

虚拟网络市场的形成，超越了以往地理界限的制约，使商品与服务等有关信息能在全球范围内充分准确地流动，表现出公开、完整和实时等特性，减少了进出口双方信息的不对称性，从而避免或减少了市场信息不完全而引起的扭曲，同等质量的商品或质量相似的商品之间的竞争更加激烈，保证了价值规律充分发挥作用。但是电子商务运用于国际贸易，交易者、交易方式、交易意向和交易标的表达都虚拟化，交易过程与结果的不确定性增加，加上网络黑客侵扰及经济犯罪的威胁存在，使得支付方式的信用风险、质量风险和技术风险都大大增加。

（二）跨境电子商务使国际贸易经营主体和经营方式发生变化

跨境电子商务技术简化了国际贸易的流程，为中小企业进入国际市场提供了有力的武器，扩大了国际贸易的经营主体。同时，跨境电子商务冲击着国际贸易中介组织结构，导致国际贸易经营方式发生了相应变革。在传统的贸易方式下，进出口商作为国家（地区）间商品和服务买卖的媒介占有十分重要的地位。现在本国生产者与外国消费者之间通过网络直接接触，使得信息网络成为最大的中间商，传统的贸易中间商、代理商和专业的进出口公司的地位相对降低，从而引发了国际贸易中间组织结构的革命。

跨境电子商务把进出口主要的流程如市场调研、国际营销、仓储报关、商检等纳入计算机网络中，为世界各地的制造商和贸易商提供全方位、多层次、多角度的互动式的服务，解除了传统贸易活动中的物质、时间、空间对交易双方的限制，促进了国际贸易的深化发展。

（三）跨境电子商务使国际贸易成本结构发生变化

在传统的国际贸易交易中，花费的成本主要指买卖过程中所需要的信息搜寻、合同订立和执行、售后服务等方面的成本，而跨境电子商务这种交易形式最重要的是改变了信息成本的支出结构。通过跨境电子商务进行国际贸易，既可节省大量的文件处理费用，又可缩短交单结汇的时间，加快资金周转，还可节省利息开支，成本优势十分明显。另外，现在有不少跨境电子商务平台直接把中国生产企业和国外进口商的供求信息整合在网上，减少了大量的中间环节，买卖双方可以通过网络直接进行商务活动，交易费用显著下降，双方都得到了实惠。

但是，跨境电子商务这种交易形式又在传统贸易成本之外出现了技术成本、安全成本、法律成本的新变化。使用跨境电子商务肯定增加包括软、硬件成本、学习成本和维护成本等投入，而网络的虚拟特征使跨境电子商务形成新的风险和安全成本。

（四）跨境电子商务创造新的国际贸易营销模式

跨境电子商务引起市场营销的巨变，促进国际贸易营销创新，产生新的市场营销方式——网络营销。与传统的国际贸易营销方式比较，跨境网络营销的主要特点有如下几个方面。

1. 网络互动式营销

网络互动的特性使客户真正参与国际贸易营销过程中成为可能，客户在整个国际贸易营销中的地位得到提高，客户的参与选择主动性得到加强。

2. 网络整合营销

在电子商务中有许多营销方式，比如搜索引擎营销、Email 营销、利用 B2B 平台营销、企业博客营销等。外贸企业可以利用多种网络营销方式，将各种营销途径整合在一起，使得营销的效果大大增强。

3. 网络定制营销

随着企业和客户相互了解的增多，销售信息将变得更加个性化。电子营销的发展趋势是将大量销售转向定制销售。一些大跨国公司通过建立企业内部网络提供这一服务。

4. 网络“软营销”

与软营销相对的是工业化大规模生产时代的“强势营销”，传统营销中最能体现强势特征的是传统广告与人员推销。软营销与强势营销的一个根本区别在于，软营销的主动方是客户，而强势营销的主动方是企业。

（五）跨境电子商务使国际贸易的竞争方式发生变化

在跨境电子商务环境下，企业之间的竞争不再是简单的产品或服务的竞争，而是商务模式和供应链之间的竞争。哪家厂商能以最快的速度把最先进的技术应用到产品及服务中去，同时把最具竞争力的价格交给客户，那么这家厂商就能赢得市场竞争的主动权。越来越多的进出口企业已经意识到要在市场竞争中取胜，供应链管理极其重要。在电子商务条件下，供应链管理可依托电子交易方式，以最小的投资获取最大利润，建立与供应商、分销商和客户更快、更方便、更精确的电子化联络方式，实现信息共享和管理决策支持，保证客户需求的产品及时生产、发货、调度，降低库存，减少在途时间，争取以最低的成本换取最大的效益。

（六）跨境电子商务使国际消费趋势发生重大变革

首先，网上的搜索功能可方便地让消费者货比三家甚至货比几个国家（地区），为消费者提供更多的选择，同时消费者又能够利用网络进行结算和支付服务来完成交易。其次，跨境网络贸易给各国消费者提供了便利，节省了购物时间，使消费者足不出户便可购天下之物。最后，在经济全球化的影响下，各国间的经济联系和相互依赖程度加深，再加上网络的全球化，信息的流动加快，因此一种消费理念和消费时尚会很快地在世界各地传播开来，使全球的消费偏好有趋同的倾向。

三、跨境电子商务的意义

目前，我国大力扶持跨境电子商务的发展，对于我国政府、外贸行业以及外贸企业都有非常重要的意义。

（一）创造新的经济增长点

跨境电子商务是互联网时代的产物，是“互联网＋外贸”的具体体现，必将成为新的经济增长热点。由于信息技术的快速发展，规模不再是外贸的决定性因素，多批次、小批量外贸订单需求正逐渐代替传统外贸大额交易，为促进外贸稳定和便利化注入了新的动力。在相关政策性红利不断释放，移动互联网、智能物流等相关技术快速提升的背景下，围绕跨境电子商务产业将诞生新的庞大经济链，带动国内产业转型升级，并创造出一系列新的经济增长点。

（二）有助于建设贸易强国

跨境电子商务是全球化时代的产物，是在世界市场范围内配置资源的重要载体，必将提升我国全方位对外开放的水平。跨境电子商务平台进一步扫除全球大市场障碍，推动无国界商业流通。做大做强无边界跨境电子商务，是与全球新贸易格局下主要国家与地区形成新型贸易关系的新途径，这不仅有利于主动应对全球贸易新格局，也有利于改变长期以来我国传统国际贸易分工格局中处于低端的局面，构建全球化的自主销售终端，为我国从贸易大国向贸易强国转变贡献力量。

（三）有助于外贸企业扩展全球市场

对企业而言，跨境电子商务加快了各国企业的全球化运营进程，有助于树立全球化的品牌定位，形成更加虚拟数字化的销售网络，大大降低生产者与全球消费者的交易成本。企业可以直接与全球供应商和消费者互动交易，降低了广大中小企业“零距离”加入全球大市场的成本，更多企业享受到全球化红利，有助于推动更加平等和普惠的全球贸易。

（四）有利于传统外贸企业转型升级

大力发展跨境电子商务，有助于在成本和效率层面增强我国的进出口竞争优势，提高外贸企业的利润率。随着电子商务渠道的深入渗透，企业和最终消费者之间可以建立更畅通的信息交流平台，对企业及时掌握市场需求、调整产品结构、提升产品品质、树立产品品牌、建立电子商务信用体系，从而增强我国外贸的整体竞争力、稳定外贸增长起到重要作用。

（五）为促进产业结构升级提供新动力

跨境电子商务的发展，直接推动了物流配送、电子支付、电子认证、信息内容服务等现代服务业和相关电子信息制造业的发展。目前，一批知名电子商务平台企业、物流快递、第三方支付本土企业加快崛起。面对多样化、多层次、个性化的境外消费者需求，企业必须以消费者为中心，加强合作创新，构建完善的服务体系，在提升产品制造工艺、质量的同时，加强研发设计、品牌销售，重构价值链和产业链，最大限度地促进资源优化配置。

（六）为企业打造国际品牌提供新机会

当前，我国许多企业的产品和服务质量尽管很好，但不为境外消费者所知。而跨境电子商务能够有效打破渠道垄断，减少中间环节，节约交易成本，缩短交易时间，为我国企业创建品牌、提升品牌的知名度提供了有效途径，尤其是给一些“小而美”的中小企业创造了新的发展空间，从而催生出更多的具有国际竞争力的企业。

第三节 跨境电子商务发展历程与现状

一、出口跨境电子商务发展历程

1999 年阿里巴巴成立，标志着国内供应商通过互联网与海外买家实现了对接，成为我国出口贸易互联网转型、探索跨境电子商务的第一步。在 20 年的发展中，国内跨境电子商务经历了从信息服务到在线交易，再到全产业链服务的三个主要阶段。

（一）出口跨境电子商务 1.0 阶段（1999—2003 年）

跨境电子商务 1.0 时代的主要商业模式是网上展示、线下交易的外贸信息服务模式（针对外贸领域的交易平台）。跨境电子商务 1.0 阶段第三方平台主要的功能是为企业信息以及产品提供网络展示平台，并不在网络上涉及任何交易环节。此时的盈利模式主要是跨境电子商务平台通过向进行信息展示的企业收取会员费（如年服务费）。跨境电子商务 1.0 阶段发展过程中，也逐渐衍生出竞价推广、咨询服务等为供应商提供一条龙的信息流增值服务，本质上是一种广告创收模式。

在跨境电子商务 1.0 阶段中，阿里巴巴国际站、环球资源网为典型的代表平台。在此期间还出现了中国制造网、韩国 EC21 网、Kellysearch 等大量以供需信息交易为主的跨境电子商务平台。跨境电子商务 1.0 阶段虽然通过互联网解决了中国贸易信息面向世界买家的难题，但是依然无法完成在线交易，对于外贸电子商务产业链的整合仅完成信息流整合环节。

（二）出口跨境电子商务 2.0 阶段（2004—2012 年）

2004 年，以敦煌网上线为标志，跨境电子商务 2.0 阶段来临。这个阶段，跨境电子商务平台开始摆脱纯信息黄页的展示行为，将线下交易、支付、物流等流程实现电子化，逐步实现了跨境贸易的在线交易。相比较第一阶段，跨境电子商务 2.0 更能体现电子商务的本质，借助于电子商务平台，通过服务、资源整合有效打通上下游供应链，包括 B2B（平台对企业小额交易）平台模式，以及 B2C（平台对用户）平台模式。跨境电子商务 2.0 阶段，B2B 平台模式为跨境电子商务主流模式，通过直接对接中小企业商户实现产业链的进一步缩短，提升商品销售利润空间。

在跨境电子商务 2.0 阶段，第三方平台实现了营收的多元化，同时实现后向收费模式，将“会员收费”改以收取“交易佣金”为主，即按成交效果来收取百分点佣金。同时还通过平台上营销推广、支付服务、物流服务等获得增值收益。

（三）出口跨境电子商务 3.0 阶段（2013 年至今）

2013 年成为跨境电子商务重要转型年，跨境电子商务随着互联网发展的深化以及电子商务整体业态的成熟完善，全产业链都出现了商业模式的变化，跨境电子商务 3.0“大时代”随之到来。

首先，参与主体多样化。2012 年以前，跨境电子商务的参与者主要以小微的草根企业、个体商户为主；2013 年以来，卖家群体向主流的工厂、外贸公司和品牌商家转变。其次，随着具有很强的生产、设计和管理能力的公司的参与，平台销售产品由二手货源向一手货源和产品转变。并且最近几年，大量企业开始考虑走规模化、品牌化、当地化等运营之路，不断提升自己在跨境电子商务中的地位和价值。最后，跨境电子商务、数字贸易与传统外贸的融合已越来越深入，在网上形成交易产生的订单只是一部分，在整个跨境贸易的环节上，数字革命始于交易领域，正延展到营销、供应链、金融服务各个领域，平台化的趋势日渐兴起。

“外贸3.0”也被称为“新外贸”。新外贸一方面实现了线上线下、数字经济和实体经济、交易达成和交易完成的分工和专业化，另一方面又促进它们的整合和合作，从而大大提高了外贸效率。新外贸涵盖了国际贸易的方方面面，包括贸易、物流、通关报检、货币支付、金融贷款、信用保险、生活服务等全部外贸流程和外贸业务。如果说“外贸2.0”冲击了传统贸易和商业的业态，但还尚未形成完整的贸易模式的话，那么，新外贸则实现了传统贸易的改造和整合，使之成为新外贸的一个组成部分。这样一来，线上和线下、数字经济和实体经济、交易达成和交易完成就一体化、便捷化了，能够真正实现“全球买，全球卖”。

专栏1.2　数字贸易与跨境电子商务

数字贸易是指依托互联网为基础，以数字交换技术为手段，为供求双方提供互动所需的数字化电子信息，实现以数字化信息为贸易标准的、创新的商业模式。数字贸易企业运用电子商务，直接的是缩短时空距离，降低交易成本，提高效率和效益，其结果则是优化了贸易体制，简化了贸易流程，增长了贸易机会。有关案例表明，运用数字贸易，可以降低40%左右成本，有的企业达到70%，因为这不同于传统方式，采取纸面文件，那要耗费大量的人力、物力来草拟、修改、确认和传递。

运用电子商务，使数字贸易真正面向和走向世界市场，可以建立全球性的营销网络。在国外，有人将电子商务称为“数字革命”，其意义不亚于第二次“工业革命”。有专家认为，数字贸易就是现代信息技术以国际互联网为核心在商业上不同程度和不同层次的应用。特别是电脑及其网络技术与现代通信技术日益融合，使人们已经忘记了传统时空的概念。各种力量协同运作加速了全球经济一体化的步伐，使全球商业运作方式正在迎接新的转型挑战，全球 24 小时不停运作、无边界、无障碍的新经济体系正在逐步形成。

对于企业而言，信息交流和信息交换成为商业运作的核心。无论是产品设计、产品生产、交易磋商、产品买卖，还是推销服务、质量控制，以及业务流程的设计，数字贸易已经影响到了全社会所有的企业和社会经济的各个领域。毫无疑问，数字贸易可以加快商业运作的节奏，缩短企业与客户之间的距离。然而，数字贸易的意义并不只是这些，它将会促进不同经济体系的融合，激活整合新的创造力，打开新的市场领域，创造企业协作与联合的新机制，甚至促使人们重新评估企业的组织结构，重新认识企业核心竞争力诸要素的构成。一句话，数字贸易不仅改变了企业做生意的方式，而且从根本上改变了人们对原有商务概念的认识。

资料来源：百度百科，https：//baike. baidu. com/item/数字贸易。

二、进口跨境电子商务的发展历程

如图 1 – 1 所示，进口跨境电子商务经历了探索阶段、起步阶段、发展阶段以及成熟阶段。2007 年之前，随着留学生群体的剧增，以留学生为代表的第一批个人代购兴起，这个阶段主要表现为熟人推荐的海外个人代购模式。所谓代购，是指通过身在国外的个人从当地购买所需要的商品，以国际邮政包裹、快递等方式递送到买方所在国，或者随人直接携带回国。随着网络购物的发展和我国消费水平的提高，又出现了“海淘”现象。所谓海淘，是指通过互联网搜索国外商品信息，并以电子订单形式发出购物需求，通过国外购物网站由国际快递或转运公司代收货物，再转寄到买方所在国。

2007 年淘宝上线“全球购”，随后一些专注于代购的网站不断涌现，海外代购行业发展壮大。特别是 2008 年席卷全国的奶制品污染事件进一步刺激了海外代购和转运服务的发展。2010 年后，中国消费者从美国亚马逊、易贝（eBay）等国外网站购买商品，海淘的品类也从母婴商品扩展到保健品、电子产品、服装鞋帽、化妆品、奢侈品等。

在多种因素刺激下，进口跨境电子商务的形式也不再拘泥于海淘与个人代购，逐渐实现了规模化、企业化发展。传统国内电子商务企业、外贸企业

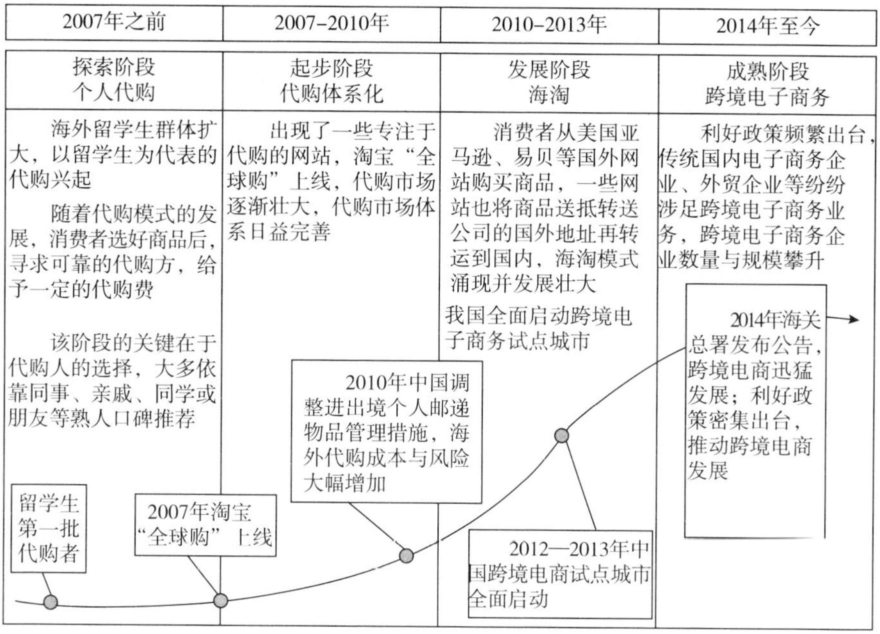

图 1－1　进口跨境电子商务的发展

等相继涌入进口跨境电子商务市场，逐渐取代了海淘与个人代购，成为进口跨境电子商务市场的主力军。

2010 年 9 月，我国调整进出境个人邮递物品管理政策，缩紧海淘与代购市场，海淘与代购的成本和风险剧增。随后，我国启动了跨境电子商务服务试点城市，跨境电子商务发展进入快车道。自 2014 年 7 月起，包括海关总署《关于跨境贸易电子商务进出境货物、物品有关监管事宜的公告》《关于增列海关监管方式代码的公告》在内，各类政策不断出台，涉及海关、商检、物流、支付等环节，刺激并规范了进口跨境电子商务的发展，使其逐渐步入了正常发展的轨道。

三、中国跨境电子商务发展状况

（一）跨境电子商务交易规模持续扩大，在进出口贸易中的比重持续提高

全球化趋势与中国电子商务行业迅猛发展给跨境电子商务带来机遇，近

年来受政策扶持、行业发展环境逐步完善的影响，中国出口跨境电子商务取得了长足的发展，主要表现在跨境电子商务在传统外贸转型升级的过程中扮演着重要的角色，而且其规模占进出口总值比例逐步提高。根据相关数据资料显示，中国的跨境电子商务交易规模从2014年的人民币约3.9万亿元，上升到2017年的人民币约7.6万亿元，占当年进出口总值的比重从12.9%上升到27.3%。预计2018年中国跨境电子商务交易规模将达人民币9万亿元（如图1－2所示）。

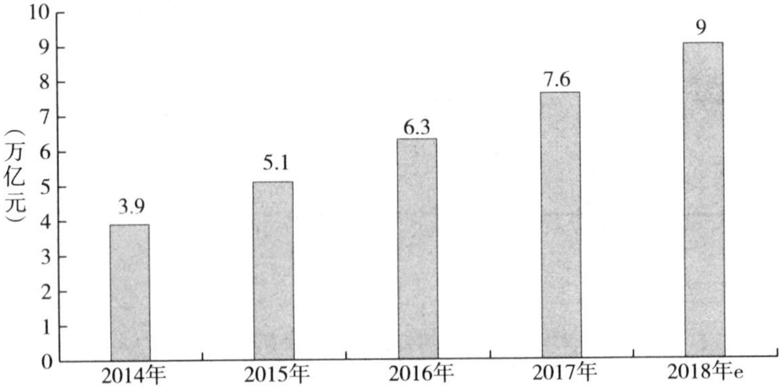

图1－2 2014—2018年中国跨境电子商务交易规模

数据来源：国家统计局、艾媒咨询、网经社，标e年份为预测值

（二）出口跨境电子商务在进出口结构中占主导地位，但进口跨境电子商务占比逐年扩大

在整体出口总量相对稳定的情况下，出口跨境电子商务逐步取代了一般贸易，成长性良好。从跨境电子商务进出口结构来看，中国跨境电子商务出口占比达80%以上。如图1－3所示，2014年中国出口跨境电子商务规模为3.57万亿元，占总交易规模的91.5%；2017年出口跨境电子商务规模为6.3万亿元，占总交易规模的82.9%。跨境出口电子商务的高速增长主要源于采用电子商务方式替代传统一般贸易方式，用电子商务取代传统线下零售，使产品更具性价比、便利度提升，新消费需求增加。

同时，进口跨境电子商务规模也在不断扩大，占总交易规模的比重从2014年的8.5%上升到2017年的17.1%。其原因主要是居民收入水平的提高和消费观念的转变为中国带来新一轮消费升级，用户对跨境电子商务有了更高的要求。

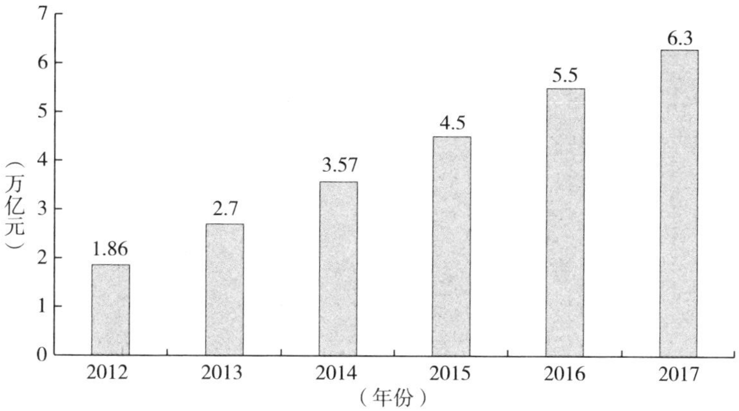

图1－3　2012—2017年中国出口跨境电子商务规模

数据来源：国家统计局、艾媒咨询、网经社

（三）以业务模式来看，出口跨境电子商务以B2B业务为主，B2C跨境模式逐渐兴起

跨境电子商务按照运营模式可分为跨境B2B和跨境零售（B2C、C2C）。其中，外贸B2B在跨境电子商务中居于主导地位。这是因为外贸B2B单笔交易金额较大，大多数订单需要进行多次磋商才能达成协议，同时长期稳定订单较多。

而零售跨境电子商务直面终端客户，目前在跨境电子商务中比重较低，但是发展逐渐增快，所占比重逐渐增加，如图1－4所示，出口跨境电子商务中的B2B模式占比从2012年的88.3%下降到2017年的80.9%；对应的，B2C模式占比从2012年的11.7%上升到2017年的19.1%。

四、国外跨境电子商务发展状况①

全球电子商务保持着强劲的发展势头，根据联合国贸易和发展会议公布的统计数据显示，2015年全球电子商务市场规模已经达到了25万亿美元。2016年全球网络零售交易额达1.845万亿美元，较2015年增长

① 商务部．中国电子商务报告（2016）［EB/OL］．2017［2018－3－15］．http：//dzsws. mofcom. gov. cn/article/ztxx/ndbg/201706/20170602591881. shtml.

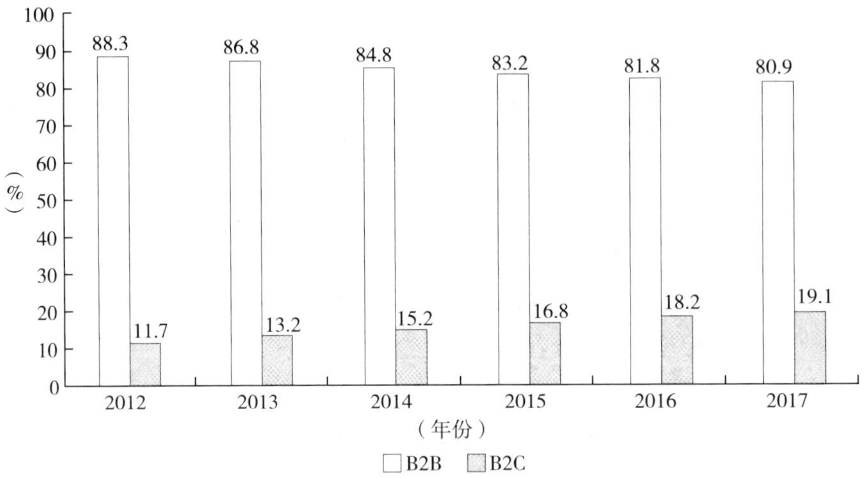

图 1－4 2012—2017 年中国跨境电子商务业务结构图

数据来源：国家统计局、艾媒咨询、网经社

23.7%；2016 年全球零售总额约为 21.396 万亿美元，较 2015 年增长 5.2%，网络零售交易额占全球零售总额的比重由 2015 年的 7.4% 上升至 8.6%。2017 年全球网络零售交易额达到 2.304 万亿美元，同比增长 24.8%；比较来看，2017 年全球零售总额为 22.64 万亿美元，同比增长 5.8%，网络零售额占全球零售总额的比重上升为 10.2%。在全球零售整体增长速度逐渐趋缓的大背景下，网络零售的快速发展对于拉动全球零售市场持续增长意义重大（见表 1－1）。

表 1－1 2016—2021 年全球零售及网络零售相关数据及预测

单位：万亿美元

年份	总零售额	增速	网络零售额	增速	网络零售占比
2016	21.396	5.20%	1.845	25.60%	8.60%
2017	22.640	5.80%	2.304	24.80%	10.20%
2018e	23.946	5.80%	2.842	23.30%	11.90%
2019e	25.271	5.50%	3.453	21.50%	13.70%
2020e	26.610	5.30%	4.135	19.80%	15.50%
2021e	27.920	4.90%	4.878	18.00%	17.50%

分区域来看，亚太地区是目前网络零售额最高的区域，且与其他区域的差距仍在不断拉大（见表1－2）。自2013年成为最大的网络零售单一市场区域后，亚太地区的网络零售年均增速始终保持在20%以上的水平，其中中国、印度以及印度尼西亚等新兴经济体的增速最为明显。

表1－2 2016—2021年各地区网络零售额数据

单位：10亿美元

	2016	2017	2018e	2019e	2020e	2021e
亚太	1 029.09	1 349.15	1 744.38	2 202.78	2 725.38	3 299.36
中东欧	35.99	44.84	54.06	64.53	75.36	86.03
拉美	36.54	44.55	52.72	62.29	71.68	80.98
中东及非洲	18.67	23.33	28.60	34.69	41.56	49.00
北美	417.19	486.80	564.57	651.27	746.08	850.58
西欧	307.97	355.38	397.64	437.37	475.17	511.97

资料来源：eMarketer，标e年份为预测值

发达国家市场由于起步较早，网络零售额基数较大，在近几年整体呈现出上升的趋势。相比较而言，拉丁美洲市场以及中东、北非市场规模要小很多，一方面与其自身的经济体量相关；另一方面这些地区的电子商务市场起步较晚，相关的配套基础设施以及上下游产业发展并不完善，但这些地区电子商务市场整体发展态势良好，有较大的增长潜力。

在电子商务整体蓬勃发展的同时，跨境电子商务尤其是跨境B2C电子商务市场规模增长显著。据埃森哲战略与阿里研究院共同发布的全球跨境B2C电子商务市场展望报告指出，预计2015—2020年全球跨境B2C电子商务市场规模年均增长率将高达27%，超过电子商务整体市场增长速度一倍，跨境B2C电子商务市场规模将由2014年的2300亿美元上升至2020年的9940亿美元，占到当年全球B2C电子商务交易额的29.3%和当年全球消费品进口的13.4%。跨境B2C电子商务消费人群也将由2014年的3.09亿人增加到2020年的超过9亿人，占当年全球B2C电子商务消费人群的44.6%，年均复合增长20.4%。

思考与实训

1. 跨境电商企业是外贸企业还是电子商务企业？如果二者必须选其一，你更倾向于哪一个？

2. 举例说明跨境电子商务的功能。

3. 想一想外贸企业如何利用跨境电子商务进行交易运作？

4. 跨境电子商务对于外贸企业有何作用？

5. 登录速卖通、敦煌网、eBay、Amazon 网站，研究其功能和运作模式。

第二章　跨境电子商务模式、产业链和技术

随着跨境电子商务的不断发展，出现了多种多样的商务模式，包括 B2B、B2C、C2C、M2C 等，并且正在衍生出更多更新颖的商务模式，不同的商务模式有着不同的盈利方式。跨境卖家（出口生产商、贸易商）和买家（进口贸易商、消费者）、国内以及跨境电子商务交易平台、第三方关联组织或企业、政府监管部门等主体组成了复杂的跨境电子商务产业链体系，具备基础技术、基础服务、衍生服务、贸易规则与政策制定以及监管等功能。从整体上讲，跨境电子商务产业链的各个环节是有机的系统，即各环节要素间相互依存和制约，并形成一个复杂而层次分明的网络体系，进而发挥创造价值、传递价值的作用。跨境电子商务所使用的技术较为复杂，除了基础的网络技术外，现在许多公司又充分利用了移动互联网、大数据、云计算以及区块链等新技术，使得跨境电子商务的可靠性、操作性、易得性大大提高。

学习目标

了解内容：跨境电子商务基本技术、移动互联网、大数据、云计算、区块链

理解内容：跨境电子商务产业链模式、跨境电子商务产业链参与方及其作用

掌握内容：按照交易主体划分的跨境电子商务模式、按照平台服务类型划分的跨境电子商务模式、按照平台运营方式划分的跨境电子商务模式、跨境电子商务产业链体系的组成

关键术语

跨境电子商务模式、B2B、B2C、C2C、M2C、信息服务平台、在线交易平台、第三方开放平台、自营平台、混合平台、出口跨境电子商务、进口跨

境电子商务、跨境电子商务产业链体系、综合服务提供商、计算机网络、互联网、EDI、云计算、大数据、区块链

第一节 跨境电子商务模式

所谓商务模式，主要是分析商务的运行和盈利的模式。根据不同的划分标准，跨境电子商务模式的分类也不一样，主要有以下几种。

一、按照交易主体划分

按照交易主体划分，跨境电子商务可以分为B2B（企业对企业，Business to Business）、B2C（Business to Customer，企业对客户）、C2C（Customer to Customer，客户对客户或个人对个人）等多种模式，并衍生出了许多新的类型。常见的模式如下。

（一）B2B模式

B2B（Business to Business）跨境电子商务是指不同国家或地区“企业”间的电子商务交易模式，即各国企业与企业之间通过互联网进行产品、服务及信息的交换。

B2B模式交易次数少，但单次交易金额大，适合企业与供应商、客户之间大宗货物的交易与买卖活动。另外，B2B模式交易对象广泛，它的交易对象可以是任何一种产品，即中间产品或最终产品。因此，目前世界上大部分的电子商务交易是在企业之间通过B2B模式完成的。对于我国跨境电子商务或外贸企业来讲，由于国际贸易中绝大部分交易都是企业与企业之间的大宗交易，所以从交易额上来看，B2B模式占据主导地位。

（二）B2C模式

B2C（Business to Customer）跨境电子商务是指一个国家或地区的企业通过国际互联网络向另一个国家或地区的客户（通常指直接消费者、小客户或是个人客户）提供商品或服务的商务活动。它是一种电子化的零售模式，采

用在线销售，以网络手段实现境内企业为境外公众提供消费品和服务，并实现与其相关的付款方式电子化。如我国企业利用易贝、速卖通、亚马逊等中介型平台直接把产品销售给国外消费者。这种模式越来越受到跨境电子商务企业或卖家的重视，所占份额逐渐增加。

（三）C2C 模式

C2C（Customer to Customer）跨境电子商务是指一个国家的个人通过国际互联网络向另一个国家的个人（客户）提供产品或服务的交易，这种模式通常是通过 C2C 电子商务平台来完成的，比如国外知名的网站易贝。

从运营的角度看，通过第三方平台的 C2C 模式和 B2C 模式的流程几乎是一样的，区别仅在于卖家一个是企业，一个是个人。由于 C2C 模式门槛较低，卖家众多，管理难度较大，带给买家的体验感在逐渐下降，因此各个平台都对这种模式进行限制，导致这种模式在跨境电子商务中所占的份额较小。

（四）M2C 模式

M2C 模式是这几年新提出的一种模式，即 Manufacturers to Customer（生产厂家对消费者），生产厂家（Manufacturers）直接为消费者（Customers）提供自己生产的产品或服务的一种商业模式。这实际上可以看作 B2C 的一种特殊形式，即这里的 B 是 Manufacturers。另外，与 M2C 几乎同义的一个模式是 F2C，即 Factory（工厂）to Customer。随着许多生产厂家直接参与到跨境电子商务中，M2C 或 F2C 的模式也越来越常见。

（五）B2B2C

B2B2C 是英文“Business to Business to Customer”的简称。第一个 B 指广义的出口方（即成品、半成品、材料提供商等），第二个 B 指交易平台，即提供出口方与进口方的联系平台，同时提供优质的附加服务（如客户管理、信息反馈、数据库管理、决策支持等），C 指进口方。在国内，这种模式的典型例子是京东，京东既有“自营”货品，又有招商入驻的“店中店”，“店中店”即属于 B2B2C 模式。在跨境电子商务中，亚马逊、沃尔玛等平台都有这样的运营模式。大部分情况下，也可以把它看成 B2C 的一类变种。

（六）G2B 模式

G2B 模式是指政府（Government）与企业（Business）之间的电子政务，政府主要通过电子化网络系统为企业提供公共服务。G2B 模式旨在打破各政府部门的界限，实现业务相关部门在资源共享的基础上迅速快捷地为企业提供各种信息服务，精简管理业务流程，简化审批手续，提高办事效率，减轻企业负担，为企业的生存和发展提供良好的环境，促进企业发展。在跨境电子商务中，常涉及 G2B 模式的电子政务有网上报检、网上报关、网上申领原产地证明及各种许可证等单证、网上退税、网上申领配额等。

二、按平台服务内容划分

按平台服务内容，跨境电子商务平台可以分为信息服务平台和在线交易平台。

（一）信息服务平台

信息服务平台主要是通过第三方跨境电子商务平台进行信息发布或信息搜索来完成交易撮合的服务，即传递供应商或采购商等卖家的商品或服务信息，促成双方完成交易。代表企业有阿里巴巴国际站、环球资源网、中国制造网等。

（二）在线交易平台

在线交易平台指在互联网环境下，基于网络信息技术，实现买卖供需双方之间的网上交易和在线电子支付的一种商业运营模式。在线交易平台不仅提供企业、产品、服务等多方面的信息展示，还可以通过平台在线上完成搜索、咨询、对比、下单、支付、物流、评价等全购物链环节。在线交易平台模式正在逐渐成为跨境电子商务中的主流模式。代表企业有敦煌网、速卖通、DX（dealextreme. com）、炽昂科技（FocalPrice）、米兰网、大龙网等。

三、按照平台运营方式划分

按平台运营方式，跨境电子商务平台可以分为第三方开放平台、自营型平台和混合型平台。

（一）第三方开放平台

开放平台为跨境企业提供网络基础设施，并开放商品、店铺、交易、物流、评价、仓储、营销推广等各环节和流程的业务。同时，平台以收取卖家佣金以及增值服务佣金作为主要盈利模式。开放平台更多的作为管理运营平台商存在，通过整合平台服务资源同时共享数据，为进出口双方服务。代表企业有速卖通、敦煌网、环球资源、阿里巴巴国际站等。

第三方开放平台入驻门槛相对较低，同时能提供丰富的流量资源，是中小型跨境电子商务和初入跨境电子商务领域卖家的首选，但入驻平台也面临着诸多限制。如入驻卖家必须要按照平台方的要求进行运营和推广，必须参加平台方面的各种促销活动，同时卖家的资金也会受到平台回款周期政策的限制。对于商品定位较为特殊，需要个性化运营和推广的卖家，大型跨境电子商务平台无法满足卖家的个性化需求。此外，电子商务平台会按照销售额收取部分交易佣金，限制了卖家的利润空间，等等。

（二）自营型平台

自营型电子商务通过在线上搭建平台，对其经营产品进行统一生产或采购、产品展示、在线交易，并通过物流配送将产品投放到终端消费群体。平台方整合供应商资源通过较低的进价采购商品，然后以较高的售价出售商品，自营型平台主要以商品差价作为盈利模式。代表企业有兰亭集势、DX（Dealextreme. com）、炽昂科技（FocalPrice）、米兰网、大龙网等。

自营平台不同于其他开放类电子商务平台，不易受到开放类电子商务平台产品来源不一、产品质量良莠不齐等问题的困扰。自营平台通过量身定做符合自我品牌诉求和消费者需要的采购标准，来引入、管理和销售各类品牌的商品，以众多可靠品牌为支撑点凸显出自身品牌的可靠性，将平台本身打造成为极具价值的品牌。自营平台为保证网上交易过程中消费者对交易关键环节的满意程度，会制定系统的商品准入标准和品牌引进原则，提高产品进驻门槛，以此来规范互联网环境下电子商务出口方市场的诚信经营和产品质量问题。

（三）混合型平台

所谓混合型平台即既有自营、又允许卖家入驻的平台，如亚马逊、新蛋网、沃尔玛等。

专栏 2.1 沃尔玛（Walmart）面向中国开启招商通道

沃尔玛给中国消费者的印象是全球最大的线下零售商，它比较“传统”。但是其实 Walmart. com 上线已经超过 15 个年头，不过由于自身技术、人才、战略的原因，在线销售一直没有突出的业绩，错失了电子商务发展最黄金的时期，被对手亚马逊拉开一大截。

2016 年 8 月，沃尔玛以 33 亿美元收购了 Jet. com，这加快了它与亚马逊之间的竞争。此举不仅扩大了沃尔玛的客户群，Jet. com 也得到沃尔玛在采购方面的专业指导，并依靠沃尔玛的门店网络加快物流速度，这对双方来说都可谓是一个双赢。沃尔玛把电子商务部门交给 Jet. com 的创始人 Marc Lore 领导，并进行大幅调整。

目前沃尔玛已经是美国排名第二的电子商务平台，每月有超过 80 万的买家访问平台、寻找所需的商品。沃尔玛在线平台已经允许第三方卖家入驻。沃尔玛是一个邀请制的平台，更倾向于有着良好客户评价和产品评价的成熟卖家加入。

2017 年 6 月起，沃尔玛平台允许中国公司入驻。申请所需资料如下：

1. 营业执照扫描件；
2. 法人的身份证、护照和股东身份证、护照；
3. 其他平台的年营业额（不能低于 30 万美元）；
4. 有美国自建仓或者美国第三方仓（如果是第三方的需要有租赁合同或者票据）。

资料来源：作者收集整理。

四、其他分类方式

（1）按照货物流通方向的不同，可以分为进口跨境电子商务和出口跨境电子商务。进一步细分可以分为进口 B2B 跨境电子商务、进口 B2C 跨境电子商务以及出口 B2B 跨境电子商务、出口 B2C 跨境电子商务等。

（2）按照海关监管方式的不同，又可分为一般跨境电子商务和保税跨境电子商务。而一般跨境电子商务主要用于一般进出口货物，保税跨境电子商务主要用于保税进出口货物，二者在通关手续等方面有明显不同。

（3）按照商品标的的不同，可以分为跨境货物电子商务和跨境服务电子商务。目前的研究主要集中在跨境货物电子商务，跨境服务电子商务研究不多。专栏 2.2 提供了一个跨境服务电子商务的案例。

专栏 2.2　重庆软岛科技股份有限公司的跨境虚拟产品交易

重庆软岛科技股份有限公司主营虚拟物品交易，尤其是游戏类虚拟物品。具体业务形式分为两类，一类以游戏虚拟物品为主的商品交易业务，利用公司自主研发的虚拟物品交易全流程系统，精准定位全球目标客户群体，通过低价采购及整合游戏的虚拟货币、道具、CDKEY、代练、饰品等游戏虚拟产品供应端，再面向全球（主要是境外）的客户进行销售，赚取买卖差价及交易佣金；另一类为开发搭建 STEAM 交易系统平台，此为公司 2016 年新增的业务类型，通过上线高流量的大游戏，如 CS：GO，DOTA2 等游戏聚集客户，搭建电竞交易平台生态圈，收取交易服务佣金，具体如下。

1. 跨境虚拟交易服务平台，对接海外需求市场。软岛科技的跨境虚拟交易服务平台，建立在传统跨境贸易基础上，但跳出了传统实体跨境交易中对于渠道的制约，依托于虚拟产品无跨境物流运输的特性和软岛自身在数据仓储、在线信用风控体系、跨境金融体系以及大数据运营管理体系的成果，帮助国内虚拟产品提供商、虚拟产品拥有者直接对接海外需求市场，实现中国智慧与世界共享的全球梦。同时，在此基础上，公司搭建了中国电竞饰品交易所，为全球的游戏玩家提供一个相对透明、安全、可靠的交易平台。在新增的业务类型下，IGXE 的角色包括以下几个。角色一：提供一个游戏物品展示平台，卖家将游戏物品给 IGXE，然后卖家和买家自己协商价格等，卖家一旦通知 IGXE 他已收到钱，IGXE 就将其游戏物品递送给买家。这个过程中 IGXE 是免费服务的。角色二：IGXE 既是一个第三方也是支付提供方。卖家将游戏物品给 IGXE，直到 IGXE 收到买家的钱，在收取很小一部分服务费后，将游戏物品给买家，同时将钱付给卖家。全球游戏玩家可通过IGXE避免饰品诈骗、价格不实等混乱现象。IGXE成功搭建了游戏饰品交易的安全生态圈。

2. 整合管理，提供支付、信用、营销、风控、仓储等一站式服务。跨境虚拟交易中的供应商质量参差不齐导致的信任和风险问题，以及互联网市场需求高速变化、虚拟产品快速迭代是目前存在的主要问题，对此软岛科技通过IGXE中国平台系统，对知识产权类、文化类、娱乐类、电竞类采供方进行整合与管理，以确保所采购的产品在质量、交付和服务等方面符合规定要求。同时通过IGXE全球平台，以中国优质虚拟产品直采吸引海外C类客户，让海外消费者能够通过我们的全球平台，直接购买到具有服务和价格优势的中国虚拟产品，软岛提供整个交易过程中一系列的支付、信用、营销、风控、仓储等服务，解决信任和风险问题。

3. 大数据决策。软岛科技还将建立用户使用调研、市场情报收集平台等多维度的市场大数据调研渠道，用以适应快速变化的互联网市场，持续性满足供需双方的市场需求，提升在虚拟跨境交易和服务当中的创新能力。

在公司目前的商业模式下，无论是供应商还是消费者，均可以跳过传统的虚拟物品和服务交易链条中的经销商、贸易商、分销商等多个环节，重构跨境虚拟交易价值链的分配。

资料来源：重庆软岛科技股份有限公司2017年半年度报告，http：//pdf.dfcfw.com/pdf/H2_AN201708220820105361_1.pdf.

第二节　跨境电子商务产业链

一、跨境电子商务产业链体系

跨境电子商务产业链体系是指在完成跨境电子商务活动的过程中，各参与主体组成的链式关系。如图2－1所示，跨境电子商务基本的参与主体包括跨境卖家（出口国生产商、贸易商）和买家（进口国贸易商、消费者），以及跨境电子商务交易平台、第三方关联组织或企业、政府监管部门等。

这些参与主体实现了基础技术（包括跨境电子商务信息交换、交易实现有

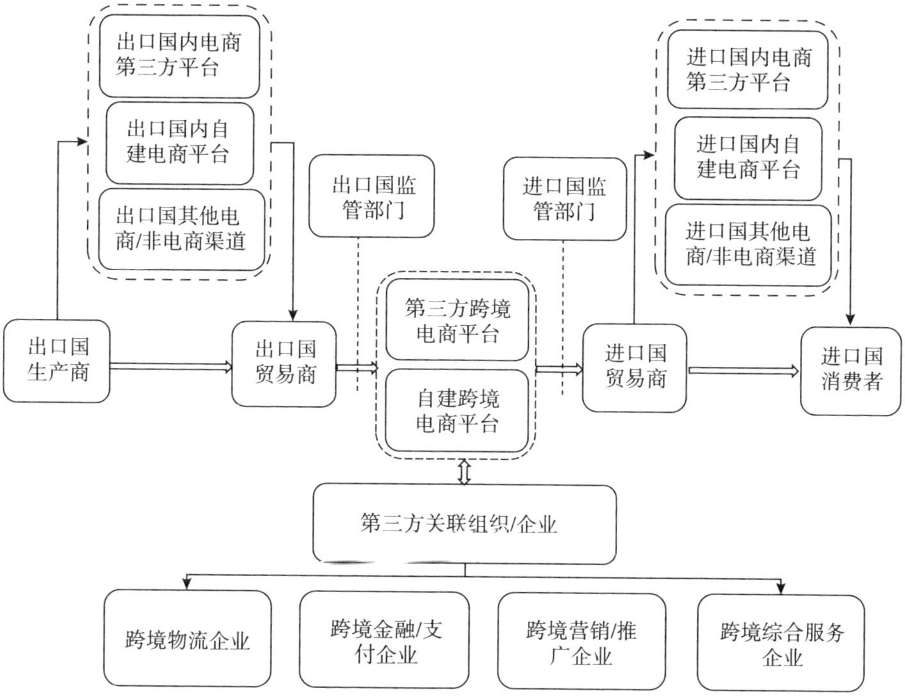

图 2－1　跨境电子商务产业链体系

关的各类平台和应用、软件和硬件等）、基础服务（物流、支付、贸易通关、检测验货等）、衍生服务（代运营、咨询培训、翻译、店铺美工等）、贸易规则与政策制定以及监管（含海关、商检、税务、结算、进出口管制政策等）等功能。同时，整个跨境电子商务产业链也受到文化、市场、法律、技术等大环境的影响。

从整体上讲，跨境电子商务产业链的各个环节构成有机的系统，即各环节要素间的关系是相互依存和制约的，并且在多个方向相互连接形成一个复杂而层次分明的网络体系，进而发挥创造价值、传递价值的作用。

二、跨境电子商务主要的产业链模式

根据跨境电子商务产业链体系，跨境电子商务模式可以进一步细分为以下几种。

（1）M2B2B2C：出口国生产商（M）→出口国内第三方平台或自建平台或其他渠道（2）→出口国贸易商（B）→第三方跨境电子商务平台或自建跨

境电子商务平台（2）→进口国贸易商（B）→进口国内第三方平台或自建平台或其他渠道（2）→进口国消费者（C）。

（2）M2B2C（Ⅰ）：出口国生产商（M）→出口国内第三方平台或自建平台或其他渠道（2）→出口国贸易商（B）→第三方跨境电子商务平台或自建跨境电子商务平台（2）→进口国消费者（C）。

（3）M2B2C（Ⅱ）：出口国生产商（M）→第三方跨境电子商务平台或自建跨境电子商务平台（2）→进口国贸易商（B）→进口国内第三方平台或自建平台或其他渠道（2）→进口国消费者（C）。

（4）M2C：出口国生产商（M）→第三方跨境电子商务平台或自建跨境电子商务平台（2）→进口国消费者（C）。

这些模式并不是互斥的，相反，目前很多跨境电子商务企业同时利用多种模式开发国际市场，将自己的产品输出到世界各地。

三、跨境电子商务产业链重要参与方

（一）生产商（制造商）

生产商在跨境电子商务产业链中占据了基础的地位，生产商提供产品，直接或间接通过贸易商，在跨境电子商务方式下将货物出口到国外。跨境电子商务为生产商提供了广阔的市场空间，有助于其拓展海外业务、探索全新经营渠道、打造全球品牌。

生产商相对于贸易商而言，有更加低廉的价格、更加可控的供应链体系、更加可靠的产品质量。因此，在和贸易商合作的同时，越来越多的生产商趋向于重视自营跨境电子商务，各大跨境电子商务第三方平台也更重视吸引生产商的入驻，比如提供单独的入驻通道和运营指导，或者提供流量倾斜扶持等。

专栏2.3　四大平台争抢中国制造商

主流平台的方向指明整个行业的趋势，四大跨境电子商务平台亚马逊、

Wish、速卖通和 eBay 先后宣布了针对帮助中国制造商走向全球的品牌项目计划。

国内传统的 B2B 企业和出口贸易商都将成为四大平台的争抢对象，可以看出，大批的传统制造商，将通过第三方平台或者自建独立站等多渠道，向跨境出口电子商务品牌转型。

早在 2016 年 9 月，亚马逊就启动了全球开店“制造 +”项目，成为首个针对中国制造商启动出海计划的跨境平台。“制造 +”项目主要帮助中国制造企业通过亚马逊“全球开店”拓展海外业务、探索全新经营渠道、打造全球品牌。

Wish 于 2017 年 3 月底在杭州宣布“星工厂”计划，利用已有的消费者信息判断和数据分析，为中国制造商提供更加直接有效又符合平台导向的供应链服务。比如，在单体工厂的少量 SKU（Stock Keeping Unit，库存量单位）中，通过数据挖掘和分析，找到工厂的新爆款。

速卖通也在 2017 年 4 月发布了“千级品牌计划”为中国制造找出路，希望在完成平台商家企业化和商标化之后，帮助他们面向海外消费者进行转型升级，并培养出 1 000 个“月交易额”超过 50 万美元的跨境电子商务品牌。

2017 年 4 月下旬，eBay 宣布启动“中国品牌智造计划”。eBay 的“中国品牌智造计划”选择四大“蓝海品类”：时尚、汽配、家居、电子。此外，还包括劳保服饰、功能性穿戴装备、医疗美容服装等，可以看出此项计划更多的是针对中国制造商。

资料来源：雨果网，http：//www. cifnews. com/article/28959.

（二）进口和出口贸易商

贸易商在跨境电子商务产业链中起到了十分重要的作用。当前，跨境电子商务贸易商的数量远远超过了生产商，十分活跃。由于跨境电子商务门槛相对较低，许多中小贸易商（卖家）大量出现，比如夫妻店、3～5 人的团队。随着行业的发展以及资本的介入，产生了像著名的兰亭集势、傲基电子商务、有棵树、价之链、赛维电子商务等贸易型跨境电子商务企业，年销售额达到几亿乃至几十亿美元，并且在纳斯达克、国内 A 股主板和新三板上市。

贸易商相对生产商而言更加灵活，销售的产品种类更加丰富，能够整合更多的供应链。同时，有实力的贸易商逐渐向工贸结合发展，通过自主设计、外包加工、贴牌生产等方式逐渐增加自己的竞争力。但是，随着跨境电子商务竞争的日益加剧，红利逐渐减少，中小贸易商的利润空间越来越低，生存压力明显加大。

（三）消费者（买家或客户）

随着电子商务的普及、消费观念的转变以及国际经贸关系的不断改善，各国消费者对其他国家的产品的接受能力越来越强，对通过网络采购其他国家的产品这种贸易方式也越来越认同。因此可以预见，各国间的经贸往来会随着跨境电子商务的不断发展而进一步增强，反过来，这也促进了跨境电子商务的进一步发展，跨境电子商务的世界市场将不断扩大。

（四）跨境电子商务以及国内电子商务平台

跨境电子商务平台包括第三方中介型和自建型两种，在跨境电子商务产业链中起到了关键的作用。各国企业或卖家通过各种跨境电子商务平台发布企业和产品信息，进行全球的网络宣传，寻找世界范围内的客户，甚至在线直接达成交易，实现资金的在线转移。跨境电子商务平台使得企业国际化运作的成本相对传统方式大大降低，效率得到了极大提高。

买家通过跨境电子商务平台在世界范围内寻找合适的供应商、其他国家（地区）不计其数的产品，扩大了消费者选择范围，丰富了其消费体验。

国内电子商务平台也在跨境电子商务产业链中起到了重要的作用，例如出口国贸易商利用国内电子商务平台进行在线采购，进口国贸易商利用国内电子商务平台将商品销售给消费者或最终用户等，所以也是跨境电子商务产业链中必不可少的一环。

（五）第三方跨境服务企业

在跨境电子商务产业链中，还存在着大量的第三方服务企业。这些专业第三方服务企业不参与交易，但帮助企业发展跨境电子商务业务，依靠服务费盈利。这些为从事跨境电子商务活动的企业提供专业服务，例如推广、营销、客服、支付、物流、法律咨询等服务的企业具体可以分为如下几种。

1. 综合服务提供商

跨境电子商务综合服务提供商为跨境电子商务企业提供一体化供应链管理服务，其业务领域将由通关、通检、仓储、配送、结汇、退税等环节进行集成。他们本质上是供应链管理企业，提供商流、物流、信息流、资金流的供应链管理服务。他们的服务对象以中小型跨境电子商务企业为主。

2. 物流企业

跨境电子商务的发展使物流行业日趋国际化，同时，物流业的商品流通功能与服务功能日益融合，物流产业趋于协同化和集约化。在产业链视角下，跨境电子商务已经成为物流服务业快速发展的支柱之一。目前，跨境电子商务物流的方式包括邮政小包、国际快递、海外仓等。

3. 金融企业

跨境支付业务涉及多方主体，包括跨境电子商务业务的进出口双方、中介机构及政府机构。现阶段提供支付服务的企业包括中国银行机构的境外支行、非金融机构及第三方支付机构。在跨境电子商务的结算领域，B2B 的结算主体主要为银行，而 B2C 的结算主体已由银行转变为第三方支付机构。由于 B2B 的主导地位，银行仍旧是跨境电子商务的结算主体。

4. 营销企业

跨境电子商务利用互联网，可不再受时间和空间因素限制，直接面向各个国家及地区，从而实现跨界的线上营销。针对跨境电子商务企业的营销需求，目前出现了一批跨境电子商务推广服务商，为企业提供跨境网络营销服务。同时，他们还可结合不同企业在不同阶段的不同需求，使用大数据技术，为跨境电子商务企业定制个性化的营销策略。

（六）监管机构

出口国和进口国的监管机构也在跨境电子商务产业链中起重要作用。目前涉及的监管机构主要包括各国的海关、税务、质量监督、外汇管理等部门。面对互联网下的跨境贸易的新特点，各国监管部门正在转变监管思路，完善监管模式、寻求新的监管政策，解决监管难题。

第三节 跨境电子商务技术

一、基本技术

（一）计算机网络和 Internet

一般把计算机网络定义为：分布在不同地点且具有独立功能的多个计算机，通过通信设备和线路连接起来，在功能完善的网络软件运行下，以实现网络中资源共享为目标的系统。人们最熟悉的计算机网络应当是“互联网”。除了互联网以外，还有各种各样的网络形式，但无论什么样的形式，都要遵循以上计算机网络的定义。

1995 年 10 月 24 日，“联合网络委员会”（FNC：The Federal Networking Council）通过了一项关于“互联网定义（加入 Internet）”的决议，认为互联网指的是全球性的信息系统。

（1）每台接入主机通过一个全球性唯一地址链接在一起，这个地址是建立在“互联网协议”（IP）或今后其他协议基础之上。

（2）可以通过“传输控制协议”和“互联网协议”（TCP/IP），或今后其他接替协议或与“互联网协议”（IP）兼容的协议来进行通信。

（3）可以让公共用户或者私人用户使用高水平的服务。这种服务是建立在上述通信及相关的基础设施之上。

（二）国际互联网的技术系统

国际互联网的技术系统是实现国际电子商务的基础，又可以分为网络层和信息发布与传输层。网络层指网络基础设施，是实现电子商务的最底层的基础设施，它是信息的传输系统，也是实现电子商务的基本保证。它包括有线电话网（提供商为远程通信公司，如中国电信、中国联通等）、无线电话网（提供商为卫星通信和移动通信公司）、有线电视网（提供同轴电缆和广播卫星网络的有线电视公司）、互联网等。网络基础设施还需要有各种软硬件工具，以提供不同网络终端设备的接口，包括集线器、路由器等。因为电子商务的主要业务是基于 Internet 的，所以互联网是网络基础设施中最重要的部分。

信息发布与传输层解决如何在网络上传输信息和传输何种信息的问题。不同的内容有不同的形成方式，如用 HTML、JAVA、WWW 等。目前 Internet 上最常用的信息发布方式是在网络上用 HTML 语言的形式发布网页，并将 Web 服务器中发布传输的文本、数据、声音、图像和视频等多媒体信息发送到接收者手中。

（三）互联网的基础服务技术

电子商务基础服务层能够实现标准的网上商务活动服务，包括 CA（Certificate Authority）认证、支付网关（Payment Gateway）和网络安全等方面。

CA 认证由电子商务认证授权机构（也称为电子商务认证中心）进行，CA 认证中心担当着网上"公安局"和"工商局"的角色，是负责发放和管理数字证书的权威机构，并作为电子商务交易中受信任的第三方，承担公钥体系中公钥的合法性检验的责任。它给参与交易者签发的数字证书，就类似于"网上的身份证"，用来确认电子商务活动中各自的身份，是保证个人身份或 Web 站点安全的声明。CA 认证要保证信息的保密性（只有收件人才能阅读信息）、认证性（确认信息发送者的身份）、完整性（信息在传递过程中不会被篡改）、不可抵赖性（发送者不能否认已发送的信息）。

支付网关（Payment Gateway）是银行金融网络系统和 Internet 网络之间的接口，是由银行操作的将 Internet 上传输的数据转换为金融机构内部数据的一组服务器设备，或由指派的第三方处理商家支付信息和客户的支付指令。即支付网关主要完成通信、协议转换和数据加解密功能，以保护银行内部网络。离开了支付网关，网络银行的电子支付功能也就无法实现。

从其本质上来讲，网络安全就是网络上的信息安全。从广义来说，凡是涉及网络上信息的保密性、完整性、可用性、真实性和可控性的相关技术和理论都是网络安全的研究领域。网络安全通常要保证实现访问控制、检查安全漏洞、攻击监控、加密通信、认证、备份和恢复、多层防御、隐藏内部信息、设立安全监控中心等功能。

（四）EDI

EDI（Electronic Data Interchange，电子数据交换）是 20 世纪 80 年代发展

起来的一种电子化贸易工具，EDI 的定义至今没有一个统一的规范，国际标准化组织（ISO）将 EDI 描述成：将贸易（商业）或行政事务按照一个公认的标准形成结构化的事务处理或信息数据格式，从计算机到计算机的电子传输。国际电信联合会将 EDI 定义为：从计算机到计算机之间的结构化的事务数据互换。而联合国标准化委员会及联合国贸易和发展会议给出的 EDI 的定义如下：EDI 是用户的计算机系统之间对结构化的、标准化的商业信息进行自动传送和自动处理的过程。

EDI 包含了三个方面的内容，即计算机应用、通信网络环境和数据标准化。其中计算机应用是 EDI 的条件，通信网络环境是 EDI 应用的基础，数据标准化是 EDI 的特征。这三方面相互衔接、相互依存，构成 EDI 的基础框架。由于 EDI 在商务活动中大大减少了纸张票据的使用，通常也被称为“无纸贸易”或“无纸交易”。

从涉及的范围看，EDI 电子商务与 Internet 电子商务是两个不同范畴的概念。EDI 电子商务一般是形成和传递具有一定格式的事务处理与消息“单证报文”。而 Internet 电子商务是以计算机网络为基础，包括了从销售、市场到信息管理的全过程，任何能利用计算机网络加快商务处理过程、减少商业成本、创造商业价值、开拓商业机会的商务活动都可以纳入 Internet 电子商务的范畴。从这种意义上讲，Internet 电子商务的适用范围远远大于 EDI 电子商务。对于图文并茂的电子信息，传统的 EDI 是远远不够的，所以目前新的技术不断出现，将 EDI 技术和 Internet 技术融合在一起，使得功能更加强大。

二、移动电子商务

移动电子商务就是利用手机、PDA（Personal Digital Assistant，掌上电脑）等无线终端进行的电子商务。随着时代与技术的进步，人们对移动性和信息的需求急速上升，移动互联网已经渗透到人们生活、工作的各个领域。与传统电子商务相比，移动电子商务的最大特点是随时随地和个性化。同时，从计算机和移动电话的普及程度来看，移动电话也远远超过了计算机。

移动电子商务迅速发展的原因

目前，在全世界范围内，移动电子商务得到了飞速发展。其原因在于[①]以下4点。

1. 移动设备增加

到2017年，全球手机用户达到26亿，移动购物在很短的时间内从一项功能变成消费的首选方式。消费者使用手机访问电子商务网站的频率超过使用其他任何设备，也让移动购物成为零售商关注的首要重点。

2. 阻力减少

原先严重阻碍移动电子商务发展的困难正被一一解决，尤其是付款方法和身份识别认证方面，各电子商务巨头都在集中精力解决这一难题，如推出了PayPal、Apple Pay、Amazon Payments、Android Pay等解决方案。

3. APP和移动网络优化

目前，智能手机性能的不断提高、技术的不断成熟，使得众多的零售商能够通过APP和移动浏览器等途径，满足消费者多样化的消费体验，消费者受益良多。

4. 分布式商务

零售商已将注意力转向通过大众化和分布式渠道与消费者进行互动，如社交媒体、消息传送、浏览器和网上商城平台。移动设备不仅作为购物者的参与媒介，还帮助购物者与品牌商完成交易，购物者在什么地方发现这些品牌已无关紧要。

跨境移动电子商务迅猛发展，例如，2017年速卖通平台"双11"全天交易共覆盖全球230余个国家和地区，无线订单成交占比超过62.3%。2017年，亚马逊全美PC端独立访客数0.42亿/月，全美移动端独立访客数1.26亿/月，移动端流量占比已达总量的75%。而著名的移动跨境电子商务平台Wish则只允许买家通过移动端APP购买，无法通过PC端购买。可以预见，将会有越来越多的网上购物行为从PC端转移到移动设备（尤其是智能手机和平板电脑）上。

① 资料来源：网经社，http://www.100ec.cn/detail-6397688.html。

三、云计算

云是网络、互联网的一种比喻说法。所谓云计算，简单而言即是使计算分布在大量的分布式计算机上，而非本地计算机或远程服务器中，企业数据中心的运行将与互联网更相似。这使得企业能够将资源集中到自己所需要的应用上，并且根据需求访问“云上”的计算机和存储系统。

云计算的特点

1. 超大规模

“云”具有相当的规模，Google 云计算已经拥有 100 多万台服务器，亚马逊、IBM、微软和 Yahoo 等公司的“云”均拥有几十万台服务器。“云”能赋予用户前所未有的计算能力。

2. 虚拟化

云计算支持用户在任意位置使用各种终端获取服务。所请求的资源来自“云”，而不是固定的有形的实体。应用在“云”中某处运行，但实际上用户无须了解应用运行的具体位置，只需要一台笔记本或一个 PDA，就可以通过网络服务来获取各种能力超强的服务。

3. 高可靠性

“云”使用了数据多副本容错、计算节点同构可互换等措施来保障服务的高可靠性，使用云计算比使用本地计算机更加可靠。

4. 通用性

云计算不针对特定的应用，在“云”的支撑下可以构造出千变万化的应用，同一片“云”可以同时支撑不同的应用运行。

5. 高伸缩性

“云”的规模可以动态伸缩，满足应用和用户规模增长的需要。

6. 按需服务

“云”是一个庞大的资源池，用户按需购买，像自来水、电和煤气那样计费。

7. 极其廉价

“云”的特殊容错措施使得企业可以采用极其廉价的节点来构成云；

“云”的自动化管理使数据中心管理成本大幅降低；“云”的公用性和通用性使资源的利用率大幅提升；“云”设施可以建在电力资源丰富的地区，从而大幅降低能源成本。因此，“云”具有前所未有的性能价格比，用户可以充分享受“云”的低成本优势。

在跨境电子商务中，由于所要处理的数据信息量巨大、服务器的采购成本高昂、相关技术人员缺乏，导致无法实现网络平台的建设。这种情况下，云计算服务广泛的计算、存储和网络产品组合优势就凸显出来，它可以使跨境电子商务企业大大减少前期基础架构建设成本及后期运营成本，经济高效地实现其所需功能。

四、大数据

大数据是指无法在一定时间范围内用常规软件工具进行捕捉、管理和处理的数据集合，它是需要新的处理模式的海量的、高增长率的和多样化的信息资产。大数据技术的战略意义不在于掌握庞大的数据信息，而在于对这些含有意义的数据进行专业处理。在电子商务中，IT 系统、应用和技术基础设施每天每秒都在产生数据。大数据非结构化或者结构数据都代表了所有用户的行为、服务级别、安全、风险、欺诈行为等更多操作的记录。

在跨境电子商务中，产生了大量的数据。跨境电子商务企业应特别注重这些庞大的数据，从中提炼出有效数据，并挖掘数据资源的价值，再与业务结合运用，这样既可以降低业务成本，又能提高经济效益。

（1）跨境电子商务企业收集海量消费者的数据，通过大数据分析，挖掘出消费者的消费趋势，提前一步知道消费者的需求，继而提前开展业务、开发相关产品和服务。

（2）跨境电子商务企业通过追踪和记录消费者的网络行为，根据客户的购买习惯为其推送他可能感兴趣的商品信息，或者是在大量客户中快速识别出最具有价值的客户，进行精准营销。

（3）跨境电子商务企业通过对销售和库存数据进行分析，智能化决定采购数量、频率、时间、成本等，或者以利润最大化为目标来定价和清理库存。

（4）跨境电子商务企业通过对物流数据的分析，能够更合理地选择派送方式，选择最优的交通路径，提高物流服务的效率，节省物流成本。

专栏 2.4　eBay 是如何玩转大数据的

在网络世界，数据就是金钱。作为全球最大的拍卖网站，eBay 对这一点深有体会。眼下，eBay 对各种在线数据的分析无所不至，就像在每个顾客前面安装了摄像头一般。毫无疑问，eBay 拥有的数据量是惊人的。其每天都要处理 100PB 的数据，其中包括 50TB 的机器数据。可以说，eBay 每天都面临着天文数字般的大数据挑战。那么目前，eBay 是如何利用这些数据，来促进业务创新和利润增长的呢？

为用户"画像"

譬如，一位年轻的女性上午 10 点在星巴克浏览 eBay 网站，eBay 应该推送给她什么样的商品呢？事实上，用户上午 10 点、中午 12 点，或是晚上 7 点，她浏览的商品是不同的；在餐厅或是在家里，同样会对浏览和搜索产生影响；此外，还有用户的年龄、当时的天气等，都会对购物产生影响。eBay 要做的，就是学习不同情景下的不同购物模式，并推送给用户最想要的商品。

据悉，eBay 可以从用户以往的浏览记录里"猜"她想要什么样的商品，也可以从设定的成百上千种情景模型中计算出用户可能的需求；或是对照另一位有着相似特点的女性用户，看她当时买过什么样的商品，从而推断出这位用户潜在的需求。在综合各种考量因素后，eBay 的后台需要在短短几秒内将商品页面推送给用户。这意味着，eBay 的系统需要有非常快的运算速度。

为商家提供"情报"

基于用户购物的数据，eBay 同样会给商家提供各式各样的"情报"。比如，eBay 会告诉制造商用户正在网上搜索什么商品，或是各种出口行业的数据，制造商会立刻对此做出反应。这些数据分析，对于商家开拓新的销售品类非常管用。因为通常情况下，商家需要四五个月，才能摸清楚一种货物的淡旺季销量，及其在各个地区的受欢迎程度。

在此基础上，eBay 还试图算出商家的补货频率。事实上，海外仓储是商家非常头痛的问题，一旦计算失误，便可能造成库存积压或缺货。而在 eBay，一旦用户下单后发现商家缺货，将是非常严重的问题。这种情况下，eBay 可以通过过往的数据分析，得出商家第一批货的大概销量，以及按照过去销货的速度什么时候应该补货，物流的时间又是多久。通过这些数据的计算，eBay 可以测算出商家补货的逻辑。

资料来源：改编自《eBay 如何猜出你的购买欲?》，科技日报，2014 年 9 月 12 日，http：//digitalpaper. stdaily. com/http _ www. kjrb. com/kjrb/html/2014 - 09/12/content_277043. htm? div = -1.

五、区块链

狭义来讲，区块链是一种按照时间顺序将数据区块以顺序相连的方式组合成的一种链式数据结构，同时，它是以密码学方式保证其内容不可篡改和不可伪造的分布式账本。广义来讲，区块链技术是利用块链式数据结构来验证与存储数据，利用分布式节点共识算法来生成和更新数据，利用密码学的方式保证数据传输和访问的安全，利用由自动化脚本代码组成的智能合约来编程和操作数据的一种全新的分布式基础架构与计算范式。

区块链的特点

1. 去中心化

由于使用分布式核算和存储，不存在中心化的硬件或管理机构，任意节点的权利和义务都是均等的，系统中的数据块由整个系统中具有维护功能的节点来共同维护。

2. 开放性

系统是开放的，除了交易各方的私有信息被加密外，区块链的数据对所有人公开，任何人都可以通过公开的接口查询区块链数据和开发相关应用，因此整个系统信息高度透明。

3. 自治性

区块链采用基于协商一致的规范和协议（比如一套公开透明的算法）使得整个系统中的所有节点能够在信任的环境中自由安全地交换数据，使得对“人”的信任改成了对机器的信任，任何人为的干预不起作用。

4. 信息不可篡改

一旦信息经过验证并添加至区块链，就会永久地存储起来，除非能够同时控制住系统中超过51%的节点，否则单个节点上对数据库的修改是无效的，因此区块链的数据稳定性和可靠性极高。

5. 匿名性

由于节点之间的交换遵循固定的算法，其数据交互是无须信任的（区块链中的程序规则会自行判断活动是否有效），因此交易对手无须通过公开身份的方式让对方对自己产生信任，对信用的累积非常有帮助。

在跨境电子商务和国际贸易中，区块链技术应用越来越多。例如跨国供应链行业往往涉及诸多实体，包括物流、资金流、信息流等，这些实体之间存在大量复杂的协作和沟通。传统模式下，不同实体各自保存各自的供应链信息，严重缺乏透明度，造成了较高的时间成本和金钱成本，而且一旦出现问题（冒领、货物假冒等）难以追查和处理。通过区块链各方可以获得一个透明可靠的统一信息平台，可以实时查看状态，降低物流成本，追溯物品的生产和运送整个过程，从而提高供应链管理的效率。当发生纠纷时，举证和追查也变得更加容易。

专栏2.5　马士基和IBM推出首个基于区块链的行业级跨境供应链解决方案

每年，全球贸易中有90%的商品是通过海运行业运输的。IBM和马士基计划与由货运公司、货运代理商、海运承运商、港口和海关当局构成的物流网络合作，构建全新的全球贸易数字化解决方案。该解决方案利用区块链技术在各方之间实现信息透明性，可以大大降低贸易成本和复杂性，旨在帮助企业减少欺诈和错误，缩短产品在运输和海运过程中所花的时间，改善库存管理，最终减少浪费并降低成本。马士基在2014年发现，仅仅是将冷冻货物从东非运到欧洲，就需要经过近30个人和组织超过200次的沟通和交流。

区块链是一种不可篡改、高度安全且透明的共享网络，可根据每个参与者的权限级别为其提供端到端的可见性。供应链生态系统中的每个参与者都能查看货物在供应链中的进度，了解集装箱已运输到何处。他们还能查看海关文件的状态或者查看提货单和其他数据。通过实时交换原始供应链事件和文档改善对集装箱在供应链中所处位置的详细追踪。未经网络中其他方的同意，任一方都不能修改、删除，甚至附加任何记录。这种级别的透明度有助于减少欺诈和错误，缩短产品在运输和海运过程中所花的时间，改善库存管理，最终减少浪费并降低成本。

对货运公司而言，这一解决方案可以帮助公司减少贸易备案和处理工作的成本，解决由于转移文书出错而产生的延迟问题。该解决方案还可以对在供应链中移动的集装箱随时跟踪。对海关而言，该解决方案的作用是提供实时跟踪，带来更多可用于风险分析和确定目标的信息，从而加强安全性，提高边境检查清关手续的效率。

该解决方案可以通过一个与供应链生态系统参与方相连的数字基础架构或数据管道来实时交换原始供应链事件和文档。这可以将运输流程与合作伙伴进行整合，建立具有更高透明度且能进行可信访问的评估框架，从而推动实现可持续的运输。该解决方案将端到端的供应链流程数字化，可帮助企业管理和跟踪全球数千万个船运集装箱的书面记录，提高贸易伙伴之间的信息透明度并实现高度安全的信息共享，大规模应用后有望为该行业节省数十亿美元。

资料来源：改编自《马士基和 IBM 推出首个基于区块链的行业级跨境供应链解决方案》，http：//www. sohu. com/a/129968505_430753。

思考与实训

1. B2B、B2C、C2C 电子商务的模式有什么区别？你认为 M2C 或 F2C 在未来发展趋势如何？

2. 跨境电子商务产业链有哪些组成要素，各组成要素的作用是什么？

3. 移动电子商务在跨境电子商务中是如何发挥作用的？

4. 思考在跨境电子商务中能够获得哪些数据？如何利用大数据来促进跨境电子商务的发展？

5. 请思考各种跨境电子商务的模式、产业链以及技术的发展，你认为跨境电子商务对传统外贸最大的变革是什么？

第三章　跨境 B2B 电子商务

跨境 B2B 电子商务在跨境电子商务中具有主导地位。据福布斯报告指出，到 2020 年，B2B 电子商务市场的价值将高达 6.7 万亿美元。许多专家也指出 B2B 应该是跨境电子商务的方向和未来。利用网络的便利及延伸性，企业借助于 B2B 模式扩大了活动范围，成本也更加低廉。跨境 B2B 电子商务除了为进出口双方提供买和卖的服务以外，还可以提供跨境协同商务及供应链优化功能，即不同国家（地区）、不同企业或组织间通过网络进行沟通交流、协同合作、信息共享、供应链（生产、采购、物流等）优化等活动。跨境 B2B 电子商务有各种各样的业务，比如独立的 B2B 门户网站、第三方 B2B 交易平台、商业名录等。随着社交网络的发展，人们已经清晰地认识到社交网络对 B2B 电子商务带来的重要影响，逐渐重视起社交网络的营销来。通过跨境 B2B 电子商务平台进行交易是各国外贸企业的通常做法，尤其是像阿里巴巴、环球资源、康帕斯、欧洲黄页等 B2B 平台都具有重要的影响力。

学习目标

了解内容：跨境 B2B 电子商务的概念、类型，常见的 B2B 电子商务平台

理解内容：跨境 B2B 电子商务的特点、为进出口双方带来的利益

掌握内容：B2B 门户网站、跨境 B2B 交易平台、商业名录、社交网络时代的 B2B 电子商务

关键术语

跨境 B2B 电子商务、出口方主导型、进口方主导型、跨境多方交易型、

信息服务平台、在线交易平台、垂直 B2B 电子商务、水平 B2B 电子商务、独立 B2B 门户网站、第三方跨境 B2B 交易平台、商业名录、阿里巴巴国际站、环球资源网、康帕斯、欧洲黄页

第一节　跨境 B2B 电子商务概述

一、跨境 B2B 电子商务概念

如同第二章中一样，跨境 B2B 电子商务（Cross-Border Business to Business e-commerce）指的是不同国家或地区的企业间通过网络开展的商务交易活动。这种交易有的是在不同国家的采购商与供应商之间进行，有的则是企业与其他国家的政府机构或是其他商业或非商业组织之间的交易。因此，我们这里的“企业”可以泛指各类组织，包括公司、政府、国际组织等，不论其是私有的、国有的、盈利的还是非盈利的。

B2B 电子商务在跨境电子商务中占据主导地位，据估计约有 80% 的跨境电子商务交易额是以 B2B 模式完成的。从国际视角看，B2B 电子商务的发展已经进入了第五代[①]，如图 3－1 所示。在最新的一代 B2B 电子商务中，包含了与供应商、买家、政府机构、其他商业伙伴的协同，还包含了企业内部、外部供应链的优化以及智能营销系统。社交网络的发展也为 B2B 电子商务提供了新的契机，使得 B2B 的表现形式和功能更加丰富。

由于行业、产品、服务、交易量与交易规模等各方面差异很大，导致 B2B 电子商务表现形式多样，但是构成跨境 B2B 电子商务的基本要素区别不大，主要包括各国的供应商、采购商、零售商、制造商、中介平台、服务供应商、各种支持组织等。他们之间的关系，如图 3－2 所示，各组成要素通过互联网络进行协同合作，实现在线销售、在线采购、在线信息传递、在线资金转移等各种功能。

---

① 埃弗雷姆·特班，戴维·金，李在奎，等. 电子商务：管理与社交网络视角［M］. 时启亮，陈育君，占丽，等，译.7 版. 北京：机械工业出版社，2016.

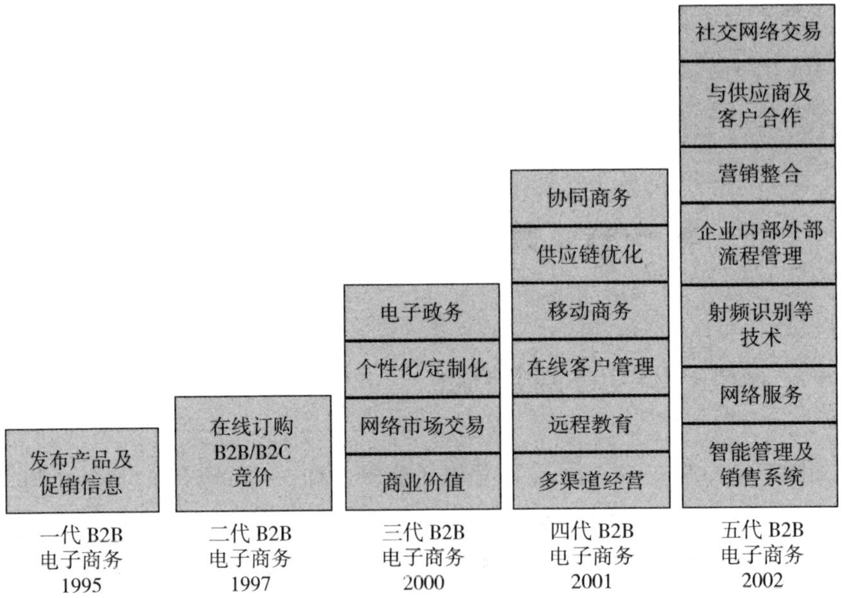

图 3－1　五代 B2B 电子商务

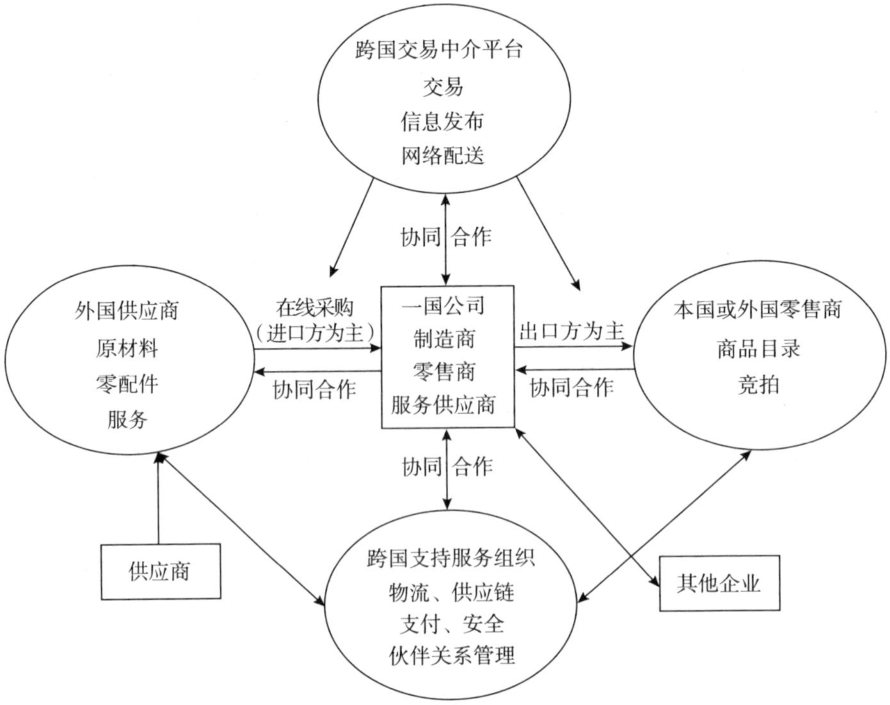

图 3－2　跨境 B2B 电子商务构成要素关系图

二、跨境 B2B 电子商务类型

根据不同的划分标准，跨境 B2B 电子商务可以划分为不同的类型。目前主要有以下几种划分方式。

（一）根据参与方的数量和参与形式划分

根据参与方的数量和参与形式，可以分为以下 4 种类型，如图 3－3 所示。

1. 出口方主导型

出口方主导型即一个出口卖家，多个进口买家，又被称为“一对多”模式。出口方主导的跨境电子商务模式是由境外供应商在其网站发布产品信息，境外进口商通过登录其网站浏览所需要的商品信息，然后通过分析对比进而做出采购决策的一种模式。在这种模式里，出口方要开发和维护自己的商务网站，能够使采购商获取相关信息或在线采购。

2. 进口方主导型

进口方主导型即一个进口买家，多个出口卖家，又被称为“多对一”模式。进口方主导的跨境电子商务模式是由跨境采购方（可以是一家企业或多家企业联合）建立网络采购平台，通过在平台上发布所要采购产品信息，由世界各地的供应商登录采购平台参与竞价，在采购方评估后，双方就产品交易进行磋商、谈判，最后完成采购业务。

3. 跨境多方交易型

跨境多方交易型即多个国家（地区）的卖家对多个国家（地区）的买家，也被称为“多对多”模式。此种类型一般都由独立于进出口双方之外的第三方机构运营管理，进出口双方可以通过交易平台发布信息，而第三方管理机构则负责平台的运营、信息的归纳和管理、客户认证以及支付等相关的配套服务。典型的第三方平台包括阿里巴巴、环球资源等网站，其主要服务是为进出口双方撮合交易。

4. 跨境协同商务及供应链优化型

跨境协同商务及供应链优化型即不同国家（地区）、不同企业或组织间通过网络进行沟通交流、协同合作、信息共享、供应链（生产、采购、物流等）

优化等活动。

（二）根据跨境 B2B 电子商务平台运营方式划分

根据跨境 B2B 电子商务平台运营方式不同，可以分为以下 2 种类型。

1. 进口方或出口方主导的 B2B 模式

进口方或出口方主导的 B2B 模式即一国（地区）生产商或商业零售商可以与其他国家（地区）的上游供应商之间形成供货关系，或者一国（地区）生产商与其他国家（地区）的下游的经销商可以形成销货关系。类似前面的出口方主导型和进口方主导型模式。

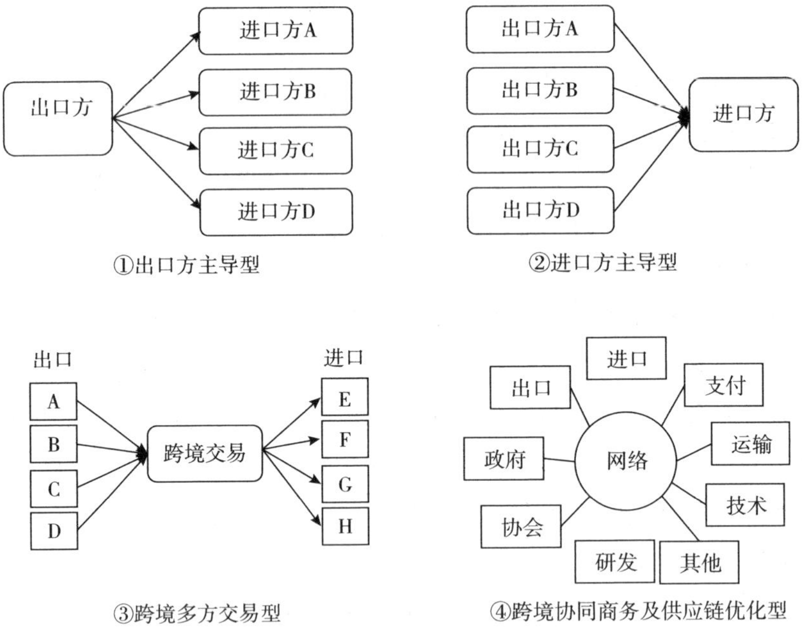

图 3－3 跨境 B2B 电子商务类型

2. 面向中间交易市场的中介型 B2B 模式

面向中间交易市场的中介型 B2B 模式的主要功能是为进出口双方提供一个信息平台和商务平台，即提供企业发布供求信息和其他企业信息，以及提供商务活动某些环节的网络化环境，如交易平台、投标招标、竞买竞卖、在线支付等，类似前面分类中的跨境多方交易型。大家熟知的阿里巴巴、环球资源、中国制造等，均属于这一类型。

（三）根据跨境 B2B 电子商务服务的内容划分

根据跨境 B2B 电子商务服务的内容不同，可以分为以下 2 种类型。

1. 信息服务平台

信息服务平台主要是提供交易信息发布、信息搜索以及完成交易撮合的服务，传递供应商或采购商等卖家的商品或服务信息，促成双方完成交易。代表企业有阿里巴巴国际站、环球资源网、中国制造网等。

信息服务平台主要盈利方式包括会员服务和增值服务。一般而言，信息服务平台向出口方索取一定的会员费，允许其在平台上发布产品和企业信息、接收进口方的询盘以及相互报价等。并且平台为进出口双方提供增值服务，主要包括竞价排名、点击付费及展位推广服务。竞价排名是信息服务平台进行增值服务最为成熟的盈利模式，卖家通过购买关键词，买家通过搜索获取对自身有高价值的信息。但是，这种盈利模式市场已经饱和，作为信息服务的第三方平台正在转型，发展如借助平台已有大量企业信息的优势进行金融服务等一系列延伸服务。

专栏 3.1　Fibre2fashion：一个纺织行业的 B2B 门户网站

Fibre2fashion（www. fibre2fashion. com，如图 3 - 4 所示）是为了支持和服务纺织行业而成立的一个 B2B 门户网站。它始创于 2000 年，目前已经服务于 190 个国家和地区，拥有超过 13 种不同类别的 1 800 多种产品，成功地为纺织、服装和时装业的相关部门提供服务。

Fibre2fashion 门户可以为各国纺织企业提供多种服务，包括：

B2B 市场——为各种类型的纺织企业提供有效的解决方案；

知识服务——通过深入调研的市场情报报告、文章和最新的新闻，提供关键的市场信息；

人才招聘——将顶级纺织企业和求职者的信息汇集到平台，并实现精确配对；

交易会展——提供全球范围内有关纺织业的博览会、交易会或相关会议信息；

杂志刊物——每月一期的刊物，为决策者提供重要的纺织行业信息和研究报告，包括最新的技术和趋势；

图 3-4 Fibre2fashion 首页

市场新闻——定期更新行业动态、最新的事态、产品发布以及全球纺织市场重要的事件；

专家文章——行业专家提供的有洞见的行业分析。

资料来源：全球纺织网，http：//www.fibre2fashion.com/。

2. 在线交易平台

在线交易平台是指在互联网环境下，基于网络信息技术，实现买卖供需双方之间的网上交易和在线电子支付的一种商业运营模式。在线交易平台不仅提供企业、产品、服务等多方面信息展示，并且可以通过平台线上完成搜索、咨询、对比、下单、支付、物流、评价等。在线交易平台模式正在逐渐成为跨境电子商务中的主流模式。目前最有代表性的企业是敦煌网。

交易服务的盈利模式主要是收取佣金费以及展示费。佣金费是在不收取会员费的情况下，在成交以后按比例收取一定的佣金。展示费则是上传产品时收取费用，即只要展示产品信息便收取费用。目前各平台以收取佣金费为主。

专栏3.2　敦煌网：中小额B2B海外电子商务的创新者

敦煌网（www.dhgate.com，如图3-5所示），成立于2004年，是国内首个为中小企业提供B2B网上交易的网站，致力于帮助中国中小企业通过跨境电子商务平台走向全球市场，开辟一条全新的国际贸易通道，让在线交易变得更加简单、更加安全、更加高效。

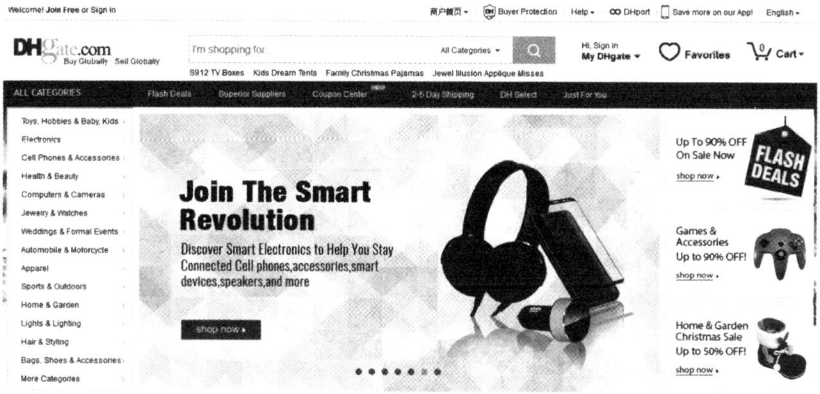

图3-5　敦煌网首页

敦煌网采取佣金制，免注册费，只在进出口双方交易成功后收取费用。敦煌网“为成功付费”打破了以往的传统电子商务“会员收费”的经营模式，既减小外贸企业风险，又节省了不必要的开支。同时避开了与阿里巴巴、中国制造网、环球资源、环球市场等的竞争。

在敦煌网上进行销售的流程是：卖家先把自己产品的信息（包括图片、价格、产品描述、售后服务等）上传到平台上；买家根据卖家提供的信息来生成订单，可以选择直接批量采购，也可以选择先小量购买样品，再大量采购；卖家接到海外买家的订单后备货和发货；买家收到货后付款，双方通过多种方式进行贸易结算。整个周期5~10个工作日。

这种线上小额批发一般使用国际快递运输（快递公司一般在一定金额范围内会代理报关）。敦煌网与DHL、联邦快递等国际物流巨头保持密切合作，以网络庞大的业务量为基础，可使中小企业的物流成本至少下降50%。

一般情况下，这类订单的金额和交易数量不会太大，以普通的数码产品为例，买家一次的订单量在十几个到几十个不等。但是这种小额交易比较频繁，而传统的外贸订单单次交易金额较大但交易频率较低。“用淘宝的方式卖阿里巴巴 B2B 上的货物”，是对敦煌网交易模式的一个有趣概括。

资料来源：作者收集整理。

（四）根据交易的方向划分

根据交易的方向不同，跨境 B2B 电子商务可以分为以下 2 种类型。

1. 垂直 B2B 电子商务

垂直 B2B 电子商务是指只针对一个行业或行业细分的垂直市场，例如电子产品市场、汽车市场、医疗设备市场、钢材市场、化工产品市场等。

2. 水平 B2B 电子商务

水平 B2B 电子商务是指供应各个行业都能使用的商品或服务的市场，例如办公用品市场、电脑、打印器材市场等。

三、跨境 B2B 电子商务的特点

尽管 B2B 和 B2C 电子商务模式以及其他电子商务模式有一些共同的特点，但是 B2B 有其本身独特的地方。主要的原因是 B2B 的客户行为是由独特的动机驱动的，与其他类型的客户很少有共同之处。具体来讲，以下几个方面体现了跨境 B2B 电子商务的独到之处。

（一）跨境 B2B 电子商务单笔交易金额一般较大

企业单笔的采购金额一般都比一个消费者的采购金额大得多，尤其是在跨国交易的情况下，为了降低昂贵的运输、保险、报关报检、沟通等成本，企业倾向于大额交易。虽然目前国际订单有小额化、碎片化的趋势，但是总体上还是比 B2C 的金额大得多。

（二）跨境 B2B 电子商务的进出口双方做决策时都比较理性

由于国际贸易的风险要比国内贸易大很多，涉及的金额又比较大，通常跨境交易者在做决策时都非常谨慎，比国内的 B2B 买家或 B2C 的消费者花更多的时间和精力来研究对方的信息，很少会出现“冲动合作”的现象，否则可能导致巨大的损失。

（三）跨境 B2B 交易更期望建立长期业务关系

跨境 B2B 进出口双方更热衷于建立长期的合作关系，因为企业在选择一个值得信赖的国外供应商的过程中投入大量精力和成本，更愿意与已建立的伙伴保持牢固而稳定的关系，长期合作，这是跨境 B2B 电子商务的核心价值之一。相反，国内 B2B 或 B2C 进出口双方的业务关系保持时间则明显缩短，尤其是跨境 B2C 交易，它们大多是“一锤子买卖”。

（四）跨境 B2B 电子商务定价波动较大

在价格的确定上，跨境 B2B 没有固定的价格，因为价格取决于运输成本、采购数量、付款条件等，而不同国家的客户、不同数量的订单、不同时间的订单需要具体情况具体分析，必须有针对性地制定价格。而跨境 B2C 或者国内 B2B 电子商务，由于其运输成本和付款条件等相对是固定的，因此价格变化幅度不是很大，可以做到大部分情况下以固定的价格达成交易。

（五）跨境 B2B 电子商务的结算流程更加复杂

一般而言，跨境 B2C 消费者通常在线直接支付；国内 B2B 交易既可以在线完成支付，也可以线下完成交易，流程比较简单。但是跨境 B2B 进口方更加关注资金的安全和对交易风险的掌控，因此，可能会选择汇付、托收以及信用证等方式结算。虽然目前有平台能够提供在线结算，但是一般仅限于小额的 B2B 交易，大额的 B2B 交易还是以传统的结算方式为主。

（六）跨境 B2B 交易更加关注运输的成本和交货时间的可控性

跨境 B2B 交易一般体量较大，作为进出口双方更加关心运输成本，对运输速度的关注则次之。当然跨境 B2B 交易也比较注重交货时间的可控性。比如美国采购商每年 6、7 月就开始做圣诞节产品的采购计划，以保证在 12 月初或中旬能够将货物交到终端零售商手里。但是跨境 B2C 的消费者可能在 12 月初或中旬才做出购买决策，他们更关心的是他们订单的交货速度是否能够赶上圣诞节。另外，跨境 B2B 交易的运输以海运、铁路运输和一般的空运为主，而跨境 B2C 交易则大部分通过跨国邮政系统和国际快递来完成运输。

四、跨境 B2B 电子商务带来的利益

跨境 B2B 电子商务可以给位于不同国家或地区的进口方和出口方都带来明显的利益，主要表现在以下几个方面：

（1）对出口方而言，跨境 B2B 电子商务提供了面向全球的销售机遇；

（2）对出口方而言，跨境 B2B 电子商务相对于传统方式，降低了全球营销及销售的成本；

（3）对出口方而言，跨境 B2B 电子商务使其对全球市场信息的了解更加准确、及时，提高了生产的灵活性，配送也更加精细化；

（4）对出口方而言，跨境 B2B 电子商务系统使其更容易了解客户需求，更有效率地服务客户；

（5）对进口方而言，跨境 B2B 电子商务降低了搜索供应商及产品的时间和成本，降低了其采购成本；

（6）对进口方而言，跨境 B2B 电子商务系统方便其对跨境产品和服务进行配送，控制整个“供应链”，做好“供应商关系管理”；

（7）对进出口双方而言，跨境 B2B 电子商务能减少交易的工作环节、纸质文档的使用，降低信息传递的差错，加速运营速度，提高沟通效率，降低管理成本；

（8）对进出口双方而言，跨境 B2B 电子商务可以增加企业间的协同合作，改善与客户或合作伙伴之间的关系。

第二节 跨境 B2B 电子商务业务

一、独立 B2B 门户网站

众多的跨境电子商务企业通过自建的独立门户网站向境外客户提供产品

和服务。独立门户网站的类型众多，根据其功能可以分为企业形象网站与企业功能网站，这是两个完全不同的概念。

形象网站的主要目的是宣传企业和产品，其内容主要包括企业简介、产品介绍、服务内容、价格信息、联系方式等基本内容，互动性较差，功能相对简单。目前我国大部分外贸企业的网站均属此类。而功能网站则完全不同，它是以销售或采购为最终的目的。形象网站不仅包括企业和产品信息，更为顾客提供在线订单、在线支付、在线咨询、售后服务等功能；功能网站则需要提供供应商的竞标、招标、谈判、签约、供应商管理、付款审核或划拨等功能。

无论是在企业形象网站还是功能网站中，都经常将“电子产品目录”作为其重要的组成板块。在传统国际贸易中，出口企业需要通过邮寄纸质目录的方式向国外客户提供产品和服务的详细资料。互联网商业化后，在网络上展示的电子目录得到了极大发展。最简单的目录只是展示产品描述和价目表，不能够网上购物和付款，而较为复杂的目录则能够在线采购、下订单和提供付款方式。

目录中最重要的部分是展示不同的产品和服务，包括图片（产品的照片、图版、效果图或插图）、描述（包括产品的尺寸、颜色、材料、功能等特征）、使用或安装说明、所提供的服务、服务期限和费用等具体信息。除此之外，商品目录还可以增加价格、折扣或优惠、联系地址、电话号码、网站、邮箱、分支机构或子公司、订购方式、装运和付款，以及营业时间等信息。

电子目录有以下优势：首先，与传统的印刷目录相比，电子目录成本更低，因为没有纸张、印刷和国际邮寄成本（国际邮寄成本非常昂贵）；其次，与印刷目录不同的是，数字目录允许公司与客户建立直接关系，并且能够及时得到反馈；最后，电子目录内容存储在服务器上，能够以快速和简单的方式更新，使客户能够及时接触最新的信息。

目录的表现形式各种各样，最常见的有三种。第一种如图 3－6 所示，以网站上常见的 HTML 页面的形式表现出来。第二种如图 3－7 所示，以一种更加复杂的、更加形象的、模拟纸质目录的形式表现出来，有“翻书”的感觉，更加能够吸引客户的注意。第三种是以 PDF、Word、Excel、PPT 等格式文件为载体，放到网站上或通过邮件等形式供客户观看、下载以及传播。

图 3－6 电子目录简单的展现形式

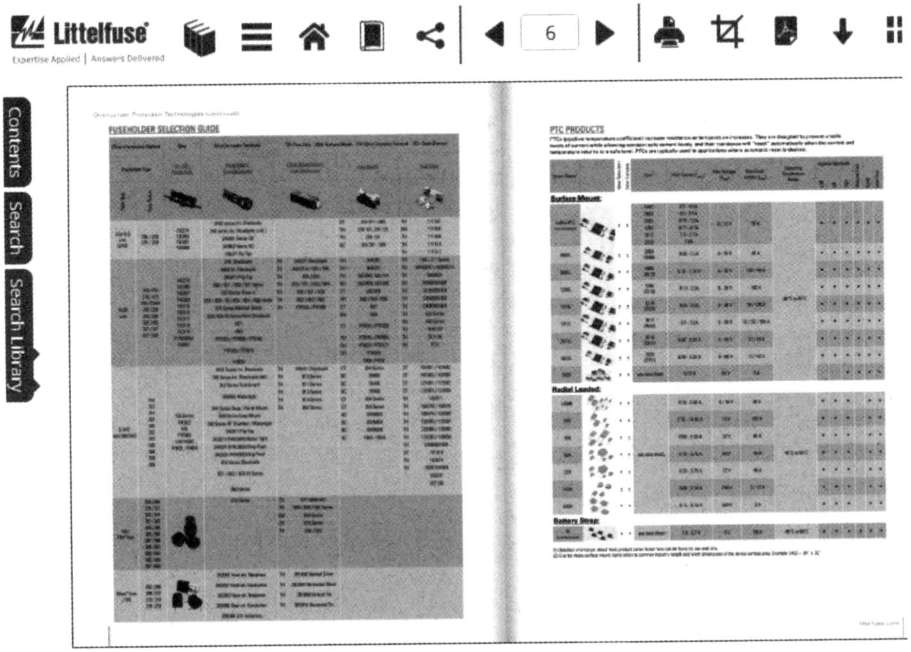

图 3－7 电子目录模拟纸质目录的展现形式

二、渠道商的销售平台

很多外贸企业都通过遍布于全球的渠道商平台进行销售。渠道商（包括各级批发商）从各国制造商处购买产品或获得信息，然后整合到一个商品目录中向自己的客户销售。例如著名的工业品一站式购物平台固安捷能够提供4 000多个品牌、90 万余种货物。公司的客户有 320 多万，来自世界各地，大多都在网络上进行采购。另外在 11 个国家设立了独立的电子商务网站。固安捷于 2006 年进驻中国，2013 年全新推出中国官方网站（如图 3 - 8 所示），为客户提供更为便捷的电子商务解决方案。如今固安捷的产品已经涵盖 6 大工业领域，线上有 50 万种产品，包括工具、劳保、金属加工用品及仪器仪表、物料搬运及存储包装、机械部件及相关产品和公用设施相关产品。各国工业品供应商都跟固安捷合作，通过其遍布全球的网络来扩大销售市场。

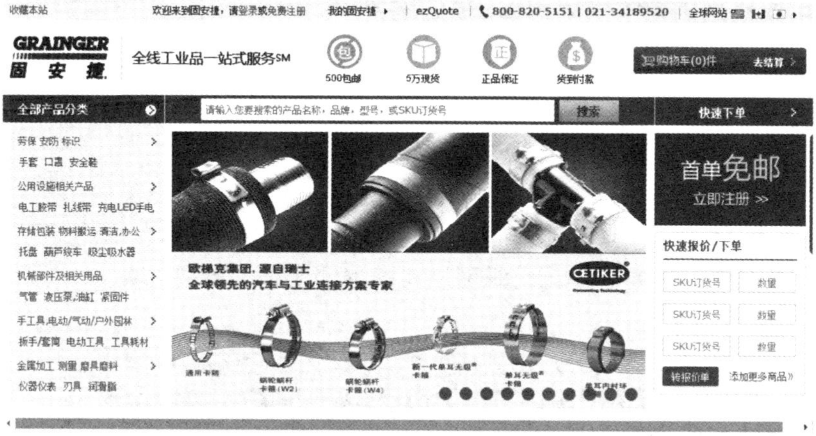

图 3 - 8　固安捷中文版（www. grainger. com）

三、第三方跨境 B2B 交易平台

B2B 交易平台是指众多的企业卖家和企业买家聚集在一起的网络市场，一般是由进出口双方之外的第三方建立的，也被称为第三方 B2B 电子商务平台。在跨境电子商务中，B2B 平台可以为处于不同国家（地区）的买卖各方提供市场信息、商品交易、仓储配送、货款结算等全方位服务。

（一）跨境 B2B 交易平台的分类

在跨境电子商务领域，从涵盖行业范围来看，可以分为“综合型的 B2B 交易平台”和“垂直型的 B2B 交易平台”两种。“综合型的 B2B 交易平台”面向所有行业，覆盖面广，专业化程度不高，以提供搜索引擎、信息资讯和信息撮合为主，也被称为“垂直型的 B2B 交易平台”。这种 B2B 平台主要代表包括阿里巴巴、中国制造网、环球资源网（如图 3－9 所示）等。

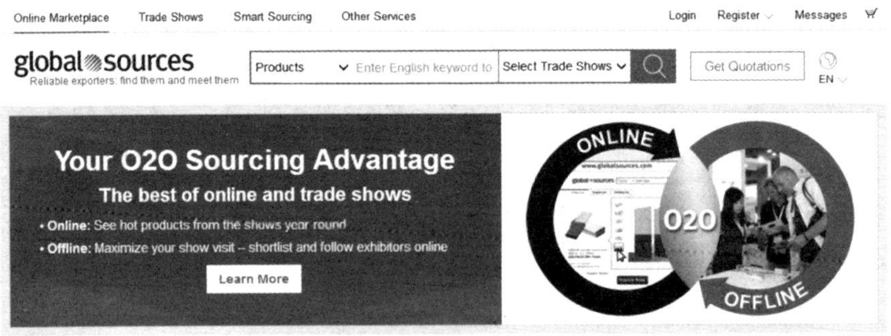

图 3－9 环球资源网

“垂直型的 B2B 交易平台”专注于某个垂直行业领域，通常有一定的行业背景，整合了某一行业内不同生产商、批发商、零售商，行业研究深入，服务对象明确，专业化程度高，所以也被称为“纵向 B2B 型模式”。以中国化工网（见图 3－10）、中国纺织网、我的钢铁网等为典型代表。

图 3－10 中国化工网

（二）跨境 B2B 交易平台的功能

美国学者埃弗雷姆·特班在其《电子商务：管理与社交网络视角》一书中，将 B2B 网络交易平台功能归纳为以下三大功能。

1. 撮合进口方和出口方

（1）确定能够提供哪些商品；

（2）将可供销售的商品分门别类地展示；

（3）提供商品价格及其他信息；

（4）组织拍卖、竞标等交易；

（5）撮合供给与需求信息，验证供求双方的资格；

（6）提供商品价格及属性的比较；

（7）提供进出口双方的名录；

（8）支持双方的谈判；

（9）保证信息安全。

2. 促进交易

（1）提供交易平台和技术，例如将信息、商品、服务传递给进口方的物流系统；

（2）提供商品目录，管理商品目录；

（3）提供出账和支付信息，提供保险、物流、订约服务；

（4）界定交易术语及谈判术语；

（5）提供查询信息，包括行业新闻等；

（6）向用户提供接入平台的便利，审核用户利用平台的资格；

（7）收取交易费用，提供相应软件，例如 EDI 系统等；

（8）提供分析和统计数据；

（9）接受进出口双方的注册，确定资格；

（10）保证信息及交易的安全。

3. 制定交易规则，维护交易平台基础设施

（1）保证交易符合商务规则、合同法、进出口法、知识产权等；

（2）保证平台的技术支持，保证网站流量和速度；

（3）向进出口双方提供标准的系统界面；

（4）接受合适的网站广告商，收取广告费和其他费用。

（三）跨境 B2B 交易平台的利弊

B2B 交易平台一直是一般的外贸企业和跨境电子商务企业重要的营销渠道，其主要优势在于跨境 B2B 交易平台拥有大量注册的有买卖意向的会员，以及这些会员发布的买卖交易信息，这些信息使得平台蕴藏了无限的商机，此营销效果较为明显。市场的价值在于其中的买卖力量，买卖力量越强大，则市场价值越突出。

其次，跨境 B2B 交易平台提供的服务能够使进出口双方都大幅降低交易成本。对进口方而言，可以同时向多家供应商购货，获得大量、详细的信息，方便搜索与比价，能够实现大量和一站式采购。对于出口方而言，利用交易平台开展企业宣传，低成本地开发客户，改善客户关系管理，提高生产和交货的效率，方便面向全球开展营销。

另外，跨境 B2B 交易平台提供的附加服务，包括资讯服务、博客、论坛、竞价、广告，不仅有力地扩展了平台的功能性，而且增强了客户凝聚力，为平台聚集了人气，强化了平台原有的市场销售功能，使平台更具生态性。但是，由于大量的同类企业充斥其中，使产品竞争异常激烈，导致利润相对较低。

不过，B2B 交易平台也为进出口双方带来了新的问题，例如进口方会接触到陌生的供应商，难以比较供应商的服务和信用。而对出口方而言，老客户会转向竞争对手，为此价格竞争会更加激烈并需要提供更多的增值服务，另外为了获得客户还需要支付一定的交易费和广告费，可能会形成较大的成本。

四、商业名录（企业数据库）

商业名录是一个网站的信息列表，一般列出了基于行业类别的企业，实际上就是“企业数据库”。在外贸领域中常讲到的在线黄页（Yellow Pages Online）就是一种商业目录。

不同平台中的商业名录中提供的详细信息可能有所不同。它们可能包括企业名称、地址、电话号码、位置、联系信息、员工人数、服务地区、服务类型或提供的产品等信息。有的商业名录还包括用户评论和反馈的功能。

商业目录可以分为综合性商业目录和专业性商业目录。综合性商业目录包含各行各业的公司信息，例如美国黄页、欧洲黄页等。专业性商业目录一般只包含某个行业的公司信息，比如工业领域中著名的商业目录托马斯（如图3－11）是面向北美地区的工业产品信息平台，提供超过500 000北美制造商、分销商以及服务公司的68 000万种类型的产品和服务信息，同时还提供新闻、行业动态、论坛和博客等功能。

图3－11　托马斯商业目录

五、其他 B2B 网站平台

除了以上网站外，在跨境 B2B 领域还经常用到其他的一些门户网站，包括以下三种。

（一）行业协会网站

行业协会网站也是 B2B 信息较为集中的地方之一。其优势在于，一是与企业自身产品关联性很强，二是信息很丰富，包括市场行情、调研报告、行业新闻、电子出版物、培训信息以及相关链接等。尤其是在大部分协会网站中，都有会员列表，少则几十个，多则几百个，通常包括会员的简介、会员网站的链接以及联系方式（如电话、Email 等）。

（二）国际展览会、博览会网站

展览会或博览会通常都有自己的专门网站，一般会包括展会的各种信息以及相关行业的信息，并且会展示参展商的企业名录，这些企业一般都是相关的制造商或是分销商，对于B2B商业模式来讲是非常有价值的。如图3－12所示，是于美国拉斯维加斯举办的“国际消费电子展”在其网站上列出的参展商的信息。

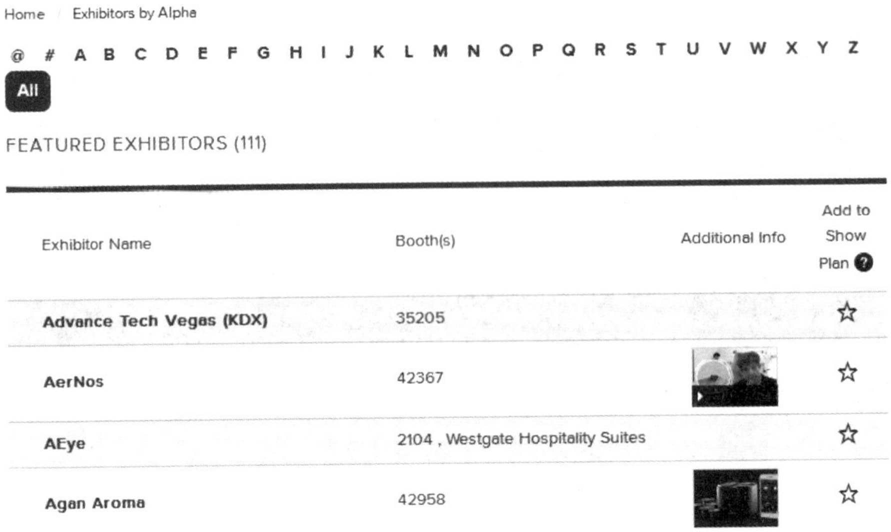

图3－12 展会网站示例

（三）各国政府网站尤其是商务部门以及海关网站

各国政府网站里也有许多商业信息，尤其是工业、农业、服务业等行政部门、商务部门、海关的网站。例如，美国对外贸易委员会网站中（International Trade Administration，http：//www. trade. gov/）有大量的关于美国贸易的信息。加拿大政府在其网站上能够提供非常详细的有关工商业、金融、进出口贸易、公司财务等信息。如图3－13所示，是加拿大政府网站提供的进口数据库（www. ic. gc. ca/app/scr/tdst/tdo/crtr. html？&productType＝NAICS&lang＝eng），外贸企业可以挖掘获得大量信息。

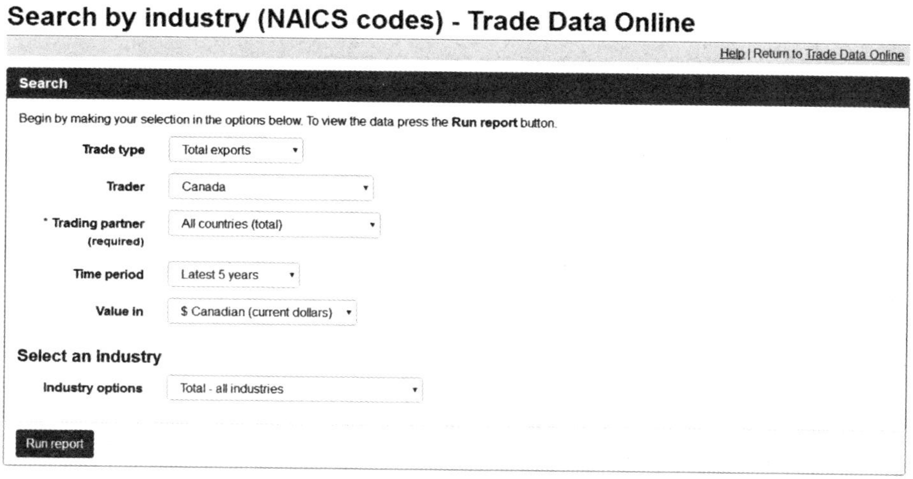

图 3－13　政府网站示例

（四）国际组织和各国贸易投资机构

国际组织、各国商会或者进出口协会网站也是信息主要的来源之一，这样的网站通常包括相关国家或组织的经济情况、市场情况、行业情况、进出口情况等信息。如图 3－14 所示，为联合国采购司（www. un. org/Depts/ptd/）网站，里面有联合国采购的详细资料。

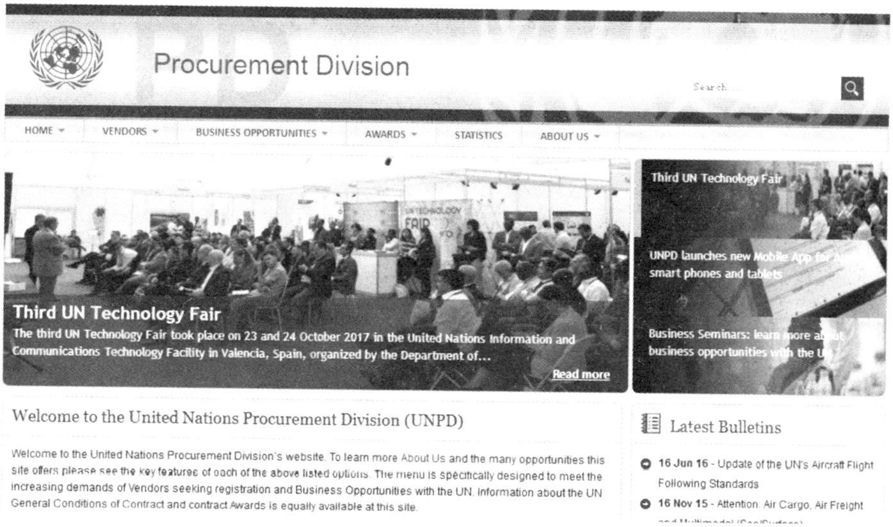

图 3－14　国际组织网站示例

六、社交网络时代的跨境 B2B 电子商务

随着社交网络的发展，跨境 B2B 市场中，人们已经清晰地认识到社交网络对电子商务带来的重要影响。B2B 买家通过研究博客文章、白皮书、网络广播、播客和潜在供应商采购人员的社交媒体资料，了解产品功能，掌握价格信息并阅读产品评论。他们受到线上能为他们的问题提供可靠答案的人的影响。因此，出口方可以通过社交渠道提供实用的信息来影响进口方。

如今，主要有两种方式的社交工具在 B2B 电子商务中得到广泛应用。一种方式是企业门户网站中的网络社区，例如公告、行业新闻、分类广告、招聘、论坛等，汇集了各方所关注的各种信息。另一种方式则是利用专门的社交网络平台进行 B2B 商业活动，这些网络平台包括博客、维客、聚合网站、视频网站、图片网站等，例如脸书（Facebook）、推特（Twitter）、领英（LinkedIn）、图片墙（Instagram）、优兔（Youtube）等。

社交商务为跨境 B2B 电子商务带来很多新的机遇，主要包括：

（1）寻找更多的商务伙伴和销售机会；

（2）维持与商务伙伴的关系，管理客户群体；

（3）为产品和服务做广告，提高品牌知名度；

（4）更好地了解新技术、竞争态势以及商务环境；

（5）做市场调研，获取客户的反馈信息，改进经营和管理。

中国的 B2B 外贸企业目前主要使用国外的社交网络平台来开发客户、推广产品和获取市场信息。如图 3－15 所示，我国网络上有许多网页介绍如何利用社交网络来寻找客户以打开国际市场。

图 3－15　使用社交网络开拓跨境 B2B 市场

第三节　跨境 B2B 电子商务平台

一、阿里巴巴国际站

1999 年 9 月，马云带领下的 18 位创始人在杭州的公寓中正式成立了阿里巴巴集团，集团的首个网站是英文全球批发贸易市场“阿里巴巴国际站（www. alibaba. com）”。经过近 20 年的发展，阿里巴巴国际站已经成为世界排名第一的跨境 B2B 电子商务平台，在全球有着广泛的影响力。据统计，这一平台已经能影响中国 2% 左右的出口额，服务全球 200 多个国家和地区的买家，累计超过 5 000 万人。

阿里巴巴业务如图 3－16 所示，其核心价值在于：

（1）买家可以寻找搜索卖家所发布的公司及产品信息；

（2）卖家可以寻找搜索买家的采购信息；

（3）为买家卖家提供了沟通工具、账号管理工具等。

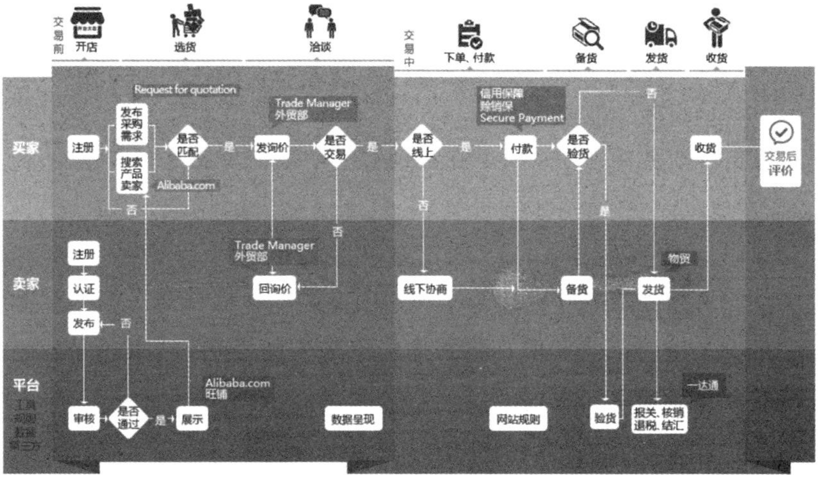

图 3－16　阿里巴巴国际站业务全景图

未来，阿里巴巴国际站的发展趋势包括以下几点。

第一，由信息平台转型为交易平台。以前阿里巴巴国际站大部分 B2B 业务都是向进出口双方提供商机，撮合两者之间的磋商谈判，但是涉及后续的交易和出口环节则主要由进出口双方在线下或通过另外方式进行。目前阿里巴巴努力在实现进出口双方高效匹配的基础上，做好后续环节的配套和服务，即让进出口双方能够借助国际站完成支付、运输、保险、通关、退税等一系列流程。

第二，实现信用与安全保障。跨境 B2B 交易的难点首先在于进出口双方对大额度贸易的互不信任问题，如果能够解决信用保障，那么在线交易和支付预付款就变得可行。为此，阿里巴巴推出了“信用保障体系”，即根据企业在国际站上的基本信息、贸易交易额以及其他信息综合评定后给予一定的信用保障额度，提高他们向进口方提供货款的安全度（如出现进口方付款后出口方不发货的情况，阿里巴巴会先行赔付进口方）。

第三，构建跨境电子商务生态圈。阿里巴巴国际站将不仅仅是一个贸易信息平台，而且会逐步走向一个交易体系和生态圈。围绕 B2B 跨境贸易相关的各类服务将在数据、信用的驱动下融为一体，网上贸易、物流、支付、通关等环节都可以在阿里巴巴国际站实现。

第四，实现在线小额交易。为了应对 B2B 订单的碎片化趋势，自 2015 年下半年开始，阿里巴巴国际站开发和完善在线小额批发功能，使一些小订单可以直接在平台上下订单购买，并且实现信用卡、第三方支付工具和电汇的在线支付。

二、中国制造网

中国制造网（www. Made - in - China. com，如图 3 - 17 所示）由焦点科技股份有限公司开发及运营，已成为全球采购商采购中国制造产品的重要渠道，英文版主要为中国供应商和使用英文的全球采购商提供信息发布与搜索等服务，中文版主要为中国供应商和使用中文的全球采购商提供信息发布与搜索等服务。

中国制造网电子商务平台为中国供应商和全球采购商提供会员服务，注册免费会员可以通过虚拟办公室发布并管理企业、产品和商情信息；注册收费会员（目前为中国供应商）除享有注册免费会员的所有服务外，还可以发布网上展示厅、专业客服支持、在产品目录和搜索结果中享有优先排名的机

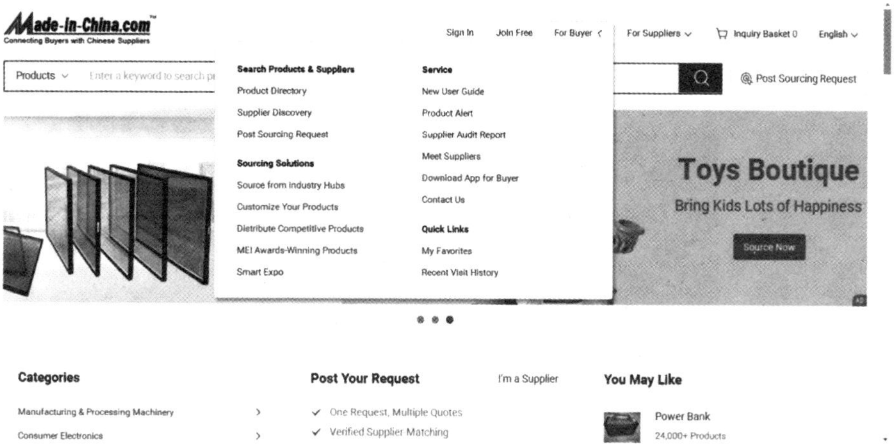

图 3－17 中国制造网

会。焦点科技通过电子商务平台还向注册收费会员提供名列前茅（Top Rank）、产品展台（Spotlight Exhibits）、横幅推广（Banner Pro）等增值服务以及认证供应商（Audited Suppliers）服务，以增加在互联网上展示的机会，增加与全球采购商的接触机会，从而达成交易。

三、EC21 和 Ecplaza

EC21（www. ec21. com，如图 3－18 所示）是 1997 年由韩国贸易协会（Korea International Trade Association）创立的电子商务公司。2000 年 7 月，EC21 从韩国贸易协会中独立出来，由韩国贸易协会和美国基金共同运行。EC21 主要拥有英语、韩语、中文简体、中文繁体、西班牙语、日语、法语、德语以及俄语等版本。目前在全世界有超过 10 处的销售客服中心，包括中国大陆、土耳其、意大利、印度、巴基斯坦、越南，以及中国台湾地区的几个分支。EC21 最主要的特色在于所谓的“买家针对推销”（Buyer Target Marketing），即通过信息情报主动寻找国际买家和卖家，方式有进出口商品名录、动态进出口数据报告等。这项服务的关键信息来自韩国贸易协会和 EC21 共同积累的 60 万买家的数据库。

Ecplaza（www. ecplaza. net，如图 3－19 所示）也是韩国著名的 B2B 电子商务贸易网站，始建于 1996 年。Ecplaza 采用网上（Online）和线下（Offline）资源相整合，网上电子商务工具和线下商务手段相结合的方式，为全球

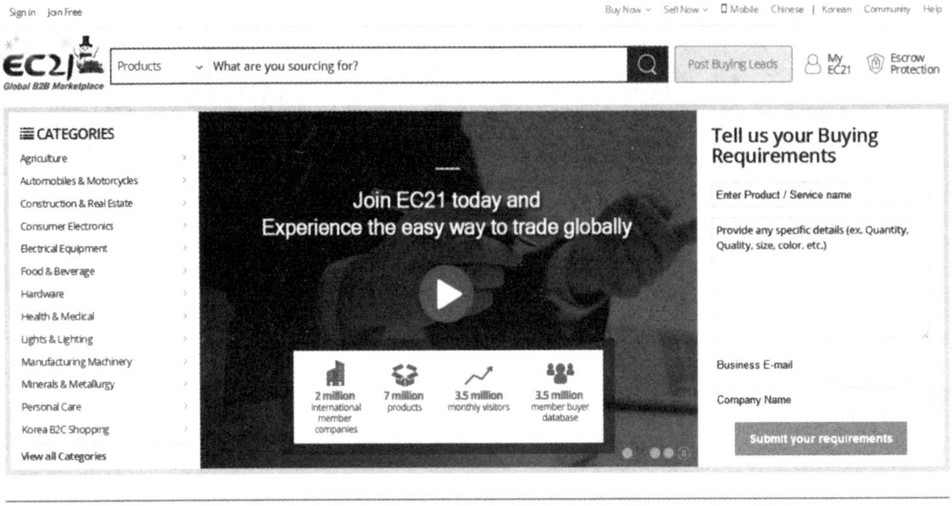

图 3-18　EC21 首页

买家和卖家提供信息沟通以及贸易成交服务。为此 Ecplaza 组织从事国际贸易多年的资深行家，在美国、日本、欧洲、南美建立买家代理（buyer agent），并且发行行业期刊以及举办各种展览会，为交易双方提供线下贸易撮合及成交服务。Ecplaza 目前拥有全球站、韩国站、美国站、日本站、中国站、马来西亚站以及阿联酋站七大站点，在韩国、中国、美国、日本、智利、中东、东南亚等 40 多个国家和地区设立代表处。

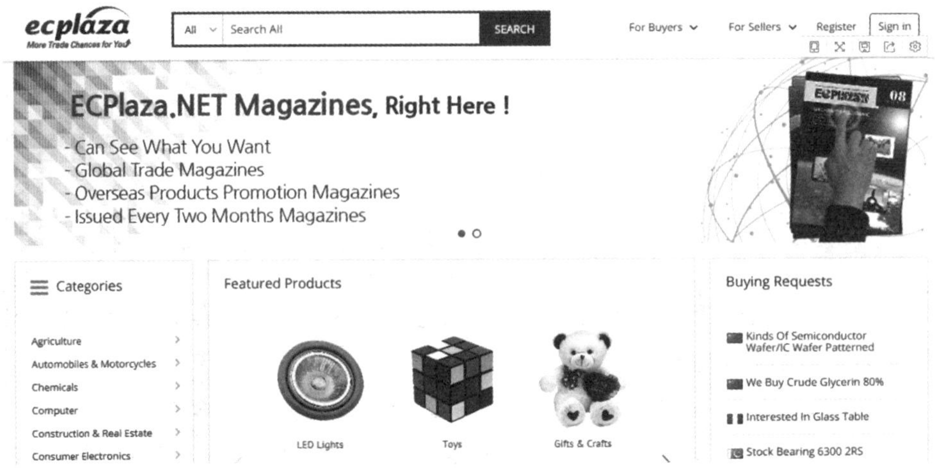

图 3-19　Ecplaza 首页

四、康帕斯

康帕斯集团国际（www. kompass. com，如图 3 - 20 所示）于 1944 年在瑞士成立，目前集团总部设在法国巴黎。70 多年来，康帕斯致力于为全球贸易提供优质的商业信息和广告服务。康帕斯所创立并拥有独立知识产权的工业和产品分类系统是被联合国确认的国际标准工业分类系统（WorldFile）。依靠康帕斯创立的自有知识产权的产品分类系统和企业与产品数据库，康帕斯从小到大一步步发展成为拥有 66 个国家（地区）成员的专业化的商业服务企业集团。康帕斯的工商信息和分类系统被翻译成 38 种语言，在全球拥有 200 万家以上的长期用户。

图 3 - 20 康帕斯网站

康帕斯全球成员网络和互联网、光盘、书籍等多种国际化媒体构建的电子商务平台向工商业提供准确、可靠、详尽的商业信息。康帕斯向商对商企业提供直销推广、全球化展示、产品排名和电子商务服务。康帕斯精准、独到的产品分类不仅能将企业及产品信息有的放矢地展示给与该企业业务相关的全球客户，还能使企业与产品信息跻身于国际同行的同一信息平台参与国际竞争，提高企业与产品的国际形象和知名度。

五、GlobalSpec 与 MFG

GlobalSpec（www. globalspec. com，如图 3 - 21 所示）公司成立于 1996

年，致力于为全球工业和电子行业的采购工程师和技术工程专家提供产品和供应商讯息，是全球最专业的电子及工业采购网站之一。它拥有590万采购工程师和技术类买家用户，超过500万的工程师和技术专家将GlobalSpec作为他们首选的在线工程技术信息资源。目前全球已有660万注册用户在使用GlobalSpec的服务，每天有超过10万名来自制造业、经销商、系统整合商等专业采购人员、市场部人员及工程师运用Globalspec，同时世界500强中已有超过110家工业和电子类的制造商在跟GolbalSpec合作，通过其服务在全球范围寻找优质的产品和供应商。

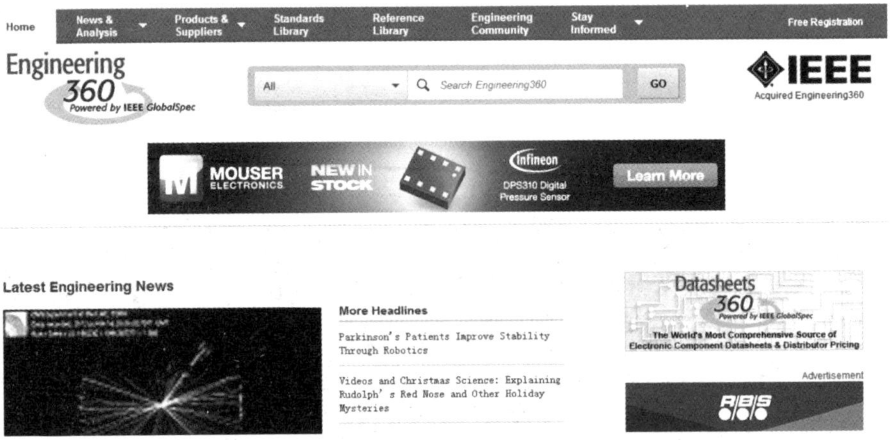

图3-21 GlobalSpec网站

MFG（www.mfg.com，如图3-22所示）是全球最大的制造业B2B在线交易市场，成立于2000年，总部位于美国亚特兰大，并在上海和巴黎设有分公司，其宗旨是致力于让制造企业更有效地进行采购与销售工作。目前拥有7种语言版本，全球20万余位用户，支持50种货币的采购交易，每天全球买家在MFG的有效询盘价值总额达2亿美元。MFG帮买家快速找到最合适的优质供应商，让供应商有机会接触大量急需采购特定产品的买家。MFG集聚全球制造业买家的即时定制采购需求，通过将买家和供应商的信息按照行业特性进行标准化处理，简化了制造业询盘工作。MFG采购商可以通过MFG轻松创建、发送、跟踪询盘直至下单，买家可以将定制询盘发送给指定供应商，也可向全部供应商开放。独特的买家询盘即时匹配功能，自动搜索符合询盘要求的供应商，使买家的采购活动更加经济高效。

图 3－22　MFG 网站

六、欧洲黄页

欧洲黄页（Europages. com，如图 3－23 所示）是欧洲著名的 B2B 平台，已收录 260 多万家企业，包括制造商、服务供应商、批发商和经销商。目前，Europages 提供 26 种语言版本，有来自 210 个不同国家（地区）的用户注册使用网站服务，每月超 400 万访客查询 Europages 高质量数据库。

Europages 主要提供如下服务。

（1）欧洲黄页登录与排名服务：也称欧洲黄页广告服务，主要分多媒体黄页（包括印刷黄页、光盘黄页和在线黄页）广告和在线黄页广告两种；

（2）Europages 贸易机会服务：让企业发布供求信息，查询各类供求信息和订阅供求信息电子邮件，从而为企业创造国际贸易机会，把握每一个商机；

（3）Europages 公共项目招标信息服务：欧洲黄页每天提供 400 到 800 个新的由欧洲国家正式发布的项目承包招标邀请信息，让企业获得第一手欧洲招标信息。

Europages 上的供应商都是欧洲最具实力的供应商，都必须付费才能在 Europages 上出版，这比其他的免费收录的企业目录更加有针对性。对于企业而言，欧洲的供应商在很大程度上会成为他们的采购商，因为欧洲的企业有大部分的产品自己是不生产的，很多是从其他国家进口。

图 3－23 欧洲黄页

七、其他 B2B 平台

（一）TradeKey（www. tradekey. com）

TradeKey 成立于 2005 年，总部设在沙特，是中东地区排名第一的 B2B 电子商务平台，运营中心设在巴基斯坦，以出口为导向，已成为全球 B2B 网站的领导者和最受外贸企业欢迎的外贸 B2B 网站之一。TradeKey 提供一体化的网络贸易服务体系，包括 RFQ、P/I、P/O、L/C 等自动文件处理方式，企业可在线建立网上展厅、商业机会发布、主动查询国际专业买家、买卖双方在线询价等。

（二）印度商贸网（www. tradeindia. com）

Trade-india 是印度 Infocom Network Limited 公司于 1996 年创办，目前是印度最大的贸易商务网站，专门致力于为众多商家提供国际和印度的各种贸易商务信息，拥有来自全球上万个供应商及采购商的庞大数据库以及每日更新的供求信息。其中包括 1 264 种不同产品目录。买家群体主要集中在美国和东南亚国家。

思考与实训

1. 举例说明跨境 B2B 电子商务的模式有哪些？
2. 举例说明跨境 B2B 电子商务的功能有哪些？带来的利益有哪些？
3. 跨境 B2B 电子商务和 B2C 电子商务的区别有哪些？
4. 尝试为各种 B2B 电子商务网站归纳特点，按照自己的标准为其分类。
5. 社交网络是如何影响跨境 B2B 电子商务的？

第四章　跨境 B2C 和移动跨境电子商务

在 2008 年前后，面向海外个人消费者的中国跨境电子商务零售出口业务（B2C/C2C）蓬勃发展，首先是出现了大量的卖家通过 eBay、亚马逊等平台进行销售，其次是速卖通、Wish 等一大批新的跨境电子商务平台出现，为跨境 B2C 业务打下了基础。另外，中国还出现了一大批跨境电子商务企业，如环球易购、通拓科技、海翼股份、价之链等皆是顺应这一趋势成长起来的跨境电子商务 B2C 企业。跨境零售电子商务颠覆产业链，缩短产业链，让产品直接从中国的工厂和企业卖到全世界消费者手里，这个潮流方兴未艾，还在继续发展中。对于卖家而言，交易流程的扁平化，打破原来传统的产品输出—跨境销售—跨境生产运营—全球化运营的分步式进程，产品/服务提供商直接面对消费者。同时，跨境 B2C 电子商务平台数字化的交易模式降低了交易成本，跨境交易参与者的门槛随之降低，推动更加平等和普惠的全球化。对于消费者来说，跨境电子商务 B2C 模式则带来更丰富的海外产品与服务；更多的供应商选择；更大的产品与服务的个性化空间；扁平化的线上交易模式将减少中间环节，使得产品和服务的价格更加低廉；交付时间更短等。

学习目标

了解内容：跨境 B2C/C2C 电子商务概念、移动跨境电子商务概念和类型

理解内容：跨境 B2C 电子商务发展的动力、移动跨境电子商务发展动力、第三方中介型跨境 B2C 电子商务的特点、自建自营型跨境 B2C 电子商务平台的作用

掌握内容：跨境 B2C 电子商务的特点、跨境 B2C 电子商务的影响、跨境 B2C 电子商务平台的分类、移动跨境电子商务平台的功能

关键术语

跨境 B2C/C2C 电子商务、第三方中介型跨境 B2C 平台、自建自营型跨境 B2C 平台、混合型跨境 B2C 平台、移动跨境电子商务、亚马逊、速卖通、eBay、Wish、Shopee

第一节　跨境 B2C/C2C 电子商务概述

一、跨境 B2C 电子商务概念和发展

跨境 B2C 电子商务是指分属于不同国家或地区的企业和消费者，借助互联网技术，实现商品的查询、选择、购买、支付，最后将商品用物流的方式运送到消费者手中的过程。跨境 B2C 电子商务目标客户是国外个人消费者买家，因此单次交易一般购买金额较低、购买数量较少，而交易频率较高，也被称为“跨境电子商务零售”。

2015 年 6 月，阿里巴巴集团旗下阿里研究院与埃森哲（一家著名的咨询机构）联合发布全球跨境 B2C 电子商务趋势报告①。报告称，全球 B2C 电子商务市场近年来增长迅速，未来几年还将保持接近 14% 的年均增长速度，交易规模将从 2014 年的 1.6 万亿美元增长到 2020 年的 3.4 万亿美元。其中，全球跨境 B2C 电子商务的增长尤为强劲：高达 27% 的年均增长将使全球市场规模由 2014 年的 2 300 亿美元上升至 2020 年的接近 1 万亿美元。相比其他零售形式，跨境 B2C 电子商务市场的增长速度最快，将是整体电子商务增长速度的 2 倍（如图 4－1 所示）。届时，跨境 B2C 电子商务消费者总数也将由 2014 年的 3.09 亿人增加到 2020 年的超过 9 亿人，年均增幅超过 21%，形成一支强劲的数字消费大军。

亚太以其领先的市场规模和强劲的增长势头成为全球最重要的区域市场：2014 年，亚太区跨境 B2C 电子商务交易额占到全球的 30%，这一比例 2020 年预计将上升到 48%。整个区域内消费品工业较为发达且各国错位发展，成

① 埃森哲战略，阿里研究院．全球跨境 B2C 电子商务市场展望：数字化消费重塑商业全球化 [J/OL]．2015 [2018.3.1]．http://www.useit.com.cn/thread－9491－1－1.html。

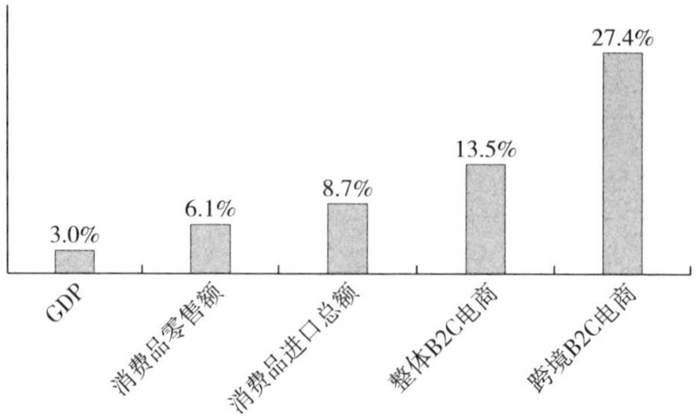

图 4 -1 全球跨境 B2C 电子商务与其他相关指标增速比较

为市场增长的动力来源。其中，以中日韩为主的东亚，相关基础设施发达，移动互联网普及率高，是整个亚太区市场的核心。预计到 2020 年，东亚跨境 B2C 电子商务交易额占到整个亚太区的 86% 和全球的 39%。东南亚由于区域经济一体化进展迅速，经济发展潜力巨大，成为亚太区的另一个热点。

西欧（包括南欧）和北美为主的成熟市场尽管增速较慢，但庞大的市场基数仍然确保了两个市场总交易额超过新增市场 30%。以交易额计，到 2020 年，它们仍是全球第二大和第三大跨境 B2C 电子商务市场。北美自由贸易区以及欧洲经济一体化战略，尤其是数字化单一市场战略（Single Digital Market），将大大推进区域内跨境电子商务的发展。西欧拥有众多规模较小的国家，本土市场规模有限，更加依赖跨境渠道对小众产品供应；而美国不仅是跨境 B2C 电子商务的重要市场，同时也是全球跨境 B2C 电子商务最重要的货源地，在很多国家，美国都是消费者跨境购物的第一产品来源国。

拉丁美洲、中东欧、中东、非洲是快速增长的新兴市场。其中，拉丁美洲是继亚太之后的第二大新兴市场，超过 40% 的年均增速使之成为全球跨境 B2C 电子商务增长最快的地区。产业结构造成的对进口消费品的强烈需求是这些市场需求的重要来源，例如依赖资源和初级产品出口的拉丁美洲和中东地区，以及俄罗斯等产业结构中消费品工业相对欠发达的中东欧国家。同时，这些市场较为薄弱的线下零售业也为跨境 B2C 电子商务在这些地区的发展留下了广阔空间。

二、跨境 B2C 电子商务发展的动力

进入跨境 B2C 电子商务时代，跨境交易的便利化和低成本化为个人直接

跨境消费提供了可能。

（1）跨境信息流的便利化使买卖双方受益。跨境网购平台使消费者更加便利高效地获取商品信息，社交媒体推动消费者之间的信息共享，提升消费者话语权；而产品/服务提供商通过直接与消费者互动能更好地了解其需求特征及偏好。此外，机器翻译等技术的发展也能帮助交易双方克服语言障碍。

（2）跨境支付模式创新便利小额跨境交易。第三方支付平台的跨境发展，使得个人跨境支付的成本降低，流程简化，时效性提升，并推动其他支付服务提供商改进其跨境支付服务。

（3）跨境物流服务集约化和创新改善消费者体验，降低成本。基于大数据分析的撮合与预测使得跨境运输与仓储等的集约化不断深入；海外仓模式缩短了交付时间。

跨境 B2C 电子商务市场的高速发展受多重因素驱动，除了经济增长、收入水平提高以及相关基础设施不断完善之外，当地产业结构、线下零售渠道成熟度、本土市场规模、跨境交易便利程度和移动互联网的普及这五大因素也十分重要。

（1）某些国家的当地产业结构，尤其是消费品行业欠发达造成了产品的不可获得性。欠发达的消费品制造行业带来较强的对境外消费品的需求，例如以初级产品/能源产业为主的经济体和一些以服务业为主的小国家，以及轻重工业比例失调的地区，如一些独联体国家等，对跨境 B2C 电子商务来讲都是重要的目标市场。

（2）线下零售渠道的欠成熟性、线下零售业欠发达的地区，B2C 电子商务发展的空间大，跨境 B2C 电子商务的发展也更加迅猛。

（3）如果本地市场规模较小，出于规模效应考虑，小众“长尾”的产品提供商通常只在较大的经济体设置独立的分销渠道。人口较少的经济体的消费者需要以跨境消费模式，从国外的渠道获得供应。

（4）经济一体化程度较高的地区，跨境交易极其便利，跨境商品和资金流动更为顺畅，成本更低，更利于跨境 B2C 电子商务的发展。

（5）跨境电子支付物流等基础设施的便利也将推动跨境 B2C 电子商务市场的成长。对于跨境 B2C 电子商务影响因素的相关性分析表明，以智能手机和平板电脑为代表的移动互联网的渗透率越高，跨境 B2C 电子商务市场越发达。

跨境 B2C 电子商务刚进入快速成长期，未来几年交易总额的增长将主要由消费者数量的增长驱动。随着客户体验的提升、“智能化”品类组合完善，以及平台运作的成熟，新增消费者的人均消费金额将呈现逐年上升的趋势。

三、跨境 B2C 电子商务的特点

无论是 B2C 电子商务模式还是 B2B 电子商务模式，其本源是一样的，一方面，有着相同的理论基础、知识框架和基本原理。另一方面，虽然 B2B 电子商务模式和 B2C 电子商务营销模式的本源相同，但由于其各自的市场差异和消费者差异，跨境 B2C 模式和 B2B 模式依然存在差异。这些差异主要体现在如表 4－1 所示的几个方面。

表 4－1 跨境 B2C 与 B2B 模式的区别

特点	跨境 B2B 模式	跨境 B2C 模式
购买者	购买者数量比较少，地理位置比较集中，客户类型差异明显	购买者数量很多，地理位置上分散
购买者使用产品方式	用于企业生产、消耗、使用或转售，企业经济用途决定其价值	用于个人使用或消费需求
购买者行为	企业购买行为是一个较长的过程，交易过程复杂；购买量较大，且多为定制式需求；购买决策受众多人员影响；理性和专业性采购，相对 B2C 规范；多次销售咨询	消费者购买行为是一个单独的行动或事件；购买量小；购买决策可由一个人决定；交易过程简单，耗时短；感性和非专业性采购；通过零售商或中间商购买
买卖双方的关系	客户依存度大，可发展成长期、密切的合作伙伴关系	多一次性购买，多为偶发式消费，黏性不高，关系松散

四、跨境 B2C 电子商务的影响

在跨境 B2C 电子商务爆发之前，绝大部分跨境贸易是以 B2B2C 的多环节链状模式进行的。一件消费品要经过采购商/进出口代理、批发商、零售商等多个环节才能到达海外消费者手中。这一模式的特征是交易流程分工不断细化，每个交易环节规模最大化以取得成本优势。这一模式的弊端在于：消费者与产品/服务提供商之间的互动与交流被阻断，生产商难以及时了解消费者需求的变化；交易流程各环节的服务商体量巨大形成垄断，使本应作为交易主角的买卖双方处于不对称的劣势，议价能力被压缩，难以取得产业链中的合理利益分配。

另外，在以跨境贸易 B2B2C 为主的时代，跨境物流、资金流、信息流都以适应 B2B 交易模式的形式进行：以集装箱运输和包机空运为主的跨境物流；信用证、电汇等企业间的支付模式进行的跨境支付；通过 EDI（Electronic Data Interchange，电子数据交换）等企业间数据交换平台完成的信息流。进入跨境 B2C 电子商务时代，原有的传统贸易结构将被打破，制造商将直面终端消费者，传统模式下的各中间环节不再作为买卖双方达成交易的中介，其承担的物流、支付等职能转由基于平台的服务提供商完成，所有中间环节将透明、扁平、高效。

跨境消费从传统链状模式到基于平台的生态系统模式的转变，对于交易的各个参与方都有深刻的影响。

（1）对于卖家而言，交易流程的扁平化打破了原来传统的产品输出—跨境销售—跨境生产运营—全球化运营的分步式进程，产品/服务提供商直接面对消费者。基于数字平台的跨境协作使企业通过虚拟网络和在平台上的虚拟货架将产品推向全球市场，直接与全球海量消费者建立起高效的互动沟通，进而可以感知市场需求，创新产品，寻找销售商机，形成更加虚拟的、数字化的全球网状结构，使企业得以更加灵活、机敏，运营成本低廉，决策更加精准。

同时，跨境 B2C 电子商务平台数字化的交易模式降低了交易成本，跨境交易参与者的门槛随之降低，推动了更加平等和普惠的全球化，尤其是中小企业及来自发展中国家和地区的供应商借此直接与海外消费者互动和交易，使全球化红利的受益者更广泛。长尾独特产品的制造商将通过平台在市场中获得独特的地位。

（2）从买家（消费者）的角度，跨境 B2C 电子商务模式带来显著的消费者福利。包括给消费者带来更丰富的海外产品与服务；更多的供应商选择；更大的产品与服务的个性化空间；扁平化的线上交易模式将减少中间环节，使得产品和服务的价格更加低廉；交付时间更短等。

（3）中间服务商的角色发生改变。传统 B2B2C 跨境交易模式下的服务商，如进出口代理商和线下零售商等，对于它们所提供的物流、通关和售后等服务仍有需求，但它们在原先链状模式下的角色已经不再是必需的。它们需要在新的生态系统中重新定位。尽管它们失去了原有模式下的垄断，但将获得在更广阔的线上空间创造价值获取回报的机会。

（4）跨境 B2C 电子商务生态系统催生新的商业模式和市场参与者。例如原先在线下完成的营销等服务会转移到线上；数字化的交易模式会产生包括海量数据的管理、分析，信息安全和消费者隐私保护等新兴的增值服务机会；大量涌入的中小企业卖家带来外包和咨询培训等需求。

五、跨境 C2C 电子商务

C2C 电子商务是个体消费者之间的在线交易。在 C2C 网络交易中，消费者将商品、服务销售给其他消费者，参与交易的人众多，而且交易的产品也种类丰富。这类交易一般是由第三方参与（例如 eBay 平台），或是在社交网络上进行，由他们来组织、管理、促成交易。例如 2016 年 10 月，Facebook 推出了“市场”（Facebook Marketplace）功能，允许用户在 Facebook 上购买和销售物品。

在跨境电子商务领域，许多跨境电子商务平台如 eBay、Wish 等都允许个人注册账号。除了注册账号时 C2C 模式不要求卖家具有企业资质外，从交易流程上看，跨境 C2C 和 B2C 模式几乎相同。但是由于 C2C 模式相对于 B2C 而言，在安全、可靠性、信用以及成本方面难以得到保障，因此许多跨境电子商务平台都对 C2C 模式做出了严格的限制。例如，eBay 只允许个人新账号上传 5 个产品，以后根据销售表现逐渐提升额度，而针对企业账号则没有这样的限制。速卖通虽然是以 C2C 模式起家，但是从 2016 年起已经关闭了个人账号，只允许企业入驻。

从发展趋势看，跨境 C2C 由于难以满足平台的发展要求、难以提升买家的消费体验以及难以满足政府机构对跨境电子商务的相关监管要求（比如对进口关税以及商品质量的监管），因此在跨境电子商务各种类型中所占的比重将会越来越小。从实践上看，各跨境电子商务平台对卖家的资质要求越来越严格，有志于从事跨境电子商务事业的人员绝大部分也是不经过 C2C 模式，而是直接从 B2C 入手。

第二节　跨境 B2C 电子商务平台

一、跨境 B2C 电子商务平台分类

从跨境 B2C 平台的所有权和运营模式上看，可以将 B2C 类跨境电子商务平台分成第三方中介型、自建自营型以及混合型三种类型。

第三方中介型跨境 B2C 平台是指由买卖双方之外的第三方跨境电子商务企业建立、跨境电子商务卖家利用第三方网站进行网络销售，如 eBay、速卖通、Wish 等平台都属于第三方中介型平台，平台本身不售卖自己的产品。

自建型跨境 B2C 平台是指企业自己设立网站平台直接向境外消费者提供产品。我国比较知名的跨境电子商务 B2C 平台有：兰亭集势（www. lightinthebox. com）、草莓网（www. strawberrynet. com）、米兰网（www. milanoo. com）、大龙网（www. dinodirect. com），等等。这些企业大多数为贸易商，他们从供应商处采购商品，放到自己的平台上销售以赚取差价。目前，随着跨境电子商务的不断发展，有越来越多的制造商直接设立 B2C 平台向消费者提供服务，即所谓的 M2C 模式。

混合型是指平台既直接售卖自己具有所有权的产品，又向其他卖家开放销售权，允许其他卖家入驻销售产品。如亚马逊、沃尔玛等都属于典型的混合型平台。

专栏4.1　中国卖家“占领”亚马逊

亚马逊公司（Amazon，简称亚马逊，如图 4－2 所示），是美国最大的一家网络电子商务公司，位于华盛顿州的西雅图。亚马逊成立于 1995 年，是网络上最早开始经营电子商务的公司之一，一开始只经营图书的网络销售业务，现在则扩充业务，已成为全球商品品种最多的网上零售商。亚马逊及其他销售商为客户提供数百万种独特的全新、翻新及二手商品，如图书、影视、音

乐和游戏、数码下载、电子和电脑、家居园艺用品、玩具、婴幼儿用品、食品、服饰、鞋类和珠宝、健康和个人护理用品、体育及户外用品、玩具、汽车及工业产品等。包括亚马逊美国、英国、德国、法国、加拿大、日本、印度、意大利、西班牙、墨西哥、巴西、澳大利亚和中国在内的 13 大站点已向中国卖家全面开放。亚马逊遍布全球的 140 多个运营中心帮助中国卖家将产品销往世界 185 个国家和地区。

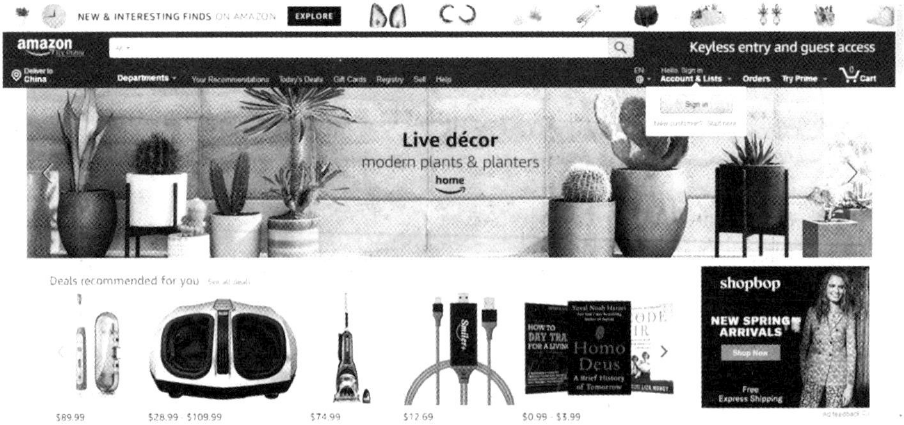

图 4-2 亚马逊首页（www. amazon. com）

亚马逊自 2012 年开始招募中国卖家入驻，此后中国卖家开始不断扩张势力。《华尔街日报》报道称，如今中国卖家大量涌向亚马逊，亚马逊也会定期在中国举行会议，宣传自身平台，介绍提供的物流和支持服务。商业情报集团 MarketplacePulse 估计，亚马逊有大约 100 万活跃卖家，其中三分之一来自中国，2017 年新加入的就有 25 万人。

以亚马逊欧洲站（西班牙站、意大利站、法国站、英国站、德国站）为例。据数据统计，亚马逊欧洲站平均有近 31% 的中国卖家。亚马逊西班牙站的中国卖家比例最高，达 37%；其次是亚马逊意大利站，有 33% 的中国卖家；第三名是法国站，有 32%。

在亚马逊欧洲站 Top10 000 卖家中，中国卖家的比例平均达到 34%。在西班牙站这一比例更高，达到 44%，其次是意大利站的 39%，以及法国站的 37%。

2017 年 12 月 5 日亚马逊澳大利亚站正式上线。数据显示，亚马逊澳大利亚站上线第一天，就有 52% 的卖家销售来自中国的产品。

资料来源：新浪科技．http：//tech. sina. com. cn/i/2017 – 12 – 30/doc – if-yqcwaq5995114. shtml.

二、第三方中介型及混合型跨境 B2C 平台

第三方中介型跨境 B2C 平台主要是通过向买卖双方提供交易服务来获利。混合型跨境 B2C 平台除了有第三方中介型 B2C 平台的功能以外，还出售自己具有所有权的产品盈利（在以下内容中，我们统一分析第三方中介型跨境 B2C 平台）。

（一）第三方跨境 B2C 电子商务平台的交易流程

虽然不同的第三方平台的交易规则不同，但交易流程大同小异，主要如图 4 –3 所示。

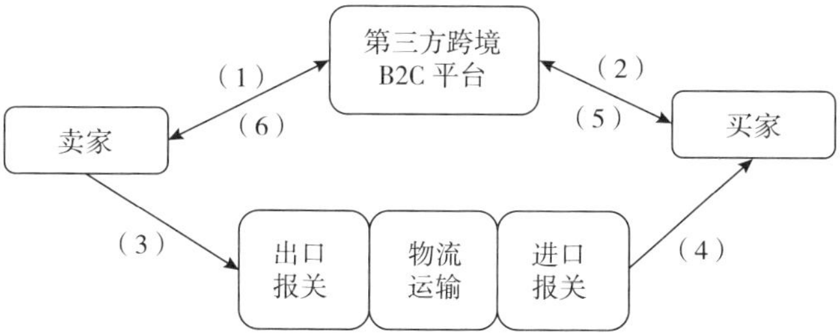

图 4 –3　第三方跨境 B2C 平台交易流程

（1）卖家将商品信息上传至平台，设置好价格、付款方式以及物流等选项。

（2）买家在第三方 B2C 平台下订单，付款至第三方 B2C 平台。

（3）买家处理订单，实际发货，并将货运单号上传至平台声明发货。

（4）物流公司寄送货物，并代理办理报关、报检手续。

（5）买家收货验货，确认送达，指示平台将货款支付给卖家；如果买家未确认收货，则在规定期限内，平台将货款直接支付给卖家。

（6）平台将货款支付给卖家。

（7）如果出现货物丢失、破损、货不对版、瑕疵等情况，买家可以在平台提起纠纷，卖家需及时回应，如果双方就争议达不成一致，可以申请平台

按一定规则进行仲裁。

（二）第三方中介型跨境 B2C 平台的运营模式

这些平台能够提供给消费者的基本服务包括：提供电子目录，帮助用户搜索、发现需要的商品，加入购物车、下订单、撤销和修改订单，通过网络付款，对订单的状态进行跟踪，进行商品的评价，同类产品比较，帮助用户做出购买决策等。平台能够提供给卖家的基本服务包括：进行商品信息发布，发布和管理网络广告，处理客户订单，完成客户选购产品的结算，处理客户付款，和物流配送系统建立接口，跟踪产品销售情况，实现客户关系管理，提供售后服务，采购、库存、财务管理等。

卖家在平台上售卖商品时，一般可以以拍卖、一口价（立即买）、拍卖+立即买的形式出售。拍卖（Auction）形式是指在一定时间内将物品卖给最高出价者，即卖家提供一件物品，设定起标价，在拍卖期间，买家对刊登物品出价竞投，拍卖结束后，最高出价者以中标的金额买下物品。

一口价（立即买）形式是指卖家提供一件或多件物品，设定一口价，买家不需经过竞投过程再出价，可以直接买下物品。换言之，买家只能以设定的价格购得物品。

拍卖+立即买形式是指卖家提供一件物品，在拍卖形式中加入立即买价格，两者并存。买家可以选择对物品出价，或立即购买物品。若有买家先选择“立即买”，就能直接用一口价，立即购买物品。一旦有人先对物品出价，“立即买”的价格和功能就会消失，而物品将以正常形式拍卖。

不同的跨境 B2C 平台主打的售卖方式不一样，例如 eBay 平台允许以上三种方式售卖，但是速卖通只允许一口价的方式售卖。

专栏 4.2　eBay 的售卖形式

eBay（如图 4－4）成立于 1995 年，是世界著名的购物网站。截止到 2015 年，eBay 拥有 3.8 亿海外买家，在 40 个国家（地区）开设了站点。自从 2007 年以来，数以万计的中国企业和个人用户通过 eBay 在线交易平台和 PayPal 支付解决方案将产品销售给全球 200 多个国家和地区。

图4-4　eBay的首页

1. 拍卖

可用于：稀有物品或收藏品、极吸引人的物品、想利用低价起标吸引买家出价的物品。

2. 一口价

可用于：实用物品或日用品、大批物品、已知价格的物品。

3. 拍卖+立即买

可用于：要以拍卖或“立即买”形式出售的单件物品、想提供买家多种购买方式的物品。

eBay拍卖和一口价并存的出售形式很特别，一旦有人对物品出价，“立即买”功能就会消失，而物品将以正常形式继续拍卖。在这种情形下，很喜欢这件物品的买家，为了不错失心爱物品，会考虑赶紧用“立即买”直接购买，以金钱换取时间。

资料来源：雨果网，http：//www.cifnews.com/article/31643.

（三）第三方中介型跨境B2C平台的盈利模式

作为跨境卖家，主要是通过在第三方平台上售卖产品赚取差价获得利润。但是作为第三方中介型平台，则有更多的获取利润的渠道，主要包括以下几种。

（1）基础服务费。服务费主要是指平台在向卖家提供售卖服务功能的时候收取的费用。不同的平台对此服务费的称谓不一样。例如，根据不同的经营范围，速卖通平台向每个店铺收取1万元至10万元人民币的“技术服务年费”（达到一定年销售额后，可以返还50%或100%的服务费）。

而eBay则需要缴纳“店铺费”和“刊登费”。eBay卖家店铺分为五种类型，分别为：新手（Starter）店铺、基础（Basic）店铺、高级（Premium）店铺、超级（Anchor）店铺以及企业（Enterprise）店铺。费用有月度和年度两种收费方式，而不同等级的店铺，每月免费listing的刊登数量、刊登费及成交费收取的比例均不相同。店铺等级越高，免费刊登数量越多，且其他费用的费率越低。下表4－2是五种店铺的收费规则。

表4－2 eBay店铺费和刊登费

店铺类型	店铺包月费用	店铺包年费用	一口价每月免费刊登额度（条）	拍卖方式在限定类目中每月免费刊登额度（条）	超出免费额度部分收取刊登费（每条）	
					拍卖方式	一口价
新手店铺	$7.95/月	$4.95/月	100	100	$0.30	$0.30
基础店铺	$27.95/月	$21.95/月	250	250	$0.25	$0.20
高级店铺	$59.95/月	$74.95/月	1 000	500	$0.15	$0.10
超级店铺	$349.95/月	$299.95/月	10 000	1 000	$0.10	$0.05
企业店铺	—	$2 999.95/月	100 000	2 500	$0.10	$0.05

另外，一些平台还对特殊功能收费。例如eBay为了更容易吸引买家的眼球，允许设置标题为粗体以及设置副标题（subtitle，是指标题下方一个浅灰色的字体略小的标题）但是要根据情况收取0.5美元到6美元的费用。对于拍卖，如果设置保底价，若保底价小于75美元，保底价功能的费用为3美元。拍卖超过75美元，保底价功能的费用为拍卖价格的4%。但是最多不超过100美元。若设置了1天或3天的拍卖天数，也需要额外再收取1美元。

（2）佣金。当跨境交易成交以后，第三方B2C平台会对此交易抽取一定的佣金，这也是许多平台主要的盈利来源。例如，速卖通佣金比率主要有5%和8%两档；eBay有3.5%、4%、6.15%、7.15%、8.15%、9.15%等多档“成交费率”；亚马逊则有7%、8%、10%、12%、15%等多档佣金率（部分类目销售佣金比例见表4－3）。

表4-3　亚马逊欧洲站部分类目销售佣金比率

类别	销售佣金比例	适用的最低销售佣金
亚马逊设备配件	45%	0.40 英镑
计算机	7%	0.40 英镑
计算机配件	12%	0.40 英镑
珠宝首饰	25%	1.25 英镑
体育户外	15%	0.40 英镑
轮胎	10%	0.40 英镑
电子游戏控制台	8%	—

（3）广告推广费。为了提高产品曝光度和卖出概率，第三方跨境 B2C 平台一般都设置了许多内部的付费推广服务。例如，速卖通推出“直通车”功能，卖家可以出价购买关键词，当消费者搜索关键词时，出价较高的卖家产品排名较靠前，免费展示产品信息，但按照点击付费，即消费者点击查看商品一次，卖家即需要缴纳出价的金额，而无论最后是否能够成交。

而有的平台则根据最终的成交效果来收取推广费。例如，在 eBay 上设置了促销（promoted listing）的刊登，产品会被推广出现在特定的一些位置。只有通过推广活动成功卖出商品后 eBay 才会收取相应比例的佣金。只点击但并未售出则不会产生广告费用。促销（promoted listing）的刊登可以设置 1% 到 20% 的推广佣金比例，而这个佣金是按照成交价的一定比例来收取的，不包含物流费用。

（4）物流仓储费。有些平台可以提供物流及仓储服务，但卖家需要支付一定的费用。例如使用亚马逊的 FBA（Fulfillment By Amazon，亚马逊物流配送）服务时，会产生配送费用、月仓储费用以及库存配置服务费。物流配送费用（包括“订单处理费”“取件及包装费”“首重和续重费”）一般是按件收取，每件收多少费用又跟产品的重量、尺寸有关。月仓储费用是根据产品尺寸按比例收费。库存配置服务费是指使用 FBA 服务时，亚马逊默认会将卖家的商品随机分仓到多个仓库，如果卖家觉得分仓麻烦，可以先设置合仓，如果设置了合仓，亚马逊将按件收费，具体费用取决于选择的仓库目的地和商品数量（当然，如果没有设置合仓，就不用出这笔费用）。

（5）其他服务费。比如有些平台会提供翻译、商标注册、税务代理等服务，都要收取相应的费用。

专栏4.3　全球速卖通

全球速卖通（如图4-5）正式上线于2010年4月，是阿里巴巴旗下唯一面向全球市场打造的在线交易平台，被广大卖家称为“国际版淘宝”。之所以被称为“国际版淘宝”，是因为全球速卖通的模式与淘宝类似，都是将各种各样的商品上传到平台，买家可以在线下订单并进行支付，货物由邮局或快递寄送。

其实，在速卖通刚起步时，其目标是做一个外贸小额批发平台，没想过做一个直接对海外消费者服务的平台。但是在2012年3月，速卖通实现第一个大变化，即变成一个2C的平台。因为其看到在这个平台上全球消费者的需求，而且网络信息技术的发展使得国界不再成为信息流通的壁垒。所以速卖通转型成为一个2C平台，做一个全球的淘宝，让国外消费者买到中国的商品。当时平台对所有的卖家开放，包括个人和企业，入驻门槛非常低，因此吸引了一大批个人卖家，形成了以C2C业务为主、B2C业务为辅的经营模式。但是随着平台的发展，速卖通发现C2C模式已经跟不上发展需求，因此在2016年8月，速卖通完成了由C2C平台向B2C平台的转型升级，即所有在平台上经营的卖家均需具备企业身份才能入驻。

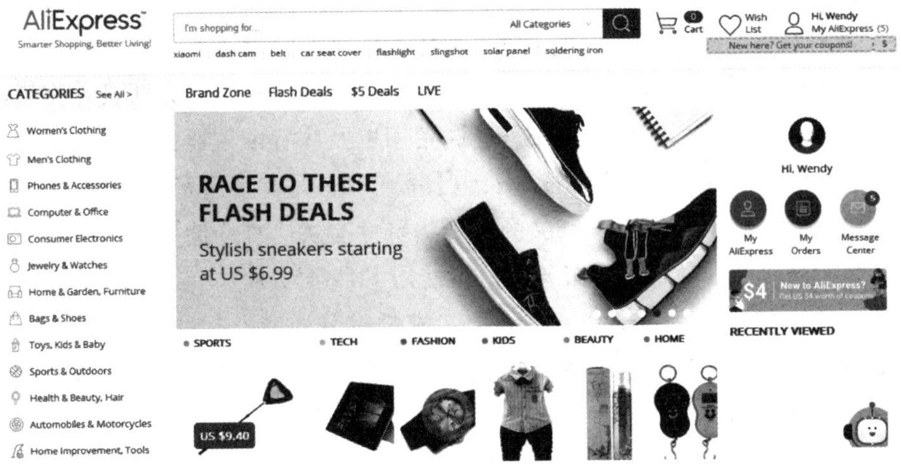

图4-5　速卖通首页

经过近十年的努力，速卖通发展势头非常迅猛，2013 年全年速卖通平台通过支付宝产生的交易总额达到 20 亿美元。2014 年，速卖通每天的海外买家访问量已经超过 3 800 万次，相关交易已经覆盖 220 多个国家和地区。2015 年，已有 3 400 万海外独立买家在速卖通进行购物。2016 年“双 11”速卖通订单量接近 3 600 万，销量超过 1 万单的店铺共计 366 个。2017 年 4 月初，速卖通宣布其买家已超过 1 亿。2018 年 3 月，速卖通的交易额累计已达 100 亿美元，而在 2012 年，交易额仅为 3 亿美元。

速卖通的主要目标国家有俄罗斯、美国、西班牙、巴西、英国、法国等。速卖通网站在全球排名第 50 名左右，在俄罗斯排名约为第 10 名，是最重要的购物网站之一。在巴西和西班牙，速卖通网站排名均为 30 名左右。

资料来源：作者收集整理。

三、自建自营型跨境 B2C 电子商务平台

自建自营型跨境 B2C 平台有以下几个作用。

（一）作为第三方跨境 B2C 平台的并行渠道

跨境电子商务企业在第三方平台上的发展有一定的瓶颈。首先，第三方跨境电子商务平台上卖家众多，而且产品同质化严重，基本上是无差别竞争，要获得客户，除非有无法替代的产品特点，否则，就只有拼价格一条路，利润越来越薄，资金压力越来越大。有很多卖家出现销售额过亿，但是利润只有几百万的窘境。

其次，由于亚马逊、eBay 和速卖通等第三方 B2C 平台的资源，以及规则设计，在平台上的发展有一定的瓶颈。以亚马逊为例，跨境电子商务企业商品的流量可以分为两类：免费流量，以 Bestseller（爆品）流量为主；付费流量，以站内 CPC（Cost Per Click，以点击次数计费）流量为主。对于免费流量，BestSeller 的流量就是卖家所能达到的最大限度。而站内 CPC 投放，则具有明显的边际效益递减的特点，即达到一定流量值后，提升关键词出价所带来的投入产出比率是递减的。所以，亚马逊的大卖家从平台获得的流量是有天然瓶颈的，这也是为什么亚马逊也鼓励卖家做社交营销、站外引流。但是，

从卖家角度而言，给亚马逊做站外引流会存在以下的流量分配路径而导致引流效果大打折扣，最终给平台做了嫁衣裳。

另外，不是所有品类卖家都有机会进入平台电子商务开展销售的，各个平台基于法律和自身的品类管理政策，一般都会有些禁售品类，那么此时，独立外贸移动跨境电子商务平台也可以作为企业拓展海外销售的有效渠道。

（二）提供更丰富的跨境网络营销手段

第三方跨境 B2C 平台，尤其是国外的电子商务平台，提供给跨境企业的营销手段并不丰富。而独立的电子商务平台，跨境电子商务企业至少可以在以下方面来丰富自己的营销手段。

1. 使用更多的销售方式

跨境电子商务企业可以在自己的外贸独立网站上通过如预售、定制、众筹、团购、批发等方式来开展商品的销售，这些方式在第三方平台上或者是没有，或者是有很高的门槛要求，而在独立自营网站上则完全自由。

2. 灵活的邮件营销应用

平台出于防止卖家对平台用户频繁骚扰的考虑，对于卖家的邮件营销一般是有所限制的。比如亚马逊推出的 E-mail Opt-out 政策，就要求卖家不得在非重要信息上发送邮件给买家，而邮件营销中的新品推广就属于典型的非重要信息。但在外贸独立自营网站上，这种约束就比较小，只要用户开启了邮件订阅，就可以结合自己的营销计划来给客户做邮件推送。

3. 社交化营销更加方便

多数平台，除了问答和评论这些工具外，买卖双方的交流渠道并不丰富。但在独立自营网站上，借助社交工具插件，企业可以建立更直接和粉丝用户交流的渠道，并通过这些工具来有效评估自己的社交化营销效果。典型的如 Facebook 的 Pixel 工具，就可以通过在独立自营网站上各网页植入 Pixel 代码，来对用户行为路径进行像素级跟踪分析。在和用户进行社交互动方面，除了提供常规的直达图标链接外，社交内容在独立自营网站上的呈现，也会使得企业的营销更为生动，获得潜在用户的好感。

（三）提升销售利润水平

所有的生意都需围绕利润来建立，国内企业做跨境电子商务，一个根本的出发点也是基于跨境电子商务相对于国内电子商务有更高的利润空间。但随着国内进入亚马逊、eBay 和速卖通这样的跨境平台的企业越来越多，利润空间也逐渐压缩。这其中的原因，前面也有提及，就是平台上的竞争更多的是基于商品的竞争（服务方面现在能在国外市场做本地服务的还相对较少，而在营销方面，由于平台营销手段的约束，导致商家的营销差异化也难以施展），那么类似的商品，在质量差不多的情况下，竞争就更多地表现为价格的竞争。而在跨境独立自营网站中，因为引流和营销手段丰富，企业创造差异化的空间放大，这样就带来了利润提升的空间。外贸独立自营网站上利润水平更高的原因有以下几个方面。

1. 无平台抽佣，可变成本小

国内企业在各主要跨境电子商务平台开展销售，都有缴纳不低的交易佣金。亚马逊和 Wish 是 15%，eBay 是 12% 加上商品刊登费，最低的速卖通也要 5% ~ 8%，但速卖通还需缴纳技术服务费、年费。而在独立自营网站上，除了前期的建站成本外（使用 shopify 建站系统成本并不高），后期所需支付的佣金则只有收款工具的收款手续费（1% ~3%）。节省的平台佣金费用，商家可以通过灵活的营销方式让利给消费者，以及作为利润。

2. 更自由的定价权，溢价空间提升

如前所述，平台上的竞争多以价格竞争为主要形式，用户更换卖家成本极低。而在独立自营网站上，因为比价相对麻烦，而且商家对商品的呈现手段（图片、文案、视频等）更丰富，商家完全可以通过品牌形象的打造获取溢价空间。即便是为了维持线上渠道价格的统一而让平台和独立自营网站上价格相同，也可以通过灵活的赠品策略、搭配套餐等手段，结合差异化的服务（比如定制、延保等），来提升独立自营网站上的客单销售额，挣取更多的交易利润。

3. 充分利用搜索和社交免费流量，降低营销成本

搜索流量和社交平台流量，是电子商务站外流量的主要构成部分。在 Google 和 Bing 这样的搜索引擎网站，企业可以通过优秀的 SEO（Search Engine Optimization，搜索引擎优化）工作来获得可观的搜索流量。当企业的品牌影响力积累到一定程度后，潜在客户往往会通过搜索引擎来对企业的产品或服务做进一步的了解，此时如果有独立自营网站来承接这些搜索流量，是有很大机会创造销售机会的。此外，通过产品词以及长尾词等关键词的搜索，也将有机会通过独立自营网站来承接这部分搜索流量，进而获取交易机会。

4. 更高的 ROI① 转化率提升营销效果

我们在讨论整个营销 ROI 时，不仅要从流量质量，还要从各转化环节来分析，如点击转化和下单转化等。下面一些手段和工具的应用，可以有效提升独立自营网站上的营销 ROI。

（1）丰富的商品详情页，相比于亚马逊这些平台单调的白背景首图和文字版详情描述，独立自营网站可以借助图片、视频和社交内容这些表现形式来提升首图和详情页的转化效率，让客户更好了解商品信息，产生购买欲望。

（2）独立自营网站上的在线交流工具可以促进下单转化。Amazon、eBay 这些平台上客户和卖家的主要交流方式是站内信或者邮件这些非即时工具，而在独立自营网站上，卖家可以使用 Skype、微信这些即时通信工具来和买家实时交流。这种即时的交流，也将有机会通过客服人员的专业导购来提升下单转化。

（3）受分流影响小，用户跳出概率减少。在电子商务平台，平台推荐和广告商品都会对用户购买当前浏览页面的商品产生干扰，用户很容易就会跳转到其他卖家的商品页面，而在独立自营网站上，只要用户不关闭站点，即便分流，也是分流到卖家的其他商品，流量的利用效率更高。

（四）为企业长期经营创造条件

渠道为王的概念在什么时候都不过时，而拥有自己掌控的渠道，也是每个做销售的企业的梦想。为什么需要自己的渠道，我主要从风险抵抗和积累两个角度来讲。

1. 更好的风险抵抗能力

关店是做平台的企业最担心的事情，一旦封店，就意味着销售记录、客户评价、展示排名这些成绩全部付诸东流。在被封的账号和店铺中，很多并不是商家恶意触发和违反平台规则导致被封的，而是因为平台的规则时时在变，商家很容易因一时的疏忽导致违规而被降权或封店。但在独立自营网站，具体的交易规则是自己制定，一般只要不违反地方法律法规，不做侵权、仿牌和盗图这些侵犯知识产权的事情，不做恶意营销和欺诈营销（这些行为发生后会被 Google 等搜索屏蔽降权，或被 PayPal 这些结算平台冻结账号），就不会有封店的危险。

---

① ROI，Return On Investment，投资回报率。

2. 积累客户，积累品牌影响力

前面说过，平台的客户是平台的，终究不能算是卖家的。但独立自营网站，客户的所有信息（包括订单信息和购买行为信息）都保留在企业这里。借助社交营销平台，企业也可以积累自己的粉丝人群。客户信息的积累，一方面可以作为后续再营销的基础数据库；另一方面，通过一些数据分析工具和方法，还可以精细挖掘用户交易行为特征，针对产品、页面、客服、售后等环节做优化。所有的这些积累，最终都会反映到企业营销成本的边际递减上面，为企业长期经营创造条件。

虽然自建自营型跨境 B2C 电子商务平台有诸多好处，但是相比于大多数卖家通过第三方跨境 B2C 平台进行销售，自建自营型的跨境平台卖家的数量还是很小。其原因主要是自建自营型的 B2C 模式需要自建网站，对技术、成本以及运营能力的要求比较高，操作难度比第三方跨境 B2C 平台难一些。自建站还涉及一个相当长的工作链，从建立网站开始就面临包括网站维护在内的一应大小技术细节，然后还得做网站推广、SEO、数据分析、网络安全等，才能让自建站的效果得以充分发挥，任何一个环节做不好都会严重影响营销的效果，绝大部分的中小卖家很难解决这些问题。而第三方平台的操作更容易，只需要在用户界面上传和更新产品信息，管理分类、处理沟通信息即可。但是，随着跨境电子商务技术的不断发展以及跨境电子商务形势的变化，越来越多的跨境电子商务卖家意识到自建自营型 B2C 平台的重要性，因此可以预见，在将来会有越来越多的自建自营型 B2C 跨境电子商务平台出现。

另外，根据平台的所有权和营运模式，自建自营型跨境 B2C 平台又可以分为完全独立型和非完全独立型两种。完全独立型跨境 B2C 平台是指平台的建设和运营完全由跨境电子商务企业自行完成，而且平台的软硬件（比如网站、数据库、APP 应用系统以及服务器、空间等）都归跨境电子商务企业所有，因此其对网站平台和运营的控制力和自主力最强。

非完全独立型跨境 B2C 平台一般由第三方服务商提供空间、网站模板以及货款支付、货物跟踪、网站优化等功能。但是这类网站可以有自己独立的域名，并且拥有较为自由的编辑权限，可以根据卖家的意愿进行较大幅度的设计，从而使得网站从买家的角度看来完全是独立的。这种网站其实是属于网络建设外包，经过多年的发展它越来越成熟及标准化，对于不具备较强技术实力的中小卖家而言是一个不错的选择。目前，中国许多跨境电子商务卖家利用 Shopify 来搭建自己的自营 B2C 网站，取得了较好的效果。

专栏 4.4 Shopify 简介

Shopify（如图 4-6）是一家来自加拿大的傻瓜式建站平台，其自带大量的高质量设计模板和运营工具，即使是没有编程经验的卖家也能在 2~3 天内完成建站，由于上手速度快，技术门槛低且维护成本小，Shopify 近年在卖家圈受到越来越多人的青睐。

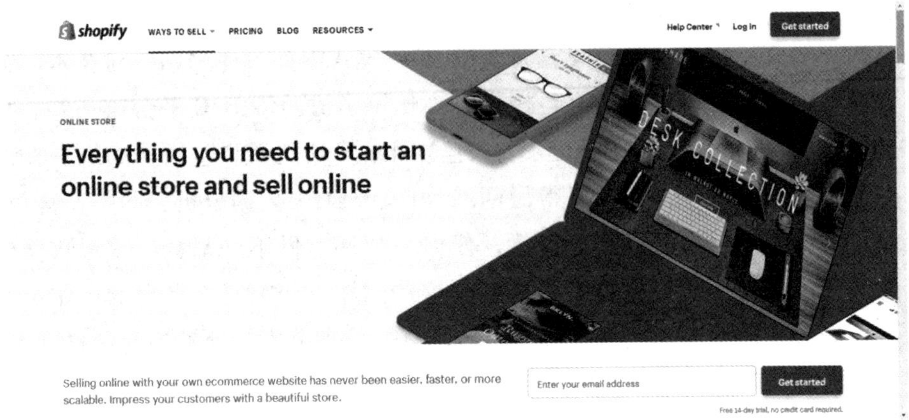

图 4-6 Shopify. com 首页

1. 功能

你无须任何电脑知识，即可设计美观的在线商店。

网站选取数百套专业设计的网页主题模板，适用于各个行业。你可以在此创建或自定义专属你的网页主题。

网站主题大多都采用响应设计，兼容手机等各尺寸设备浏览，用户无须进行任何编程。

2. 轻松构建和经营你的在线商店

Shopify 自带功能齐全的网站内容管理系统（CMS）和高颜值的博客。你在几分钟内就能创建好一个漂亮可用的商店并开始接受订单。

此外，你还可以轻松管理客户的详细资料与类别，通过 Shopify 手机客户端在手机上随时管理你的在线商店。安全的购物车还能接受信用卡付账。

3. 为你的顾客提供全球超过 80 个支付服务商

Shopify 拥有快速简易的顾客结账流程，且内置了 SSL 证书以确保交易的安全性。

同时，网络支持多种语言和货币，卖家可以选择使用自己设置运输费或自动截取托运公司的运输费。

4. 无限量的全球主机托管服务

Shopify 有免费的高稳定性的无限量的主机，不限制宽带流量，理论上可管理无限的商品和库存。

在 xxx. myshopify. com 域名基础上入驻商家可以再绑定自己的域名。

此外，网站符合 1 级支付卡行业（PCI）标准。它还可以确保你的在线商店正常运行，不用自己维护。

超高速服务器能够让全球各地的顾客快速访问你的商店。

当你的在线商店采用移动优化的主题设计时，你和你的顾客将能通过手机管理及参观你的在线商店，为你和你的顾客提供流动上网购物的便利。

5. 让全世界认识你的在线商店

在 Shopify 简单几步即可设置优化好 Google 搜索引擎，且 Shopify 已和流行社交软件紧密结合，简单设置即可让客户在社交软件中一键购买（如 Facebook、Twitter、Pinterest 等）。

此外，网站可以让你简单一步搭建订阅系统，通过电子邮件与你的顾客保持联系。

Shopify 自带基础版本用户行为分析数据，或简单几步就可以设置 Facebook Pixel / Google Analytics 等分析数据，让你快速分析用户行为，做出改进，促进销售。

资料来源：改编自豆瓣网，www. douban. com/note/668207711.

第三节　移动跨境电子商务

一、移动跨境电子商务的概念和特点

随着时代与技术的进步，人们对移动性和信息的需求急速上升，移动互

联网已经渗透到人们生活、工作的各个领域。移动电子商务不仅提供电子购物环境，还提供一种全新的销售和信息发布渠道。从信息流向的角度，移动电子商务的业务模式分“推（Push）”业务模式、“拉（Pull）”业务模式和“交互式（Interactive）”业务模式。推业务模式主要用于公共信息发布，该模式的最大特点就是用户只能被动接收，运营商发送什么就只能看什么，比如推送时事新闻、天气预报、股票行情、交通路况信息、招聘信息和广告等。拉业务模式主要用于接收个人定制信息，用户可以定制自己喜欢的业务，但缺点是所定制的业务只能是运营商提供的有限业务，比如拉取服务账单、电话号码、旅游信息、航班信息、影院节目安排等。交互模式可用于移动购物、交互游戏、证券交易、在线竞拍、移动付款等。

移动跨境电子商务就是利用手机、PDA[①]及掌上电脑等无线终端进行的跨境电子商务。近年来移动跨境电子商务迅猛发展，例如2017年速卖通平台“双11”全天交易共覆盖全球230余个国家和地区，无线订单成交占比超过62.3%。2017年，亚马逊全美电脑端独立访客数0.42亿/月，全美移动端独立访客数1.26亿/月，移动端流量占比已达总量的75%。而著名的移动跨境电子商务平台Wish则只允许买家通过移动端APP购买，无法通过电脑端购买。可以预见，将会有越来越多的网上购物行为从电脑端转移到移动设备（尤其是智能手机和平板电脑）上。

移动跨境电子商务有以下几个特点。

（1）广泛性。移动跨境电子商务可以随时随地进行，保证了信息的实时传输，这在如今充满竞争的跨境电子商务市场显得尤为重要。

（2）便捷性。在无线环境中，买家跨境购物会感受到很大的便利，而且随着技术的发展，设备体积很小，但功能越来越强大，网络连接速度越来越快。

（3）互动性。使用移动设备，跨境交易、沟通、服务中的互动性都更强了，移动设备的优势更加明显。

（4）个性化。由于移动设备具有比台式电脑更高的可连通性与可定位性，因此跨境电子商务的卖家可以更好地发挥主动性，为不同顾客提供定制化的服务。

---

① PDA（Personal Digital Assistant），是个人数字助手的意思。顾名思义就是辅助个人工作的数字工具，主要提供记事、通讯录、名片交换及行程安排等功能。

二、移动跨境电子商务发展的动力

目前，在全世界范围内，移动电子商务得到了飞速发展。其原因在于以下几点①。

（1）移动设备增加。到2017年，全球手机用户达到26亿，移动购物在很短的时间内从消费的一项功能变成消费的首选方式。消费者使用手机访问电子商务网站的频率超过使用其他任何设备，也让移动购物成为零售商关注的首要重点。

（2）移动购物已经很普遍。全球75%的移动互联网用户在移动设备上购买过商品或服务；在移动设备上购买过商品的消费者表示，1/3的消费支出是在移动设备上实现的；移动购物已经成为一种习惯，近1/4的消费者每周都在移动设备上消费②。

（3）阻力减少。原先严重阻碍移动电子商务发展的困难正被一一解决，尤其是付款方式和身份识别认证方面，各电子商务巨头都在集中精力解决这些难题，如推出了PayPal、Apple Pay、AmazonPayments、AndroidPay等解决方案。

（4）APP和移动网络优化。目前，智能手机性能不断提高、技术不断成熟，使得众多的零售商能够通过APP和移动浏览器等途径，满足消费者多样化的消费需求，消费者受益良多。

（5）分布式商务。零售商已将注意力转向通过大众化和分布式渠道与消费者进行互动，如社交媒体、消息传送、浏览器和网上移动跨境电子商务平台。移动设备不仅作为购物者的参与媒介，还帮助购物者与品牌商完成交易，购物者在什么地方发现这些品牌已无关紧要。

三、移动跨境电子商务平台的功能

移动跨境电子商务平台以移动端APP应用程序的形式展现，大多具有以下基本功能。

---

① 资料来源：网经社，http：//www. 100ec. cn/detail－6397688. html。

② IAB. 2017年全球移动电子商务景观报告［EB/OL］. 网经社，2017［2018－3－5］. http：//www. 100ec. cn/detail－6413639. html.

（1）产品展示：移动跨境电子商务平台 APP 最为核心的功能是产品展示，无论什么类型的移动跨境电子商务平台，其商品都需要通过产品展示这种方式向消费者展示。购物 APP 首页一般展示热门商品以及广告图，广告轮播图显示最新优惠活动商品及其他热门活动、购物 APP 的商品分类功能。手机 APP 商品详情页是展示商品名称、图片、价格、销量、参数信息、商家信息等综合信息的页面，以介绍商品为主，用图片和文字的形式来突出商品优势。

（2）产品搜索：移动 APP 允许客户搜索查询相关产品，一般通过关键词查询，但也有些跨境电子商务平台允许使用图片、条形码以及声音的形式搜索。

（3）收藏产品：收藏夹是移动跨境电子商务平台的必备功能，这样便于消费者下次消费，促进二次交易，提高用户的重复购买率，增加销售额。

（4）购物车：购物车是移动 APP 里面促成转化交易的入口，用户将想购买的商品加入购物车，在下单时一并进行付款购买。购物车记录商品最简单的信息，包括商品名，缩略图，价格，购买数量，商品颜色、型号、尺码以及商品总额等信息。

（5）在线支付：在线支付是移动 APP 用户对商品进行购买的工具，用户经过浏览、添加购物车、提交购买等一系列的流程，最终通过在线支付功能进行付款。

（6）查看物流：移动 APP 允许客户在订单界面查看各订单商品的物流状态，随时让用户了解自己购买的商品处于什么地方，缓解用户等待的焦虑心理。

（7）订单管理：在移动 APP 个人中心页面可以查看订单状况，并可以对自己的订单进行交易详情查看和订单管理，也可以进行确认收货、退款等操作。

（8）促销推送：移动 APP 将跨境电子商务平台内的热门活动、促销信息、新品信息推送至用户手机上，方便用户及时了解移动跨境电子商务平台最新优惠活动。

（9）分享推荐功能：移动 APP 可分享喜欢的商品至各大社交平台，吸引更多的用户前来购物，并可以邀请用户注册加入移动跨境电子商务平台 APP。

（10）商品与销售管理。入驻移动跨境电子商务平台的商家可以通过移动

APP 登录后台对店铺内商品进行管理，主要可进行商品的添加、删除、修改工作，以及优惠券设置和发放，并参与促销活动。移动跨境电子商务平台的商家可以通过手机 APP 对自己的店铺销售情况进行查看，后台提供统计数据分析报告，帮助商家及时了解某些商品的销售情况，方便商家及时调整。

四、移动跨境电子商务平台的类型

（一）完全的移动跨境电子商务平台

完全的移动跨境电子商务平台是指跨境电子商务企业只有移动端 APP 销售平台，没有 Web 端销售平台，即买家只能在移动端 APP 上购物，一般不能通过电脑在其网站上购物。目前，比较著名的此类平台有 Wish 和 Shopee 等。

Wish 成立于 2011 年，2013 年正式进军移动跨境电子商务领域。经过快速发展，Wish 目前是北美最大的移动跨境电子商务平台，全球第 5 家 4 年内 GMV（Gross Merchandise Volume，网站成交金额）达到 30 亿美元的互联网企业。截至 2017 年 8 月，Wish 平台有 33.8 万的独立注册账号（商户），10 个月内增长近 90%。平台有 4.2 亿的注册用户，日活跃用户超过 1 000 万，月活跃用户为 7 000 万，活跃 SKU（Stock Keeping Unit，库存量单位）达 1.5 亿个。消费者在 Wish APP 上每天停留的时间已经超过了 45 分钟。

Wish 旗下拥有多个垂直的 APP，其中 Wish 是主要的平台，提供全部类别的产品；Geek 主要提供高科技设备；Mama 主要提供孕妇和婴幼儿用品；Cute 专注于美容产品、化妆品、配饰和衣服；Home 提供各种家居配件，如图 4 -7 所示。

Wish 最大的特点是将近 100% 的销售都来源于移动端，而 95% 以上的成交份额都来源于其核心技术——“千人千面、个性推送”。亚马逊、eBay 等平台是由电脑端发展起来的传统电子商务，更多的是注重商品的买卖交易。Wish 虽然本质上也是提供交易服务的电子商务平台，但其专注于移动端的“算法推荐”购物，呈现给用户的商品大都是用户关注的、喜欢的，每一个用户看到的商品信息不一样，同一用户在不同时间看到的商品也不一样。

具体来讲，每一个用户都有不同的属性，比如兴趣特征、社会属性以及一些自然属性等。属性可能有重叠，会有相同，但总有不同的，Wish 会就这

图 4-7 Wish 旗下 APP 界面

些属性给每一个注册 Wish 的买家打上标签。对于卖家也一样，Wish 会针对产品、公司、店铺的特点、属性做一个定位。然后 Wish 通过计算机算法做精准的匹配，把合适的商品推送给需要的人或者说潜在需要这个产品的人。千人千面即根据消费者的所在地、消费习惯以及收入水平等各方面因素综合考虑。例如，25 岁的年轻白领，月收入一万元左右，平时购买产品更偏向于服饰品类，那么 Wish 平台即可基于这些因素为这部分群体打出标签，精准定位，为其提供适销对路的高性价比产品。

Wish 上的产品信息主要是以图片为主进行展现，这样可以让消费者迅速地找到自己想要的商品，避免复杂操作。从某种程度上来讲，Wish 跟亚马逊等购物网站一样，为买卖双方提供了一个商品交易平台；跟社交导购网站一样，能够为用户推荐其喜欢的商品；跟社交图片网站一样，以一种瀑布流的方式为用户展示很多精美图片。因此，不同于亚马逊、eBay、速卖通等跨境电子商务平台，Wish 有更多的娱乐感，有更强的用户黏性。

专栏 4.5 Shopee 简介

Shopee 是来自新加坡的公司，母公司叫 SEA，2015 年年底到 2016 年年初，先后在新加坡、马来西亚、印度尼西亚、泰国、菲律宾、中国台湾等7个市场推出了电子商务业务。根据SEA2018年2月28日发布的财报数字，ShopeeAPP下载量已经达到1.15亿，90%以上的流量都来自手机客户端，社群媒体粉丝超过800万，平台粉丝超过6 000万，是东南亚发展最快的电子商务平台。2017年“双11”，平台订单增幅达到15倍，累计销售的产品数量超过65万件。

资料来源：改编自雨果网，www.cifnews.com/article/33884.

（二）第三方中介型跨境B2C平台APP应用程序

亚马逊、速卖通、eBay等平台都推出了自己的APP供买家使用。例如亚马逊APP应用程序（如图4－8）可以让买家浏览产品、加入购物车或愿望单、比较价格、阅读评论、与朋友分享产品、检查与追踪订单的状态。

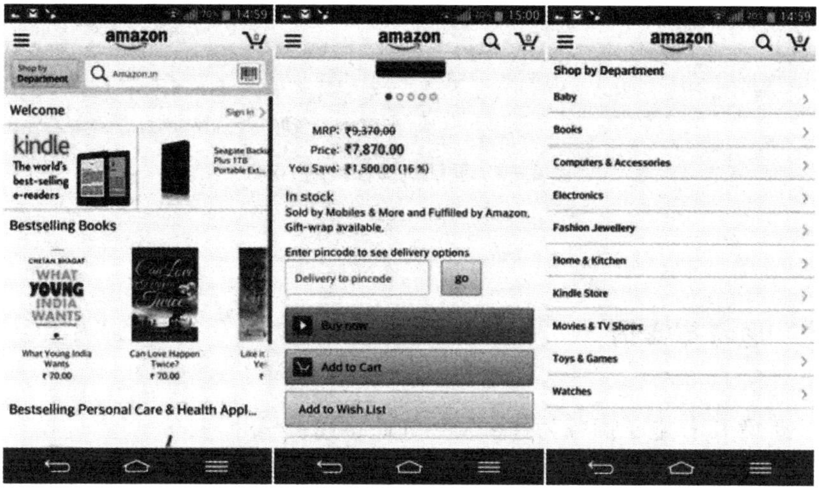

图4－8 亚马逊APP

（三）自建自营型B2C网站＋移动APP应用程序

许多跨境电子商务企业在拥有自建自营型B2C网站的同时，也拥有移动APP应用程序。例如浙江执御信息技术有限公司是目前中国跨境移动电子商务的领军企业，浙江执御旗下的购物APP JollyChic已经成为中东地区知名度最高、综合排名第一的移动端软件（如图4－9），覆盖多个国家和地区，注册用户已超过 2 000 万人。浙江执御经营产品包括服装、鞋包、配饰、家居、母婴、美体护肤与 3C 等，销往全球超过 175 个国家和地区，2016 年全年销售额已达数亿美元。

图 4 - 9 浙江执御移动端 APP

思考与实训

1. 跨境 B2C 电子商务为什么发展如此迅速？

2. 上网找一个第三方中介型跨境 B2C 平台，收集资料，写一篇 1 000 字左右的简介。

3. 上网找一个自建自营型跨境 B2C 平台，收集资料，写一篇 1 000 字左右的简介。

4. 你认为移动跨境电子商务未来发展趋势如何？

5. 你认为哪些产品适合跨境 B2C 电子商务，为什么？

第五章 跨境电子商务网络营销

在跨境电子商务中，跨境网络营销是其核心组成部分之一。通过网络营销，跨境电子商务企业可以在全球范围内进行网络调研、面向全球在线销售、服务全球顾客、维护全球顾客关系、打造全球网络品牌。网络营销具有传播速度快、范围广、无时间地域限制、无版面约束、内容详尽、多媒体传送、形象生动、反馈迅速等特点，有利于提高跨境营销信息传播的效率，降低跨境电子商务企业营销信息传播的成本。在跨境电子商务实践中，有多种多样的营销方式，其中最为重要和实用的有搜索引擎营销、社会化媒体营销、电子邮件营销、联盟营销等。搜索引擎营销主要利用人们搜索的习惯向客户传递信息，社会化媒体营销则主要依据六度分隔理论将信息在社群里传播，电子邮件营销直接向客户发送商品信息，联盟营销主要依据营销效果来付费。作为跨境电子商务从业人员应了解其中的原理并熟悉操作过程。

学习目标

了解内容：网络营销的概念和特点，跨境电子商务中常用的社会化媒体营销、联盟营销、资源合作营销、平台内营销

理解内容：跨境电子商务网络营销的概念和特点、搜索引擎营销的概念和作用、搜索引擎优化、社会化媒体营销的概念和特点

掌握内容：搜索引擎关键词广告、社会化媒体营销在跨境电子商务中的作用、跨境电子商务网络营销的功能

关键术语

网络营销、跨境电子商务网络营销、搜索引擎营销、关键字广告、搜索引

擎优化、社会化媒体营销、电子邮件营销、联盟营销、资源合作营销、平台内营销

第一节　跨境电子商务网络营销概述

一、网络营销的基本概念

随着信息产业的高速发展，以互联网为传播媒介的网络营销成为当今最热门的营销推广方式之一。从广义上说，企业利用一切网络（包括社会网络、计算机网络、企业内部网、行业系统专线网及互联网、有线网络、无线网络、有线通信网络与移动通信网络等）进行的营销活动都可以被称为网络营销。从狭义上说，凡是以国际互联网为主要营销手段，为达到一定营销目的的营销活动都可称为网络营销。在国外还有很多提法，如 Cyber Marketing、Internet Marketing、Network Marketing 等。

与传统推广方式相比，网络营销具有得天独厚的优势。网络营销的主要特点和优势有如下几点。

（1）传播范围广，不受时空限制。通过互联网，网络营销可以将广告信息 24 小时不间断地传播到世界的每一个角落。只要具备上网条件，任何人在任何地点都可以阅读。

（2）成本低，速度快，更改灵活。网络营销广告制作周期短，即使在较短的周期进行投放，也可以根据客户的需求很快完成制作，而传统广告制作成本高，投放周期固定，而且发布后不容易更改。

（3）网络营销是多维营销。它能将文字、图像和声音有机地组合在一起，传递多感官的信息，让顾客如身临其境般感受商品或服务。这种图、文、声、像相结合的广告形式，将大大增强网络营销的实效。

（4）网络营销能进行完善的统计，可以跟踪和衡量营销效果。如通过监视广告的浏览量、点击率等指标，广告主可以统计出多少人看到了广告，其中有多少人对广告感兴趣进而进一步了解了广告的详细信息。因此，较之其他任何广告，网络营销使广告主能够更好地跟踪广告受众的反应，及时了解

用户和潜在用户的情况。

(5) 网络营销广告的投放更具有针对性。通过收集网络数据，网络营销系统能建立完整的用户数据库，包括用户的地域分布、年龄、性别、收入、职业、婚姻状况、爱好等。这些资料可帮助广告主分析市场与受众，根据广告目标受众的特点，有针对性地投放广告，并根据用户特点做定点投放和跟踪分析，对广告效果做出客观准确的评价。

二、跨境电子商务网络营销及特点

按营销的区域范围，网络营销可划分为国内网络营销和国际网络营销。国际网络营销即跨境网络营销，是通过全球性的互联网进行营销，以达到国际性的销售目的的一种营销方式。

由此可见，国际（跨境）网络营销更加强调全球性和国际性，所以国际（跨境）网络营销同一般的国内网络营销有一些不同，这主要表现在如下几点。

(1) 网络营销的目标客户不同：国内网络营销客户定位于国内市场，而国际（跨境）网络营销则主要面向境外市场。营销目标客户不同决定了营销思路和方式应有所不同。

(2) 网络营销的思路不同：由于国际（跨境）网络营销的目标客户大多是外国人，其语言、文化、政治、交易习惯等均与我们不同，所以在营销时要尽可能从客户的角度考虑。比如，在建立外贸网站时，就应该考虑到客户使用网络的习惯，尽量设计成符合客户所在地风格的营销网站。

(3) 网络营销的方式不同：虽然所有的网络营销方式都可以应用到国内网络营销或是国际（跨境）网络营销，但是同一网络营销方式在不同的范围内效果是不一样的。比如博客营销、论坛营销等在国内营销效果较好的方式反而不太容易在国际网络营销中取得较好的效果。

另外，在理解跨境网络营销的时候还需要注意以下三点。

(1) 跨境网络营销不同于跨境网上销售。跨境网上销售是跨境网络营销的主要目的之一，但是除此之外，其目的还有多个方面，比如企业国际品牌价值的提升、加强与国外客户的沟通等。

(2) 跨境网络营销同跨境电子商务既有联系又有区别。首先，跨境网络营销与跨境电子商务有着共同的技术基础，而且跨境网络营销是企业跨境电子商务整体战略的核心环节之一。但是两者研究问题的角度与侧重点不同，即跨境电子商务从企业全局角度出发，根据市场需求对企业的各种电子商务活动（包括网络营销）进行系统地设计和组织，以实现企业经营的目的（包括卖方的销售与买方的采购）。而跨境网络营销则从市场需求的角度出发，关注卖方如何实现跨境的售卖与推广的问题。

（3）跨境网络营销和跨境网络推广既有联系又有区别。经常有人将跨境网络营销等同于网络推广，但是实际上二者有所不同，即网络推广主要着重于“推广”二字，目的是利用各种网络推广方法，使产品尽可能让更多的人知道，有发布“广告”的意思；而网络营销则重在“营销”二字，它更注重的是推广产生的经济效益。

三、跨境电子商务网络营销的功能

一般而言，跨境电子商务网络营销具有八个方面的功能。

（一）全球网络调研

跨境网络市场调研具有调查周期短、成本低的特点。网上调研不仅为制定跨境网络营销策略提供支持，也是整个跨境电子商务的基本工作之一。合理利用网上调研手段对国际市场营销具有重要价值。

（二）全球信息传播

网络营销的基本思想是通过各种互联网手段，将企业营销信息以高效的方式向目标客户、合作伙伴、公众等群体传递，因此信息发布就成为网络营销的基本功能之一。互联网为企业发布信息创造了优越的条件，不仅可以将信息发布在企业网站上，还可以利用各种网络营销工具和网络服务商的信息发布渠道向更大的范围传播信息。

（三）面向全球在线销售

网上销售渠道建设并不限于跨境电子商务企业自建网站本身，还包括建立在第三方跨境电子商务平台上的网上商店，以及与其他电子商务网站不同形式的合作等。因此不仅仅是大型企业才能开展，不同规模的企业都有可能拥有适合自己需要的在线销售渠道。

（四）服务全球顾客

互联网提供了更加方便的在线顾客服务手段，从形式较为简单的常见问题解答，到电子邮件、在线论坛和各种即时信息服务等。在线顾客服务具有成本低、效率高等优点，在提高顾客服务水平方面具有重要作用，同时也直接影响网络营销的效果，因此成为网络营销的基本组成内容。

（五）促进全球销售

市场营销的基本目的是为增加最终销售提供支持，网络营销也不例外。各种网络营销方法大都直接或间接具有促进销售的作用，同时还会带有许多针对性的网上促销手段。这些促销方法并不限于对网上销售提供支持，事实上，网络营销对于促进线下销售同样很有价值。

（六）维护全球顾客关系

维护顾客关系对于开发顾客的长期价值具有至关重要的作用。以顾客关系为核心的营销方式成为企业创造和保持竞争优势的重要策略。网络营销在建立顾客关系、提高顾客满意度和顾客忠诚度方面提供了更为有效的手段，通过网络营销的交互性和良好的顾客服务手段，增进顾客关系成为网络营销取得长期效果的必要条件。

（七）面向全球进行网站推广

获得必要的访问量是网络营销取得成效的基础。尤其是中小企业，由于经营资源的限制，发布新闻、投放广告、开展大规模促销活动等宣传机会比较少，因此通过互联网手段进行网站推广的意义显得更为重要，这也是中小企业对于网络营销更为热衷的主要原因。当然对于大型企业，网站推广也是非常必要的，因为他们也同样希望有更多的访问流量。

（八）打造全球网络品牌

网络营销的重要任务之一是在互联网上建立并推广企业的品牌，以及让企业的线下品牌在网上得以延伸和拓展。网络营销为企业利用互联网建立品牌形象提供了有利的条件。网络品牌建设以企业网站建设为基础，通过一系列的推广措施，达到顾客和公众对企业认知和认可的目的。网络品牌价值是网络营销效果的表现形式之一，网络品牌有利于维系持久的顾客关系，带来更多的经济利益。

第二节 搜索引擎营销

一、搜索引擎营销的概念和作用

搜索引擎（Search Engine）从广义角度来说是指互联网上提供了用户检索接口同时具有检索功能的一类网站，它能够帮助人们在网络世界中搜寻所需要的信息。从狭义角度来说，搜索引擎是指能够自动地对资源进行分析处理并通过查询为用户返回匹配资源的系统。它主要包括三部分，分别是信息收集、信息整理和用户查询。比如我们熟知的百度、谷歌（如图 5－1）、必应均为著名的搜索引擎。

图 5－1 谷歌搜索引擎

所谓的搜索引擎营销（Search Engine Marketing，简称为 SEM），是一种基于搜索引擎平台的网络营销方式，它利用人们对搜索引擎的依赖和使用习惯，在人们检索信息的时候尽可能将营销信息传递给目标客户。它的主要目的是通过较高的搜索引擎排名来增加网站的点击率和浏览量，从而获得产品或服务销售额的提升，对于网站推广、网络品牌建设、产品推广、在线销售等具有明显的效果。

搜索引擎营销对跨境电子商务企业推广具有十分重要的作用。首先，根据调查发现，八成以上的用户得知新网站的途径是搜索引擎，所以跨境电子商务企业的网站如果没有被搜索引擎收录，就会损失掉大量潜在客户。其次，在搜索过程中，用户的访问都是有目的的，根据自己的需求主动查询，更有可能成为跨境电子商务最终的客户。最后，搜索引擎是开放性的平台，门槛比较低，任何跨境电子商务企业都可以在搜索引擎上推广宣传。因此，对于跨境电子商务企业来说，搜索引擎已经是营销推广最直接、最方便、最有效、最重要的途径之一。

搜索引擎营销的本质是利用用户输入关键词检索信息的机会将企业的营销信息传达至目标用户。企业还可以根据用户检索的关键词来分析他们的行为及心理预期，以更好地满足用户的消费需求。虽然搜索结果页中的广告内容是企业网站事先设计好的，但由于用户是通过自主选择在搜索引擎中输入关键词而搜索到这些信息，因此用户会感觉自己主动创造了被营销的机会，而不是被动接受广告商的强制性推送，所以搜索引擎营销的效果往往比其他网络营销手段要好。

二、搜索引擎关键词（字）广告

跨境电子商务企业经常使用搜索引擎关键词广告来进行引流。关键词广告也称为“关键字广告”，简单来说即是当用户利用某一关键词在搜索引擎上进行检索时，在检索结果页面会出现与该关键词相关的广告内容。由于关键词广告是在特定关键词检索时才出现在搜索结果页面的显著位置，所以其针对性非常高，是一种性价比较高的网络推广方式。

搜索引擎关键词广告大多使用竞价排名机制，即它是按照“付费最高者排名最靠前”的原则，在同一关键词的广告中，按照广告主自己设定的广告点击价格来决定排名位置，支付每次点击价格最高的广告排列在第一位，然后依出价高低依次往后排。

实际上，现在主流的搜索引擎不仅仅是根据付费高低决定排名位置，他们还会加入其他考量因素。例如，Google Adwords（谷歌关键词）通过广告评级来确定关键词在搜索结果页的排名，即在同一页面上显示的广告顺序和位置由广告评级决定。

广告评级是通过出价金额和质量得分计算出来的。

Google Adwords 广告评级 = 最高竞价（maximum bid price）×质量得分(quality score)

其中，广告评级中的要素包括出价以及广告、关键字和网站的质量（使用质量得分衡量）。因此，即使竞争对手的出价比较高，只要你的关键字和广告的相关性更胜一筹，你仍然可能赢得较高的排名。

质量得分是用于衡量广告、关键字和目标网页与看到广告的用户之间的相关性。质量得分高表示广告、关键字和目标网页与客户搜索的内容非常相关，同时也表示前三者之间具有很高的相关度。质量得分越高，广告主需要支付的费用可能就越低，而广告也有可能会获得更高的排名。

例如，表 5-1 中展示了 4 个企业的出价和广告排名情况，可以看出质量得分是如何影响关键词的实际排名的。

表 5-1 Google 广告评级与广告排名

企业	最高竞价	质量得分	广告评级	广告排名
A	5	8	40	3
B	8	6	48	1
C	7	4	28	4
D	9	3	27	2

竞价排名的特点和主要作用如下。

（1）竞价排名的基本特点是按点击付费，广告出现在搜索结果中（一般是靠前的位置），如果没有被用户点击，不收取广告费。

（2）竞价广告出现在搜索结果靠前的位置，容易引起用户的关注和点击，因而效果比较显著。广告出现在搜索结果页面，与用户检索内容高度相关，增强了广告的针对性。

（3）广告主可以自己控制广告价格和广告费用。

（4）广告主可以对用户点击广告情况进行统计分析。

（5）见效快，充值后设置关键词价格，通过审核后即刻就可以进入百度或 Google 排名前十，位置可以自己控制。

（6）关键词数量不限制，可以在竞价后台设置无数的关键词进行推广。

当然竞价排名也存在缺点。

（1）价格高昂。竞争激烈的词，点击单价可以达到数元甚至数十元，一个月就要支付数千元甚至数万元，如果是长期做，那就需要长期投入高昂的费用，而且对于点击类的广告，若不控制日消耗，这种广告投入就是个无底洞，每年的广告费用不好控制。

（2）管理麻烦。如果要保证位置和控制成本，需要每天都查看价格，设置最合适的价格来确定广告展示位置。

（3）人员管理。需要专人进行关键词的筛选，挑取适合的关键词，衡量价格，每日检查效果，根据效果调整关键词出价和排名，需要付出很多精力。

（4）引擎的各自独立性。每个引擎都是各自独立的，做了百度竞价，谷歌不会同时出现排名，雅虎也不会出现排名。如果想要所有引擎都出现排名，那就要重复花费数倍的推广费用。

（5）稳定性差。排名根据各方出价高低的变化而变化，难以掌控，而且一旦账户中的费用花完了，排名就会立刻消失。

（6）恶意点击。竞价排名的恶意点击非常多，很多广告费用可能是被竞争对手、广告公司、闲着无聊的人给恶意点击消费掉了。这些行为不会带来任何效益，而且也无法预防。

（7）搜索引擎服务商通常所称的“按效果付费”实际上是按“点击付费”，其实将“点击”作为网络广告的“效果”并不一定准确，因为即使是潜在用户正常的点击行为，离真正的收益之间还有很大的距离，点击是否能转化为最终收益，还有太多的不确定因素。

三、搜索引擎优化

使网站在搜索引擎排名靠前的另一有效途径即是“搜索引擎优化”（也被称为网站优化）。实际上，搜索引擎优化是遵循搜索引擎科学而全面的理论机制，对网站结构、网页文字语言和站点间的互动策略等进行合理规划部署来发掘网站的最大潜力，从而使搜索引擎收录尽可能多的网页，并在搜索引擎自然检索结果中排名靠前，从而促进企业在线销售和强化网络品牌。

搜索引擎优化不同于搜索引擎关键词广告之处在于，前者主要基于搜索引擎自然检索结果的排名位置而获得用户的注意，后者则通过向搜索引擎付费的方式获得在搜索结果中被用户发现的机会。

影响企业网站搜索引擎优化的因素很多。网站页面结构布局、网站导航及地图设置、关键词、外部链接质量、网站设计的优化、网站文本编辑水平、网站产品信息等制约着搜索引擎的优化策略。然而随着搜索引擎优化理论日益成熟，优化策略日益完善，针对域名设计、文本信息、关键词、APP、算法、链接技术、网页结构优化等策略的不断更新，一些优化后的企业网站在主流搜索引擎优先抓取、收录、索引目标页面排名上都有了巨大提升。

一些网站的导航结构和地图设置不合理，网页链接过分复杂，链接不全，存在死链接现象，网页相互关联性差，网页文本信息简单，缺乏动态效应等问题影响到网站内容页面的爬行和抓取。部分网站外部链接数量庞大，返回节点设置不合理，程序设计上存在交叉链接、大宗地址链接交换，以及网站会员自动交换链接、用户点击和浏览付费等搜索广告或者非法广告链接大量植入现象影响链接质量和网站信誉，从而降低网站搜索排名，甚至被搜索系统屏蔽和永久性删除。还有一些网站页面文本信息粗糙，网页结构设置混乱，页面动、静态效果不规范，存在语法性错误，页面缺乏分层布局的理念，这样也会影响搜索引擎的识别和读取，不利于页面信息的存储，制约网站的推广和排名。

在跨境电子商务领域，跨境电子商务企业经常使用搜索引擎优化技术来推广自建的 B2B 或 B2C 网站，主要是因为搜索引擎优化有以下的优点。

（1）价格相对低廉。从长期的网站推广角度考虑，搜索引擎优化的整体效果是远强于竞价排名的，成本上也能比“竞价排名”低不少，搜索引擎优化维持一年排名的费用也许只是做竞价排名几个月的费用，相比竞价要便宜，费用是可控的。

（2）管理相对简单。当排名稳定后，不需要企业天天关注，企业所要做的只是不定期观察排名位置是否稳定即可。

（3）不用担心恶意点击。搜索引擎优化所做的效果是网站自然排名，不会按点击付费，不论其他人如何点击，都不会浪费一分钱。

（4）稳定性强。用正规搜索引擎优化技术手段做好了排名的网站，只要维护得当，排名的稳定性非常强，所在位置较长时间可能都不会变动。

但是，搜索引擎优化也有以下缺点。

（1）见效慢。通过搜索引擎优化获得排名是无法速成的，竞争力较差的词通常需要 2 ~6 个月，一般难度的词大约需要 6 ~12 个月的时间，如果竞争非常大的词则需要 1 年以上的时间。

（2）排名规则的不确定性。由于搜索引擎在排名方面有不同规则，有可能某天某个搜索引擎对排名规则进行了改变，那时也许原有的排名位置就会发生变动。这个是很正常的现象，届时需要搜索引擎优化公司以最快的速度研究最新的规则，将网站重新恢复排名。

（3）关键词区分难易程度。竞争过于火爆的关键词，例如：手机、MP3 等，做优化排名难度是很大的，需要非常长的时间，所以难度太大的词不适合做优化。

（4）关键词数量有限。做搜索引擎优化一个页面推荐只做一个关键词，最多不超过 3 个，其中 1 ~2 个是主词，剩余 1 ~2 个是分词，无法做到竞价排名那种关键词不限制的效果。

（5）排名位置在竞价排名之后。这个是由搜索引擎的排名规则决定的，自然排名所在的位置只能在竞价排名的网站之后。

专栏 5.1　谷歌 SEO 入门指南——页面内容优化（节选）

1. 创建唯一且准确的网页标题

<title> 标记可告诉用户和搜索引擎特定网页的主题是什么。<title> 标记应放置在 HTML 文档的 <head> 元素中。你应该为网站上的每个网页创建一个唯一标题。

2. 在搜索结果中创建恰当的标题和摘要

如果你的文档显示在搜索结果页中，则标题标记的内容可能会显示在结果的第一行。首页标题可列出网站/商家的名称，并可包含其他重要信息，例如商家的实际营业地点，或者其主营业务或产品。

3. 最佳做法

(1) 准确描述网页内容：选择一个读起来自然且能有效传达网页内容主题的标题。

应避免的做法：①选择与网页内容无关的标题；②使用默认或模糊标题，例如“无标题”或“新增网页 1”。

(2) 为每个网页创建唯一标题：网站上的每个页面最好具有唯一标题，这有助于谷歌了解该页面与你网站上其他页面的区别。如果网站具有独立的移动版网页，也请为移动版网页使用恰当的标题。

应避免的做法：网站所有页面或大量页面使用单一标题。

(3) 用简短但描述准确的标题：标题应简短而信息丰富，如果标题太长或被认为不太相关，那么谷歌可能只会显示其中的一部分或在搜索结果中自动生成标题。谷歌还可能根据用户查询或搜索时所用设备显示不同的标题。

应避免的做法：①使用对用户来说不实用的冗长标题；②在标题标记中填充不需要的关键字。

资料来源：《谷歌 SEO 入门指南 2018 年版（二）：页面内容优化》(http://www.chinaz.com/web/2017/1219/839084.shtml)

第三节 社会化媒体营销

一、社会化媒体营销的概念

社会化媒体，也称为社交媒体（Social Media），指允许人们撰写、分享、评价、相互沟通的网站和技术。社交媒体主要分为以下几种：专业社交网络（Professional Social Network）、移动聊天（Mobile Chat）、即时消息（Instant Messaging）、在线交易（Online Trade）、微博（Micro-blogging）、博客（Blogging）、图片分享（Photo Sharing）、视频分享（Video Sharing）、知识问答（Q&A）、百科知识（Wikis）、在线音乐（Online Music）、签到（Check-in）、留言板（Message Board）等。国外社交化网站多种多样，如图 5-2 所示。

图 5-2　社交网络

社会化媒体营销，也被称为 SNS[①] 营销，就是通过上述的社会化网络渠道，利用文字、图片和视频传播和发布资讯，从而形成营销、销售、公共关系处理和客户关系服务维护及开拓的一种方式。相较于一般的社会大众媒体，社交媒体的显著特点是可以让用户享有自己的创作权及言论权，自由进行各种编辑创作工作，并可以进行相互交流、分享。

当今国内比较流行的社交媒体很多，诸如微博、微信、QQ 等。在跨境电子商务中，常利用国外的社交媒体，比较流行的主要包括：拥有约 13 亿用户的美国社交服务网站“Facebook”；美国社交网络及微博服务的网站“Twitter”；在开通数据流量或连接 wifi 条件下，享受免费通话和免费短信的交流工具“Line”；基于用户分享的照片或视频建立的微社区 APP“Instagram”；可以和不同兴趣的好友分享好玩的东西的 SNS 社交网站“Google +”等。

专栏 5.2　六度分隔理论与社会化媒体营销

哈佛大学心理学教授斯坦利·米尔格拉姆（Stanley Milgram）于 1967 年

① SNS，全称 Social Networking Services，即社会性网络服务，专指旨在帮助人们建立社会性网络的互联网应用服务。SNS 的另一种常用解释：全称 Social Network Site，即“社交网站”或“社交网”。SNS 还有一种解释是 Social Network Software，中文译为社会性网络软件。SNS 营销指的是利用这些社交网络建立产品和品牌的群组、举行活动、利用 SNS 分享的特点进行病毒营销之类的营销活动。

创立的六度分隔理论认为，每个人和任何一个陌生人之间所间隔的人不会超过六个，也就是说，最多通过六个人就能够认识一个陌生人。社交网络根据这个理论，观察到人与人之间的联系是无处不在的，每个人的社交圈都能够不断放大，而最后形成一个大型人际关系网络，将社交网络的价值无限放大。

社交媒体是以互动为核心的互联网人际传播，信息传递是由点到面，发散式的，没有绝对的信息末端。用户看到一条消息，首先是传播环节中的接受者，但通过转发或者评论，引起粉丝或者其他用户的传播兴趣，就形成了信息的再传播，转变为新传播链条中的信息源，而这些独立的链条通过“社交属性”彼此联结。一条消息的传播就像“滚雪球”一样，由点到线、到面、到网络而不断延伸、扩大。

比尔·盖茨曾说过，Web 1.0 的核心是内容，Web 2.0 的核心是关系——人与人之间纷繁复杂的关系。社会化媒体营销是以人为媒介、以人为本的，其中每一个人即为一个用户结点，而联结这些结点的，正是人与人之间的“关系”。这些“关系”把百万用户聚集到一起，使之在其中进行各种交流和互动。这种模式改变了人们以往的传播方式，现实生活中的社会关系移植到了互联网上，这种新的平台不仅带来了社会价值，并且还为网络商务活动带来了不可小觑的商业价值。

资料来源：作者收集整理。

二、社会化媒体营销的特点

（一）社会化媒体营销具有较高的精准度

门户网站一般追求的是信息的覆盖率，而社会化媒体则更能体现营销精准度。例如 Facebook 作为全球知名的社会化媒体平台，把用户属性分为年龄、性别、语言、学历、民族、父母、生活记事、行为、地区、感情、工作、世代、政治以及兴趣爱好等，依托对数据的程序运算，分析出不同个体的具体偏好，再按照不同维度归类细分，进行个性化的内容推送，实现营销的差异化、精准化、有效化。此外，随着移动互联网的发展，基于地理位置的营销特征也将给营销带来极大的变革。这样，通过对目标用户的精准定位以及地理位置的定向，大大提高了信息的有效传递。

（二）社会化媒体营销更能体现“人格化”

社会化媒体的一个很大特点，也是优势，就是人格化的属性。人是有个性的，但又都是社会的，所以人的根本属性是“社会属性”，而社会化媒体最大的优势就是利用了人的这一属性，将信息传播赋予“人格化”的特点。社会化媒体通过互动，使受众对接收的内容进行评论、转发，在再次传播过程中成为主动参与者，而不是被动接受者。每一个受众都拥有一个独立的社会化媒体账号，成为网络空间的实体，并形成社交圈子。由于信息传播是双向的，受众可以根据个人偏好，选择感兴趣的内容来接受和传播，这就较好地满足了人的个性需求。也正因为如此，社会化媒体才得以兴旺发达，参与者人人都可成为主人，也就乐此不疲。

（三）社会化媒体营销的门槛较低

在社会化媒体营销中，个人的手机、电脑成为信息传播、社会交往的媒介，个人既是信息的接收者，又是信息的发布者、传播者。相比于传统媒体需要采访、编辑、审核、发布的常规流程，社会化媒体的信息发布门槛要低得多，可以说没有门槛。移动终端技术和无线互联网技术的发展，使个人利用社会化媒体账号随时随地发布各类消息成为可能。可以说，社会化媒体改变了信息的传播模式，也颠覆了传统的消息构成元素，不但使信息的传播更为迅速、便捷，也使信息更加广泛，出现海量存储和传播，以及碎片化的海量信息，使受众获取运用信息更为便捷高效。

（四）社会化媒体营销具有普遍的受众

美国有相关研究资料显示，72%的成年人每天登录社会化媒体网站，并且每周至少花费23小时运用社会化媒体。也就是说，大家平均每天花费14%的时间在社会化媒体上。Boost Mobile公司对500名16～25岁的消费者进行了一项社会化媒体的使用调查，50%的受访者承认他们对社会化媒体上瘾，68%的受访者一天至少查阅社会化媒体10次以上，31%的人即使在上厕所时也在使用社会化媒体。根据凯度集团①发布的《2016年中国社会化媒体影响

① 凯度集团（Kantar Group），总部位于英国伦敦，是全球领先的市场咨询机构。

报告》，调查6 058名美国用户在手机上使用Facebook和18 500名中国用户在手机上使用微信的情况，报告指出，美国人平均一天要打开Facebook 17.9次，中国人一天打开微信14.5次。这些数据都说明，受众的注意力份额很大一部分被社会化网络所占领①。

三、社会化媒体营销在跨境电子商务中的作用

（一）有利于提升跨境电子商务企业的网络曝光量

跨境电子商务企业应用社会化媒体，可以在世界范围内的、不同国家的社会化网络、微博、博客等拥有海量注册用户的社会化媒体网络上发布相关的服务信息和产品资讯，利用社会化媒体网络上的粉丝关注效用和社群效应，可以大大增加企业的产品与服务信息在全球网络上的曝光量。而且社会化媒体上的信息更新与内容互动频繁，企业在社会化媒体上的频道页面的更新率非常高，更容易在搜索中排在更靠前的位置。

（二）有利于为跨境电子商务网站带来高质量的销售机会

社会化媒体的应用改变了以往过于依赖搜索引擎的网络营销模式，通过社会化媒体不仅可以直接将社会化媒体上的用户流量转化为跨境电子商务企业官方网站的流量，而且可以通过在社会化媒体上的信息和服务互动来吸引更多的注册用户。许多跨境电子商务企业已经通过Facebook发布消息，发布优惠券，或是发起与产品有关的话题，监控感兴趣的客户行为，结合邮件营销和博客营销，带来了大量的销售机会。

（三）有利于为跨境电子商务企业吸引更多的业务伙伴

社会化媒体在吸引个人用户的同时，也吸引了越来越多的企业用户。统计显示，美国有72%的企业在利用社会化媒体提供各种类型的服务。这也给许多跨境电子商务企业提供了寻求合作的机会，通过社会化媒体来找到更多适合的合作伙伴。

---

① 刘国华，邵凌波．社交营销思考：得流量者能得天下？［J］．声屏世界·广告人，2017（07）：141－143.

（四）有利于跨境电子商务企业与客户建立互动关系

社会化媒体的聚焦效应，使得跨境电子商务企业能够通过社会化媒体实现与潜在用户之间更为广泛的沟通。社会化媒体还具有平等沟通的特性，更利于企业与潜在客户之间保持亲和的沟通，持续深化关系，从而促成下一次销售。另外，社会化媒体可以在营销的同时获得客户反馈，这样可以极大提高企业市场的反应能力。

（五）有利于跨境电子商务企业低成本地进行市场营销

社会化媒体有着其他传统媒体和网络媒体不可替代的传播效应，一方面社会化媒体网络的开放性吸引了大量的注册用户，另一方面有关产品与服务的信息可以利用社会化媒体网络以更低的成本、更快的速度来进行传播。通过社会化媒体，跨境电子商务企业可以低成本地进行舆论监控，有效降低企业不良信息产生和扩散的可能。同时，通过对社会化媒体大量数据的分析和调研，跨境电子商务企业能够以较低的成本发掘市场需求。

专栏 5.3　跨境电子商务企业社会化媒体营销的步骤

社会化媒体工具虽然千差万别，营销方法也多种多样，但对于跨境电子商务卖家来说，引流都是最终的目的。从目的这个角度看，其实所有的社会化媒体营销工具都有其共同的特点，只要按照这些固定的步骤走，引流的最终目的应该都能实现。

1. 设定社会化媒体的营销目标

社交媒体营销目标应不仅仅是“转发”“点赞”之类的数量，而更应是关于销售额、人气度和网站流量这类高级指标。设定营销目标无疑是跨境卖家要做的第一件事情，确定你究竟想从社交媒体营销工具上实现多大的营销目标，获取多少的引流，不要盲目下手。没有预期你就无法衡量你的营销是否有效，也无法证明你的投资回报率是否合理。

2. 评估当前社会化媒体营销现状

这主要是针对跨境企业以及跨境卖家当前使用的社交媒体营销工具，比如你的Facebook营销每月能为你引入多大流量，你需要进行准确的评估。另外你还要了解你所使用的哪个社交媒体营销工具能为你引入更多的流量，以及竞争对手是如何使用社交媒体营销工具进行引流的，然后对营销工具进行有的放矢地优化改进。这个评估应该动态定期进行，方便你及时对自己的营销计划做优化和调整。

3. 提升企业品牌社交媒体表现力

一般来说，每个社交网络都有不同的受众群体，他们理应受到不同的对待。你应该有所区别，有针对性地优化你的企业品牌主页，以达成你预期的商业目标，通过优化企业品牌主页，可以帮助你获得更多网络流量。评估后的改进是一个长期的工作，卖家需要在这一步上真正下大功夫。

4. 制定内容规划和编辑日程表

社交媒体营销其实属于内容营销的一部分，好的内容才能吸引更多的用户浏览你的网站。因此社交媒体营销计划应包含一份由内容创作策略、内容策展策略和编辑日程表共同组成的内容营销方案。

你的内容营销方案要包含以下几个问题。

(1) 在社交媒体上发布或者推广何种类型的内容?

(2) 内容更新的频率周期?

(3) 不同类型的内容针对哪些受众?

(4) 谁来创造这些内容?

(5) 如何来推广这些内容?

编辑日程表主要是指更新博客、发布Facebook和Twitter的具体日期和时间，以及在社交媒体营销活动中你想要营销的内容。

5. 适时调整你的SNS营销计划

对于任何企业和品牌商来说你的营销计划和目标都不能是一成不变的，需要根据自己的产品销售情况和企业发展建设情况适时做出改变和调整，对于SNS营销尤其如此。你可以通过一些分析工具找出你的社交媒体营销策略中需要调整优化的地方，比如Google Analytics（谷歌分析）它可以适时追踪从社交媒体上来的流量情况。根据分析工具测算的结果，对你的社交媒体营销计划和目标进行优化和改进。

资料来源：艺恩网，http：//www.ennews.com/article－2481－1.html.

四、跨境电子商务常用的社会化媒体

（一）社交网络

基于社交网络，人们与朋友、同事、同学等具有相同兴趣爱好和背景的人连接在一起，分享信息、展开互动。最知名的社交网络有 Facebook、Google +、LinkedIn 等。例如，作为全球最大的社交网站，Facebook 每月活跃用户数高达 13 亿人。此外，大约有 3 000 万家小公司在使用 Facebook，其中 150 万家企业在 Facebook 上发布付费广告。当前，国内著名跨境电子商务企业如兰亭集势、DX 等都开通了 Facebook 官方专页，Facebook 海外营销受到了越来越多跨境电子商务从业者的关注。

（二）博客和微博客

博客是出现最早的社交媒体形式之一，使用者可通过发布内容和基于内容的互动进行营销推广。中小企业可以自建博客站点或者在博客网站（如 blogspot. com）上进行营销。微博客是一种短小精悍的信息发布方式，允许使用者发布有限数字的文字，以及视频和图片。微博客的粉丝可以通过转发或评论微博客内容的形式进行互动。海外最知名的微博客之一是 Twitter，它目前是全球最大的微博网站，拥有超过 5 亿的注册用户，它可以让用户发布不超过 140 个字符的消息，这些消息也被称作“推文（Tweet）”。

（三）视频和图片分享网站

使用社交媒体，用户可以上传自己的视频、音频或图片，并通过分享网站与其他网友进行互动。例如，YouTube 是全球最大的视频网站，每天都有成千上万的视频被用户上传、浏览和分享。相对于其他社交网站，YouTube 的视频更容易带来病毒式的推广效果。图片分享网站则包括 Pinterest、Instagram 及 Flickr 等。例如 Pinterest 网站拥有超过 300 亿张图片，品牌广告主可以利用图片推广相关产品和服务，用户可以直接点击该图片进行购买。

（四）其他社交媒体

除了以上渠道之外，还有社交书签、社交新闻、论坛社区等。社交书签也被称作网络书签，是对超级链接进行收藏和分享的社交网站。使用者可以将感兴趣的网络信息收集、分类和整理，方便自己和朋友使用。目前比较有名的社交书签网站有 delicious（del. icio. us）和 stumbleupon. com 等。社交新闻网站允许用户分享或直接上传文章和新闻，其他用户可以进行评论，知名的社交新闻网站有 digg. com 和 reddit. com 等。论坛社区主要聚集了相同爱好的网友以互相交流信息，从营销的角度来讲，尤其适合推广有一定专业门槛的产品，比如电子类产品等。

专栏 5.4　兰亭集势的社会化媒体营销

兰亭集势在将电子商务生意与海外社交营销媒体相结合的过程中，充分考虑到了不同类型社交营销平台的特点，以丰富的形式带给用户不同的感知效果，从而逐渐受到用户的关注，拓展了产品认知度，传播品牌形象。兰亭集势在社会化营销中主要选择了 Facebook、Twitter、Pinterest、Instagram 等平台。

在 Facebook 上，兰亭集势保持每天 7 个左右的更新，日均发帖数量一般不超过 10 个，为了避免给粉丝带来刷屏的感觉，两个帖子的时间间隔通常在 2 小时左右。兰亭集势 Facebook 的发帖情况大概可以分为以下六大类：创意新奇帖、潮流时尚帖、幽默风趣帖、节庆活动帖、顾客晒图帖及其他帖。不同类型的发帖数分布如图 5－3 所示。

从图中可以发现，发帖最多的类型是潮流时尚帖。兰亭集势的主打产品是服饰类，潮流时尚帖可以很好地彰显网站风格，同时能最大限度导入流量，从而提高转化率。其次是创意新奇帖。这类帖子很容易得到粉丝的点赞、评论甚至转发，因为每个人都比较喜欢富有创意有想法的新奇类产品。再次是节庆活动帖。比如在西方万圣节期间，配合节日主题，摆出一些有趣的节日装扮照片，从而吸引粉丝进入网站购买相关装束。

幽默的帖子也是特别受欢迎的。幽默风趣帖可能让带有商业性质的兰亭集势 Facebook 官网主页变得更加可爱更加吸引人。娱乐之后，即使再附上一个广告链接，也不容易引起用户的反感。兰亭集势为了有效地运用口碑营销，

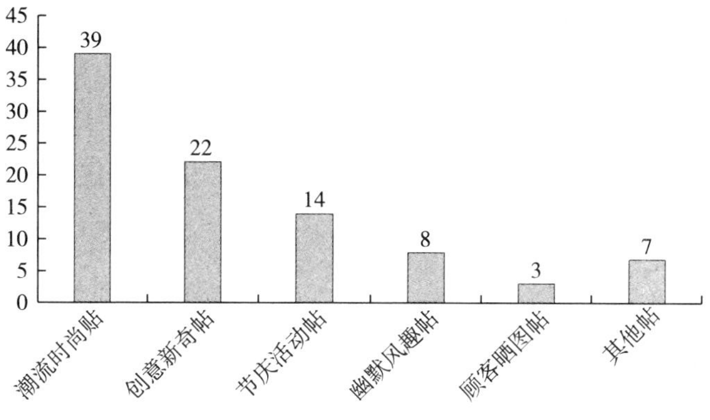

图 5-3 兰亭集势 Facebook 帖子类型分布

通常把顾客购买使用后晒出的图片和评语都公布出来，同时给予顾客最真诚的赞美和感谢，并让所有的粉丝都看到，其效果不言而喻。

此外，兰亭集势为了增加与粉丝的互动，还会时不时发些话题互动性帖子、激励性帖子、风景照帖子等，让粉丝感觉它不是一家商业化的企业，而像一个真实的人。兰亭集势还会不定时举办赠送礼券（Give Away Time）、限时闪购（Flash Sale）等活动吸引粉丝参与。

在 Twitter 上，兰亭集势主要是寻找一些网络红人进行合作，通过他们的展示和口碑进行产品推广，从而吸引他们的粉丝购买。另外，兰亭集势为了让千千万万的人逐渐熟知自己并最终成为自己的粉丝，通常第一时间对名人发布的“推文”进行评论。

在 Pinterest 和 Instagram 上，兰亭集势主要是利用图片做了许多广告。有一次，兰亭集势贴出一组耳饰图片，在短短 8 小时内引来了 1 072 个点赞和 114 条评论，而且从评论中可以看出这些用户都具有比较强烈的购买欲望。

资料来源：作者收集整理。

第四节 电子邮件营销

一、电子邮件营销的概念和特点

电子邮件营销也被称为 EDM 营销（Email Direct Marketing），即企业通过电子邮件建立同目标客户的沟通渠道，向其直接传达相关信息，用来促进销售。不过由于垃圾邮件已成为互联网世界中的一大毒瘤，所以为了与垃圾邮件区别，一些学者认为电子邮件营销应该是建立在目标客户“许可”的基础上的，即许可电子邮件营销。基于用户许可的电子邮件营销与滥发邮件（Spam）不同，比如可以减少广告对用户的滋扰、增加潜在客户定位的准确度、增强与客户的关系、提高品牌忠诚度等。

在跨境电子商务中，电子邮件营销是一种常用的营销方式，主要是因为其具有以下优点。

首先，电子邮件营销的成本较低。一些电子邮件营销商提供的电子邮件广告的价格为每个邮箱地址发送一次0.1~0.2元，大量发送价格甚至可以低至0.01~0.03元。至于企业自行发送电子邮件，成本则会更低一些。

其次，效率高，营销周期短。根据发送邮件数量的多少，需要几秒钟到几小时完成发送，同样，无法送达的邮件也可以立即退回或者在几天之内全部退回，一个营销周期可以在几天内全部完成。

再次，营销信息丰富全面。在邮件中，不仅可以使用简单的文本，图片、动画、音频、视频、超级链接都可以得到体现，传递给客户的信息丰富多样，能够充分吸引客户的注意力，加深其对企业或产品的认识。

另外，邮件营销针对性强。可以有针对性地向潜在客户发送电子邮件，属于“精准营销”，与其他媒体广告不加定位地投放广告相比，营销费用大大降低。

最后，便于营销效果监测。电子邮件营销可以根据需要监测若干评价营销效果的数据，如送达率、点击率、回应率等。

但是，目前跨境电子商务中的电子邮件营销也存在许多问题，尤其是出于过滤垃圾邮件等原因，一些邮件会遭到屏蔽，垃圾邮件也影响客户对于电子邮件信息的信任度，使得电子邮件营销的回复率逐年在降低，另外客户邮件地址经常更换也会造成信息无法有效送达，退信率上升。

二、开展电子邮件营销的流程

跨境电子商务企业开展电子邮件营销的简单流程基本如下。

首先，确定营销目标和目标群体。跨境电子商务企业需要根据自己的需求来确定自己计划通过电子邮件营销达到的目标，比如销售产品、提供服务或是为自己的网站带来流量等。同时也要调研企业的目标群体的总体特征。对于外贸领域而言，通常通过电子邮件要达到的目的是建立业务关系、推销企业产品以及维护客户关系。

其次，分析开展电子邮件营销的可行性。例如有没有相关的硬件、软件，有没有目标群体的邮件地址列表，有没有具备网络营销尤其是电子邮件营销知识的人员等。

再次，获取目标群体邮件地址列表，对电子邮件内容进行设计。获取邮件地址列表一般可以通过自己收集整理和向专业邮件服务商购买两种，可以根据跨境电子商务企业的情况决定如何获得。再者要对邮件内容进行细致的设计，需要传达什么样的信息、用什么方式传达（纯文本还是 HTML 格式）等，都要根据不同的目标群体有针对性地设计。

最后，根据计划向潜在国外用户发送电子邮件信息，并且及时对电子邮件营销活动的效果进行分析总结。

三、跨境电子商务电子邮件营销应注意的问题

（一）注意邮件字体、颜色等样式

切勿在对外邮件中使用中文的宋体、仿宋、黑体等字体，如果使用中文字体，对方收到后可能会显示乱码。英文邮件宜用 utf-8 编码，字体用 Verdana，Arial，Helvetica，sans-serif 等。外国人崇尚个性、简洁，最喜欢的颜色是黑色（很多外国客商更倾向于使用有灰度的黑色，并非纯黑）、蓝色或是青色等冷色调颜色，需要突出的内容喜欢用红色、黄色、紫色等暖色调颜色。另外，外国人喜欢用小字号，一般控制在 8 号到 14 号左右。重要的内容可以用粗体或者用大写，但不要通篇使用大写字母。两段中间要空一行，这样可以方便阅读。如果正文涉及的事情比较复杂、繁多，可以用类似 1、2、3、4 的序列号分段列明。

（二）正确使用签名

签名文件的意义，就像常规信笺的信头一样，可以明确发函人的身份、

联系方法。它也是一种重要的品牌营销资源，设计精巧的签名文件，会给收函人留下良好的印象。

（1）签名要简单、整齐，不要用特别的字符，内容保持在5行以内，通常包括联系人、部门、公司名称、联系方式、一句话广告语等，如果内容太多、太长，容易影响邮件正文的表达。不要放过多的公司广告信息，会适得其反。

（2）不同的邮件发送对象可以使用不同的签名，可以依据具体客户和产品、服务制定不同版本的签名，灵活使用。

（3）签名居左而不是居中或者居右。其原因在于字符大小在不同机器上的显示不一样，如果居中或者居右，整齐的排版就会变得凌乱。

（4）签名文件与邮件正文之间的距离不要太大。只需将二者的信息区分开来就行了，一般情况下为三行。

（5）外贸邮件签名中不要有中英文混排，最好不要有中文，否则格式容易混乱。

（三）附件的应用

尽量不要使用附件，但大的文件通常可以放到附件中，比如合同文本、形式发票、产品照片等。在外贸中经常使用word、excel、pdf格式的文档，注意版本不要太高，比如尽可能使用word2003，如果使用word2007，对方的word版本过低的话，可能接收后打不开。第一次联系客户时，除非客户在询盘中提出，最好不要主动附上图片，以免被删或被国外反垃圾邮件软件拦截。

（四）最佳邮件格式

邮件内容需要设计为一定的格式，常用的邮件格式包括纯文本格式、HTML格式和Rich Media格式，或者是这些格式的组合，如纯文本/HTML混合格式。一般来说，HTML格式和Rich Media格式的电子邮件比纯文本格式具有更好的视觉效果，从广告的角度来看，效果会更好，但同时也存在一定的问题，如文件字节数大（比如Rich Media格式），以及用户在客户端无法正常显示邮件内容等。哪种邮件格式更好，并没有绝对的结论，与邮件的内容和用户的阅读特点等因素有关。在外贸业务中，大部分情况下均使用纯文本格式，如果是问候或祝贺等情况（比如过圣诞节或祝贺升迁等），则可以使用

HTML 格式或 Rich Media 格式，这样效果更好。

（五）注意时效性

越早联系国外客户，国外客户回复的概率越大，所以，一定要尽量在第一时间联系国外客户。一般来讲当天回复肯定是必需的，但是回复的时间也可以讲求一点技巧。例如我们早上 9 点打开邮箱，有三封邮件，一封来自新西兰，一封来自英国，一封来自美国。我们应该选择马上回复新西兰的邮件，因为此时正是新西兰的下午 1 点，此时发送，可以保证客人在工作时间收到邮件。等下午 4 点发送邮件给英国客户，此时正是英国的早上 8 点，这时发过去，可以保证所发的邮件排到客户邮件列表的前几位（按照我们的习惯，都会优先打开最前面的邮件查看）。最后下午临下班时再发送给美国客户，如果邮箱有定时发送功能，可以设置在晚上 10 点。

在收到电子邮件的时候，要养成顺手回复的习惯，即使是"谢谢，来信已经收到"也会起到良好的沟通效果，通常电子邮件应该在一个工作日之内回复客户，如果碰到比较复杂的问题，要一段时间才能准确答复客户，也要简单回复一下，说明情况。实在没有时间回复，可以采用自动回复电子邮件的方式。可以想象，一个潜在客户给你发出了一封关于产品的询问邮件，他一定在急切地等待回音，如果等了两天还没有结果，他一定不会再有耐心等待下去，说不定早就成了你的竞争对手的客户。

（六）注意邮件主题和邮件内容的字词书写

群发邮件时，一定要注意邮件主题和邮件内容的字词书写，很多网站的邮件服务器为过滤垃圾邮件设置了常用垃圾字词过滤，如果邮件主题和邮件内容中包含有如"大量、宣传、钱、第一"等字词，服务器将会过滤掉该邮件，因此在书写邮件主题和内容时应尽量避开有垃圾字词嫌疑的文字和词语，才能顺利群发出邮件。

（七）尽量做到个性化

针对已有客户信息，分类整理客户资料，根据顾客过去的购买情况或合作情况，按照其具体消费习惯，为其制定个性化的信息。同时，顾客也更乐于接受个性化的信息，否则对方一看邮件根本与自己无关，很快就会把它当垃圾邮件删掉了，营销效果也达不到。

（八）适当控制发送频率

发送频率过高，会被对方认为是垃圾邮件，引起反感。多长时间发送一封邮件是比较合适，对这一问题没有硬性规定，通常情况下至少半个月到一个月一封，也有人认为每两到三个月一封就足够了，这样既不会对对方造成困扰，也会让对方记住。另外，比如西方过节的时候，贺卡的发送最好直接以图片方式插入到邮件里面，客户收到邮件时可以直接看到，如果有条件，可以自己制作贺卡，这样印象更深刻。

（九）尽量少采用抄送的方式发送邮件

简单讲，“抄送”是在发送一封信时随带发出几封信。使用这种方式的优点在于可以发出更多邮件。最大的缺点是可能让邮件服务商将邮件识别为垃圾邮件，最终事倍功半。也尽量不要使用“暗送”的方式发送邮件，也有可能被视为垃圾邮件。

（十）测试

无论是创建还是更改签名文件，首先必须进行测试。方法是给自己不同的邮箱里发一封邮件，在不同的浏览器里看看效果，比如是否在邮件窗口的宽度之内、有无折行、文件中的链接是否正确、整体效果是否良好。

第五节　其他跨境网络营销方式

一、联盟营销

联盟营销（Affiliate Marketing，也被称为联署营销），英文名称有 affiliate program、referral program、associate program、profit sharing program、partners program 等，它是一种按效果付费的网络广告方式。联盟营销的当事人包括广告主、联盟会员和联盟营销平台。广告主按照网络广告的实际效果（如销售额、引导数等）向联盟会员支付合理的广告费用，节约营销开支，提高营销质量。联盟会员则通过网络联盟营销管理平台，选择合适的广告主并通过播放广告主广告提高收益，同时节约大量的网络广告销售费用，轻松地把网站访问量变成收益。网络联盟营销平台为联盟会员提供广告主的商品销售、会员注册等效果广告及值得信赖的第三方的用户访问跟踪、实时报告系统、佣金结算、营销等方面的服务，此外还包括网络营销的咨询、策划、创意、广告投放、效果监测等广泛的增值服务。

根据商家网站给联盟会员的回报支付方式，联盟网络营销可以分为三种形式。

（1）按点击数付费（Cost-Per-Click，CPC）。联盟网络营销管理系统记录每个客人在联盟会员网站上点击商家网站的文字或者图片链接（或者电子邮件链接）的次数，商家（Merchant）按每个点击多少钱的方式支付广告费。

（2）按引导数付费（Cost-Per-Lead，CPL；有的叫 CPA，Cost-Per-Acquisition）。访问者通过联盟会员的链接进入商家网站后，如果填写并提交了某个表单，管理系统就会产生一个对应给这个联盟会员的引导（Lead）记录，商家按引导记录数给联盟会员付费。

（3）按销售额付费（Cost-Per-Sale，CPS）。商家只在联盟会员的链接介绍的客人在商家网站上产生了实际的购买行为后（大多数是在线支付）才给联盟会员付费，一般是设定一个佣金比例（销售额的 3% 到 50% 不等）。

上面三种方式都属于按效果付费（Pay for Performance）的营销方式，无论对于商家还是联盟会员都是比较容易接受的。由于网站的自动化流程越来越完善，在线支付系统也越来越成熟，越来越多的联盟网络营销系统采用按销售额付费的方法。由于这种方法对商家来说是一种零风险的广告分销方式，商家也愿意设定比较高的佣金比例，这样就使得这种方式的营销系统被越来越多地采用。

联盟营销由亚马逊公司首创，它在 1996 年 7 月发起了一个“联合”行动，其基本形式是：一个网站注册为亚马逊的会员，然后在自己的网站上放置亚马逊的广告链接标志，其他访问者访问这个网站时点击这些标志并进入亚马逊网站购买某些产品，那么亚马逊会相应付给这个网站一定比例佣金。现在，很多网络公司都采用这种营销手段，比如谷歌、百度、亚马逊、淘宝、当当、eBay 等都有自己的网络联盟，联盟中大量的会员网站为其带来巨量的流量，从而创造出极大的效益。在外贸领域，联盟计划更加适用于 B2C 自建型网站（例如“兰亭集势”利用联盟计划进行推广，支付其联盟会员 8%～15%的销售佣金），某些外贸企业也借助第三方的联盟平台推广自己的信息展示型的网站。

专栏 5.5　速卖通海外联盟营销服务协议（部分）

海外联盟营销服务协议（“本协议”），由接受海外联盟营销服务（“营销服务”）的阿里巴巴全球速卖通平台（www.aliexpress.com，简称“速卖通”）注册卖家与于中国设立的阿里巴巴（中国）网络技术有限公司及于新加坡设立的 Alibaba.com Singapore E-Commerce Private Limited（合称“阿里巴巴”）共同缔结。

……

二、定义

2.1 海外营销联盟：指主要盈利模式或盈利模式之一为“基于成功销售而收取一定比例佣金”（Cost per Sale，“CPS”）的海外广告联盟，包括海外广告联盟平台（“联盟平台”）及在联盟平台注册的推广信息海外发布者（“海外发布者”）；

2.2 营销服务：即海外联盟营销服务，指对卖家推广的商品在海外实施推广的服务；

2.3 推广商品：指卖家发布于速卖通平台，设定为或申请通过营销服务进行推广，并符合速卖通推广要求的商品信息；

2.4 成功销售：推广商品通过营销服务达成交易后，物流记录显示妥投且买家确认付款（或阿里巴巴认为可视为成功交易的其他情形），即为成功销售。

2.5 成功销售额：成功销售商品的交易金额，不包含运输费用、买家确认付款前的退款或其他第三方向卖家收取的相关费用（阿里巴巴对营销服务另有规定的除外）；

2.6 佣金：成功销售额中，阿里巴巴收取的根据卖家事先设定的比例计算的推广费用，金额一般等同于阿里巴巴仅就海外发布者的推广服务支付的成本；

……

五、费用及支付

5.1 对于投放带来的“成功销售额”，卖家应向阿里巴巴按事先设定的佣金比例支付佣金；

5.2 卖家确认，成功销售额及佣金之数据以阿里巴巴及海外营销联盟之记录为准；

5.3 卖家同意，如成功交易后发生退货、换货、退款或任何纠纷，相关佣金均不予退还；

5.4 如因任何原因导致佣金未能足额支付，卖家授权阿里巴巴或其关联公司从卖家其他交易款项或卖家已缴纳任何形式之保证金中扣除，且阿里巴巴有权终止或中止提供营销服务；

5.5 卖家确认，对于海外营销联盟的投放费用，阿里巴巴实际已对佣金之外的部分做出补贴，包括但不限于联盟平台收取的技术服务费、佣金提成等；但是，阿里巴巴有权随时部分或全部取消补贴，和/或向卖家收取技术服务费、佣金提成，如卖家不同意支付此等费用，则阿里巴巴有权终止或中止卖家使用营销服务之资格；

5.6 除佣金外，阿里巴巴对本协议项下提供的其他服务不向卖家收取服务费，但阿里巴巴保留对该等服务收费的权利，如卖家不同意收费或收费相关条件，则阿里巴巴有权终止或中止卖家使用营销服务之资格。

资料来源：速卖通 https://sell.aliexpress.com/pc/agreement1.htm.

二、资源合作营销

每个企业网站均可以拥有自己的资源，这种资源可以表现为一定的访问量、注册用户信息、有价值的内容和功能、网络广告空间等，企业网站可以利用网站的资源与合作伙伴开展合作，实现资源共享，共同扩大收益。资源合作的方法包括交换链接、交换广告、内容合作、用户资源合作等方式。

在这些资源合作形式中，交换链接是最简单的一种合作方式，也是新网站推广的有效方式之一，即分别在自己的网站上放置对方网站的 LOGO 或网站名称，并设置对方网站的超级链接，使得用户可以从合作网站中发现彼此的网站，达到互相推广的目的。交换链接的作用主要表现在几个方面：获得访问量、增加用户浏览时的印象、在搜索引擎排名中增加优势、通过合作网站的推荐增加访问者的可信度等（一般来说，每个网站都倾向于链接价值高的其他网站，因此获得其他网站的链接也就意味着获得了合作伙伴和一个领域内同类网站的认可）。外贸企业经常利用资源合作的方式推广自己的网站。它是一种比较常见的网络营销策略，但是效果似乎并不明显。

三、平台内营销

许多跨境 B2C 平台都在站内提供了很多的营销方法和工具，主要包括以下几种。

（一）平台内促销工具

比如速卖通的站内营销方法主要有直通车推广、联盟营销推广、关联营销、老客户邮件营销、限时限量折扣、全店铺折扣、满立减、优惠券等。亚马逊的站内营销方法主要有站内广告（CPC）、每日秒杀活动（lightning Deal）、节假日促销（Holiday Special）及关键字广告（Advertisement）等。跨境电子商务企业可以结合自身情况，选择相应的站内营销活动进行推广。

（二）平台内关键词优化

跨境电子商务卖家非常重视产品在平台上的搜索排名结果。如同搜索引擎优化一样，卖家也需要对产品不断优化。其中关键词优化是重要的一项，只有不断地筛选表现好的关键词，不断地对产品做优化，才能不断地提升转化率，只有关键词表现好才会随着时间不断地积累权重。

在跨境电子商务中，筛选关键词的同时，应注意到目标用户的用词习惯，例如，用户在搜索“长裙”时，使用到的词可能是“long dress”“dress long”“floor-length dress”“floor length dress”等。这些具备较高搜索热度，并且竞争度较低的词，是非常有价值的。而相比之下，“ankle dress”“floor dress”这些并不太符合用户用词习惯的词组，对应的是更低的搜索热度。当然，在实际的优化过程中，可以借鉴相关的关键词工具来辅助判断。

（三）评论营销策略

无论在哪一个平台进行销售，评论都是至关重要的。大部分买家在购物之前都会仔细阅读评论，通过评论判断商品的质量、适用性及耐久性。越是详尽、正面的评论，越能促成买家的购买。特别是对于存在文化差异和思维差异，在产品描述上难以做到语言专业化、地道化的中国卖家来说，买家详尽的评论能更好地对产品进行补充说明，帮助其他买家增进对产品的了解，从而促进产品的销售。

亚马逊在评论营销上有一个测评人机制。卖家可以将产品寄送给专业测评人，测评人会根据产品本身情况将使用心得发表在产品评价一栏上。亚马逊买家对于测评人评价结果相当信赖，如果能得到测评人的正面评论，基本上可以保证产品畅销无阻。

思考与实训

1. 跨境网络营销和国内网络营销有什么异同？
2. 使用搜索引擎营销的时候，你会选择谷歌还是百度，为什么？
3. 你使用了哪些社会化媒体，找出几个例子来说明什么是社会化媒体营销。
4. 在跨境电子商务中，电子邮件营销应注意哪些问题？
5. 你认为本章介绍的这些营销方式中，哪种是最有效的，为什么？

第六章　出口跨境电子商务与跨境物流

物流作为跨境电子商务交易的核心环节对服务质量和客户体验起着至关重要的作用，诸如物流运输作业质量、运输时效性、货物安全性、运输成本、信息以及消费者满意度等方面都对服务质量和客户体验有重要影响。当然，物流服务的质量直接影响着跨境电子商务的发展，两者之间具有相辅相成的关系。在实践中，B2B 跨境电子商务模式下货物运输还主要依靠海洋运输、国际铁路运输、国际航空运输以及国际多式联运等运输方式。但是在出口跨境零售 B2C 模式下，商品主要通过万国邮政联盟、国际商业快递、跨境专线物流以及相关第三方物流、第四方物流进行运输。近年来，随着我国跨境电子商务快速发展，跨境物流海外仓数量迅猛增长。所谓海外仓，指在进口国国内设置的存放货物的仓库，出口卖家在海外客户下订单之前就将货物运至海外仓，在客户下单后，由海外仓直接实现本地发货配送。利用海外仓模式，跨境电子商务出口企业可以更好地为海外客户提供本土化增值服务，不仅有利于海外市场的拓展，而且能够缩短订单周期，降低物流成本，从而有效提升客户购物体验，提高客户消费黏性，因此是跨境电子商务物流未来发展的一个重要趋势。

学习目标

了解内容：跨境物流的概念、跨境电子商务物流的概念、边境仓的概念、第三方物流、第四方物流、海外仓的类型和使用

理解内容：跨境电子商务与跨境物流的关系，出口跨境物流企业类型、海外仓的概念和优劣势、常存放在海外仓的货物种类

掌握内容：B2B 跨境电子商务模式下常用的物流方式、万国邮政联盟、国际商业快递、跨境专线物流的特点

关键术语

跨境物流、跨境电子商务物流、海洋运输、国际铁路运输、国际航空运输、国际多式联运、万国邮政联盟、国际商业快递、跨境专线物流、第三方物流、第四方物流、海外仓、边境仓

第一节 跨境电子商务与跨境物流概述

一、跨境物流与跨境电子商务物流

根据国家标准《物流术语》（GB/T 18354—2006），物流被定义为“物品从供应地向接收地的实体流动过程，根据实际需要，将运输、储存、装卸、搬运、包装、流通加工、配送、回收、信息处理等基本功能实施有机结合”。按照商品从供应商向消费者流通的路径，进而形成一条物流链。

跨境物流则是指当生产消费分别在两个或在两个以上的国家（或地区）独立进行时，为了克服生产和消费之间的空间间隔和时间差异，对货物（商品）进行物流性移动，从而完成国际商品交易这一最终目的的一项国际商品或交流活动。跨境物流会涉及揽收货物、出口国境内物流、出口国清关、国际物流、进口国清关、进口国物流等，其作业环节会涉及接单、收货、仓储、分类、编码、理货、分拣、转运、包装、贴标、装卸以及商检、国际结算、报关、纳税、售后服务、退换货物流等，整个物流链及作业环节会涉及多个国家或地区、多家物流企业。

与国内传统物流相比，跨境物流最为突出的一个特征就是增加了输出国（地区）海关与商检、输入国（地区）海关与商检环节。不同国家（地区）的清关与商检工作存在着标准、要求与流程不同的问题，而且整个过程涉及海关、银行、工商、税务等多个部门的综合性工作，增加了跨境物流的复杂性与风险性。

从跨境电子商务的角度看，跨境电子商务物流是指位于不同国家或地区的交易主体通过电子商务平台达成交易并进行支付清算后，通过跨境物流送达商品进

而完成交易的一种商务活动。跨境电子商务物流不仅包括从商品供应所需的集货、包装、入库、储存到商品实现跨境空间位移的运输、分拣、转运、配送等，而且包括进出口海关与商检等环节，不可控因素很多，因此过程非常漫长，普通跨境物流送达时间多在 15 ~60 天，某些特殊国家或地区甚至长达 90 天。

另外，由于跨境物流线路较长，中转过程中运输颠簸和碰撞，以及操作不规范或暴力分拣，会造成商品丢失、包装破损、包裹投递延迟、配送地址错误等许多问题。除此之外，产品被海关查扣、未通过航空安检、罢工或战争以及恶劣天气等不可抗力造成的运送延误等情况也时有发生，给买卖双方造成较大损失。

二、跨境电子商务与跨境物流的关系

跨境电子商务与跨境物流虽隶属于两个不同范畴，但跨境电子商务的快速发展离不开跨境物流的支持，两者密不可分。一个完整的跨境电子商务贸易需要二者配合，相互合作，一起发挥协同效应才能完成。跨境物流的发展为跨境电子商务的发展奠定了基础，跨境电子商务的发展也为跨境物流产业的进一步发展提供了动力，两者的关系如图 6 – 1 所示。

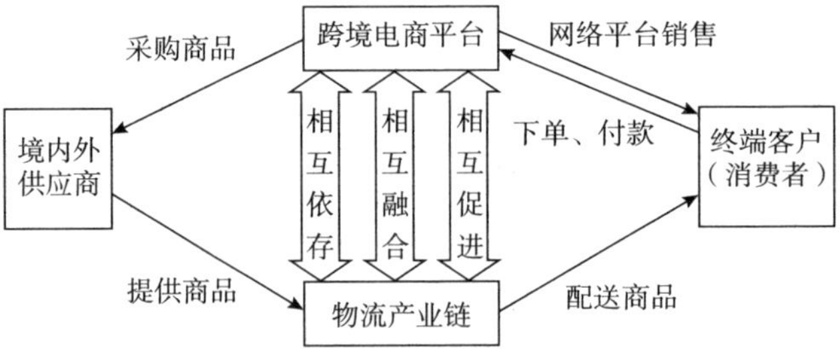

图 6 – 1　跨境电子商务与跨境物流的关系

首先，跨境物流是跨境电子商务的基础之一，跨境物流为跨境电子商务提供物流服务，才使得商品或资源能跨越关境在全球范围内进行配置，离开了物流的跨境电子商务没有办法进行真正的商品贸易。跨境电子商务交易主体突破了关境的限制，在商品流通上体现为地理空间位移突破了国家（地区）地理边界的限制，从卖方所在地通过跨境物流流通到买家所在地。根据商品从供应商到商品买家的地理空间流向，商品的地理空间流动包括商品从供应商流向卖家，卖家确保商品通过输出国（地区）海关环节流出卖家所在国（地区），并以国际货运或其他物流模式实现商品的长途跨境运输，进而通过输入国（地区）海关与商检环节流入买家所在国（地区），最后在商品买家所在国（地区）境内实现物流与配送活动。当商品退换货出现时，还会发生从商品买家流向商品供应商的逆向商品流动。

同时，物流产业链也对跨境电子商务的发展具有推动力，物流是跨境电子商务活动中的一环，物流信息化、集成化和移动化的进一步发展，都能有效地降低成本，提升跨境电子商务的消费体验。同时，随着跨境物流产业链向着全球化进一步发展，跨境物流具备了整合全球跨境贸易的物流服务资源，并建立全球物流服务网络为跨境电子商务提供物流服务的可能性。

其次，虽然跨境物流在没有跨境电子商务时已经存在，但与跨境电子商务的融合，为其注入现代科技和互联网思维，有助于跨境物流产业实现现代化。一是跨境电子商务发展迅猛，在客观上加大了对跨境物流产业现代化、专业化的要求；二是跨境电子商务的发展促进跨境物流信息化、网络化、电子化、智能化，包括信息网络和物流网络扩大到了全球范围。

最后，跨境电子商务与物流产业有着明确的技术边界、产品边界、业务边界和市场边界，但从另一个方面讲它们的边界又存在模糊性，跨境电子商务中有专门建立自营物流体系的，并将该物流体系囊括在跨境电子商务业务体系中，即跨境电子商务与物流产业在其业务与商业模式上存在着重合部分。比如阿里巴巴的菜鸟国际物流（http：//global. cainiao. com/）、兰亭集势的兰亭智通云物流（https：//zhitong. litb. cn）、Wish 邮（https：//wishpost. wish. com/）等。在融合前跨境电子商务与物流产业彼此独立，各自客户不同，甚至跨境电子商务是物流企业的客户，而融合后二者共同面对终端消费者，为其提供物流、信息、交易等多种服务。

专栏 6.1　亚马逊搭建自己的物流帝国

根据美国联邦海事委员会（Federal Maritime Commission）消息，亚马逊中国注册了一家海运业务代理商，负责将中国的商品运输至美国的仓库，这项申请于 2016 年 11 月就获得了批准。根据海洋审计（Ocean Audit）整理的文件数据，亚马逊从2016年10月起，已经从中国的港口运输了至少150个集装箱。这一举动意味着中国的商家可以直接通过亚马逊将产品运至美国，并且通过平台出售给美国消费者，从而让亚马逊对于中国商家生产的商品有更大的控制权。

亚马逊的这一局棋将带来什么？首先，亚马逊将正式构建属于自己的海陆空三位一体的全方位物流体系，如此一来它将成为全球为数不多的具有海陆空物流运输能力的企业，不仅可以降低自身的物流成本，待其全方位的物流体系向全社会开放后，亚马逊将来将不仅仅运送来自亚马逊上的订单，也将帮助其他零售商和消费者投递商品，有望成为联合包裹速递服务公司（UPS）和联邦快递（Fedex）的直接竞争对手，与其争夺客户资源。

其次，这将极大地促进跨境电子商务的发展，以及亚马逊在海外的事业拓展，尤其是中国市场。近年来，随着海外购物的兴起，跨境物流运输的比例与日俱增，以2016年的"黑色星期五"为例，据FedEx统计，从"黑色星期五"到圣诞节前夜，其全球货运量增长了12.4%，达到3.17亿件。如此巨大的货运压力，如果没有完善的跨境物流体系的支撑势必会影响购物体验，降低消费者的积极性，而亚马逊在此时选择建立自己的空运中心，显然是看到了这一未来的发展趋势。

在物流运输需求量越来越大的情况下，谁掌握了物流市场的主动，谁就能降低成本、扩大利润。而此次亚马逊花大力气搭建海陆空于一体、全方位的物流体系，虽然短期内是巨大的资金消耗，但是强大的大数据和云计算支持，再加上亚马逊本就擅长的智能化的物流管理体系，从长期来看这绝对是稳赚不赔的买卖。

资料来源：改编自《投资15亿美元，亚马逊的物流帝国真要建成了?》，http://www.sohu.com/a/125949186_212861.

三、出口跨境物流企业类型

跨境电子商务的发展推动着跨境物流的发展，诸多行业与企业尝试涉足跨境物流业务，促进了跨境物流市场的繁荣。通过对近几年跨境物流企业发展的分析，其类型可以归为以下几类。

（1）传统零售企业通过发展跨境电子商务业务，自有的业务量足以支撑跨境物流的需求，纷纷成立跨境物流网络，代表企业有沃尔玛、家得宝、Cdiscount 等；

（2）传统交通运输业、邮政业的企业顺应跨境电子商务市场的需求，纷纷增加跨境物流业务，代表企业有中国远洋运输总公司、中国国际海运集装箱股份有限公司、马士基集团、万国邮政体系等；

（3）大型制造企业或传统行业的大型企业凭借原有的隶属于集团的物流公司或物流职能部门，开始涉足跨境物流业务，代表企业有海尔物流、安得物流等；

（4）传统电子商务企业随着跨境电子商务业务的增长，跨境物流的需求日益增多，在国内市场自建了物流体系，并尝到自建物流带来的优势，随之将其扩大到跨境物流市场，自建跨境物流网络，代表企业有京东物流、阿里巴巴的菜鸟物流、兰亭集势的兰亭智通等；

（5）传统快递企业不愿错失跨境物流市场，纷纷切入跨境物流业务，代表企业有 UPS、Fedex、顺丰物流、申通物流、美国西部邮递驿站系统（Pony Express）、阿根廷海外速运服务公司（OCA Argentina）等；

（6）新兴的跨境物流企业，成立之初就专注于跨境物流市场，代表企业有俄速通、中俄快递（SPSR）、Intelipost、Axado、Loggi、递四方、出口易等。

第二节　出口 B2B 跨境电子商务模式下的物流

在 B2B 跨境电子商务模式下，单次交易一般金额较大，数量较多，重量较重，对运输时效不十分敏感，而对运输成本较为敏感。这种情况下，大多使用传统的海洋、铁路、航空运输等方式。在 B2C 的某些情况下，这些传统的运输方式也经常被使用，例如卖家通过海洋、铁路、航空等运输方式先将货物大批运往境外仓库，然后在本地仓库再寄送给当地 C 端消费者。

一、海洋运输

海洋运输是国际商品交换中最重要的运输方式之一，货物运输量占全部国际货物运输量的比例大约在 80% 以上。海洋运输借助天然航道进行，不受道路、轨道的限制，通过能力强。随着国际航运业的发展，现代化的造船技术日益精湛，船舶日趋大型化，载运量大，使用时间长，运输里程远，单位运输成本较低，为低值大宗货物的运输提供了有利条件。但是海洋运输速度慢、易受自然条件和气候的影响，风险较大。

海上运输主要分为班轮运输和租船运输两大类。班轮运输是指轮船公司将船舶按事先制定的船期表，在特定海上航线的若干个固定挂靠的港口之间，定期为非特定的众多货主提供货物运输服务，并按事先公布的费率或协议费率收取运费的一种船舶经营方式。班轮运输具有“四定一负责”的特点，即航线、停靠港口、船期、运费率固定，承运的轮船公司负责装卸货物。由于“四固定”的特点，时间有保证，运价固定，手续简单，为贸易双方洽谈价格和装运条件提供了方便，多用于一般杂货和不足整船的贸易货物的运输。由于跨境电子商务中交易频次最高的还是零散杂货，所以一般以班轮运输作为主要的运输方式。

租船运输是指租船人向船东租赁船舶用于货物运输的一种方式，通常适用于大宗货物运输。有关航线和港口、运输货物的种类以及航行的时间等，都按照承租人的要求，由船舶所有人确认。租船人与出租人之间的权利义务以双方签订的租船合同为准。

二、国际铁路运输

在国际贸易中国际铁路运输是仅次于海运的一种主要运输方式。其最大的优势是运量较大，速度较快，运输风险小于海洋运输，能常年保持准点运营等。我国传统的国际铁路运线有两条：一条是利用俄罗斯的西伯利亚大陆桥贯通中东、欧洲各国；另一条是由江苏连云港经新疆与哈萨克斯坦铁路连接，贯通俄罗斯、波兰、德国至荷兰的鹿特丹，后者称为新亚欧大陆桥，运程比海运缩短 9 000 千米，比经由西伯利亚大陆桥缩短 3 000 千米。

目前，我国主要打造中欧班列和中亚班列国际铁路运输线路（如表 6 - 1）。中欧班列（英文名称 CHINARAILWAY Express，缩写 CRexpress）是由中国铁路总公司组织，按照固定车次、线路、班期和全程运行时刻开行，是运行于中国与欧洲以及“一带一路”沿线国家间的集装箱铁路国际联运列车。目前中欧班列铺划有西、中、东 3 条通道：西部通道由我国中西部经阿拉山口（霍尔果斯）出境，中部通道由我国华北地区经二连浩特出境，东部通道由我国东南部沿海地区经满洲里（绥芬河）出境。2017 年中欧班列全年开行 3 673列，同比增长 116%，超过此前 6 年的总和。目前，国内开行城市 38 个，到达欧洲 13 个国家 36 个城市，较 2016 年新增 5 个国家 23 个城市，铺划运行线路达 61 条；运行效率也有提升，铺划了时速 120 千米中欧班列专用运行线，全程运行时间从开行初期的 20 天以上逐步缩短至 12 ~ 14 天；运行成本不断降低，整体运输费用较开行初期下降约 40%。

中亚班列是指自中国或经中国发往中亚五国以及西亚、南亚等地区的快速集装箱直达班列。目前中亚班列口岸有 5 个，分别是连接中亚、西亚的阿拉山口、霍尔果斯口岸，连接蒙古的二连浩特口岸，以及连接南亚的山腰、凭祥口岸。中亚班列货物主要分为两类：一类是中国的进出口货物（反向亦然），另一类是经日本、韩国、东南亚等国或地区过境中国的过境货物（反向亦然）。

相对于海洋运输，中欧、中亚班列运距短、速度快、安全性高、受自然环境影响小。例如，货物从大连通过海运到荷兰鹿特丹等欧洲城市至少要 40 多天，而通过中欧班列，经满洲里出境，只需 18 天左右便可抵达；如果从威海至德国杜伊斯堡，经阿拉山口出境，全程 1.1 万千米，单程运行只需 15 天，运行时间比海运节省了一半。

相对于航空运输，中欧、中亚班列单次运载量大，一般而言，中欧、中亚班列可以满载 50 个 40 英尺集装箱，而最大的民用货机伊尔 76 最大载重量 52 吨，合计不足 3 个 40 英尺集装箱。另外，中欧班列运输费用也更加便宜，比空运减少 80%。

表 6－1　中欧班列与中亚班列

序号	班列名称	说明
1	中欧班列 重庆－杜伊斯堡	从中国重庆团结村站始发，由阿拉山口出境，途经哈萨克斯坦、俄罗斯、白罗斯、波兰至德国杜伊斯堡站，全程约 11 000 千米，运行时间约 15 天。开行时间：2011 年 3 月 19 日。
2	中欧班列 成都－罗兹	从中国成都城厢站始发，由阿拉山口出境，途经哈萨克斯坦、俄罗斯、白罗斯，至波兰罗兹站，全程 9 965 千米，运行时间约 14 天。开行时间：2013 年 4 月 26 日。
3	中欧班列 郑州－汉堡	从中国郑州圃田站始发，由阿拉山口出境，途经哈萨克斯坦、俄罗斯、白罗斯、波兰至德国汉堡站，全程 10 245 千米，运行时间约 15 天。开行时间：2013 年 7 月 18 日。

续表

序号	班列名称	说明
4	中欧班列 苏州－华沙	从中国苏州始发，由满洲里出境，途经俄罗斯、白罗斯至波兰华沙站，全程 11 200 千米，运行时间约 15 天。开行时间：2013 年 9 月 29 日。
5	中欧班列 武汉－捷克、波兰	从中国武汉吴家山站始发，由阿拉山口出境，途经哈萨克斯坦、俄罗斯、白罗斯到达波兰、捷克、斯洛伐克等国家的相关城市，全程 10 700 千米，运行时间约 15 天。开行时间：2012 年 10 月 24 日。
6	中欧班列 长沙－杜伊斯堡	从中国长沙霞凝货场始发，具体实行“一主两辅”运行路线。“一主”为长沙至德国杜伊斯堡，通过新疆阿拉山口出境，途经哈萨克斯坦、俄罗斯、白罗斯、波兰、德国，全程 11 808 千米，运行时间 18 天，2012 年 10 月 30 日首发。“两辅”一条是经新疆阿拉山口霍尔果斯出境，最终抵达乌兹别克斯坦的塔什干，全程6 146千米，运行时间 11 天；“两辅”另一条经二连浩特（或满洲里）出境后，到达俄罗斯莫斯科，全程 8 047 千米（或10 090千米），运行时间 13 天（或 15 天）。开行时间：2012 年 10 月 30 日。
7	中欧班列 义乌－马德里	从中国义乌西站到西班牙马德里，通过新疆阿拉山口口岸出境，途经哈萨克斯坦、俄罗斯、白罗斯、波兰、德国、法国至西班牙马德里，全程 13 052 千米，运行时间约 21 天。开行时间：2014 年 11 月 18 日。
8	中欧班列 哈尔滨－俄罗斯	全程运行 6 578 千米，经滨洲铁路 1 004 千米到达满洲里口岸站出境，再经俄罗斯西伯利亚大铁路 5 574 千米到达比克良站。开行时间：2015 年 2 月 28 日。
9	中欧班列 哈尔滨－汉堡	东起中国哈尔滨，从满洲里出境、俄罗斯后贝加尔到赤塔，转入俄西伯利亚大铁路，经俄罗斯的叶卡捷琳堡和莫斯科到波兰的马拉舍维奇至终点德国汉堡，全程 9 820 千米。开行时间：2015 年 5 月 25 日。
10	中欧班列 保定－白罗斯 明斯克	从中国保定始发，由满洲里口岸出境，途经俄罗斯，最后抵达白罗斯明斯克，全程约 9 500 千米，用时 12～14 天左右。开行时间：2016 年 4 月 26 日。

续表

序号	班列名称	说明
11	中欧班列 西宁－安特卫普	从中国青海省西宁市双寨铁路物流中心发出，前往位于比利时的欧洲第二大集装箱港口安特卫普，运行全程约12天。开行时间：2016年9月8日。
12	中欧班列 广州－莫斯科	从中国广州大朗站始发，由满洲里出境，直达俄罗斯莫斯科。全程11 500千米，用时15天。开行时间：2016年8月29日。
13	中欧班列 青岛－莫斯科	从中国青岛多式联运海关监管中心出发，经满洲里口岸出境，直达俄罗斯莫斯科。班列全程7 900千米，运行时间约22天。开行时间：2017年6月24日。
14	中欧班列 长春－汉堡	途经俄罗斯、白罗斯、波兰、比利时、德国等欧洲国家的多个城市，全程用时约12～15天。开行时间：2017年10月13日。
15	中亚班列 连云港－塔什干	从中国连云港港口站始发，由霍尔果斯出境，途经哈萨克斯坦，至乌兹别克斯坦塔什干州等三站，全程约5 500千米，运行时间约7天。
16	中亚班列 西安－阿拉木图	从中国西安新筑站始发，由阿拉山口出境，至哈萨克斯坦阿拉木图站，全程3 860千米，运行时间约8天。

中欧班列正在发展国际邮件业务，2016年公布的《中欧班列建设发展规划（2016—2020年）》提出了“到2020年实现国际邮件业务常态化开展”的目标，设计了中欧班列5条邮件运输线路，并确定了在哈尔滨、郑州、重庆、乌鲁木齐、苏州分设5个中欧班列邮件运输始发站。同时，规划中还提出要推行国际邮件“属地查验、口岸验放”模式，设立若干国际邮件铁路口岸重点交换站，加快推进中欧班列进出口国际邮件相关工作等。自2015年11月苏满欧、2016年9月渝新欧开始，中欧班列邮件运输已进行十几次测试。根据以往积累的数据经验，在平均时长方面，4 000～8 000千米（如重庆至哈萨克斯坦，哈尔滨至莫斯科等）的平均运输时间为6～9天；超过10 000千米（例如苏州至莫斯科，重庆至杜伊斯堡等）的平均运输时间约为15天。在正常条件下，加上两端的收寄和投递环节，中欧班列在沿线国家基本可以实现2～3周的快件“门到门”服务。中欧班列如果能够实现国际邮件业务的投寄，必将大大促进我国出口跨境电子商务的发展。

三、国际航空运输

航空运输与海洋运输、铁路运输相比，具有运输速度快，货运质量高，且不受地面条件的限制等优点。跨境电子商务将原有海运的集装箱批量贸易订单，拆散为高频次的零散式的碎片化小额贸易订单，越来越多的出口货物以航空包裹的形式呈现。这种变化一方面导致了国际海运业务的整体低迷，另一方面给国际航空运输业带来重大的发展机遇，尤其是目前受益于跨境电子商务而蓬勃发展的全球邮政系统和商业快递系统的物流，绝大部分都是通过航空运输来完成的。

国际航空主要有以下运输方式。

（一）班机运输

班机运输是指具有固定开航时间、航线和停靠航站的飞机。由于班机运输有固定的航线、挂靠港、固定的航期，并在一定时间内有相对固定的收费标准，对进出口商来讲可以在贸易合同签署之前预期货物的起运和到达时间，核算运费成本，合同的履行也较有保障，因此成为多数贸易商的首选航空货运形式。

按照业务的对象不同，班机运输可分为客运航班和货运航班。顾名思义，后者只承揽货物运输，大多使用全货机。由于国际贸易中航空运输所承运的货量有限，所以货运航班只是由某些规模较大的专门的航空货运公司或一些业务范围较广的综合性航空公司在货运量较为集中的航线开辟。对于客运航班，一般航空公司通常采用客货混合型飞机，在搭乘旅客的同时也承揽小批量货物的运输。

（二）包机运输

包机运输是指航空公司按照约定的条件和费率，将整架飞机租给一个或若干个包机人（包机人指发货人或航空货运代理公司），从一个或几个航空港装运货物至指定目的地。包机运输适合于大宗货物运输，费率低于班机，但运送时间比班机要长些。由于班机运输形式下货物舱位常常有限，因此当货物较多时，包机运输就成为重要方式。

包机运输方式可分为整架包机和部分包机两种形式。所谓整架包机是指航空公司或包机代理公司按照合同中双方事先约定的条件和运价将整架飞机租给租机人，从一个或几个航空港装运货物至指定目的地的运输方式。部分包机则是指由几家航空货运代理公司或发货人联合包租一架飞机，或者是由包机公司把一架飞机的舱位分别卖给几家航空货运代理公司的货物运输形式。相对而言部分包机适合于运送一吨以上但货量不足整机的货物，在这种形式下货物运费较班机运输低，但由于需要等待其他货主备妥货物，因此运送时间要长。

（三）集中托运

集中托运是指航空货运代理公司将若干批单独发运的货物集中成一批向航空公司办理托运（可以采用班机或包机运输方式），填写一份总运单送至同一目的地，然后由其委托的当地代理人分发给各个实际收货人。航空货运代理公司的集中托运运价一般都低于航空公司的运价，发货人可得到低于航空公司的运价，从而节省费用。另外，航空货运代理公司将货物集中托运，可使货物到达航空公司到达地点以外的地方，延伸了航空公司的服务，方便了货主。

四、国际多式联运

《联合国国际货物多式联运公约》对国际多式联运所下的定义是：按照国际多式联运合同，以至少两种不同的运输方式，由多式联运经营人把货物从一国（地区）境内接管地点运至另一国（地区）境内指定交付地点的货物运输。就其组织方式和体制来说，基本上可分为协作式多式联运和衔接式多式联运两大类。协作式多式联运是指有两种或两种以上运输方式的运输企业，按照统一的规章或商定的协议，共同将货物从接管货物的地点运到指定交付货物的地点的运输。衔接式多式联运是指由一个多式联运企业（以下称多式联运经营人）综合组织两种或两种以上运输方式的运输企业，将货物从接管货物的地点运到指定交付货物的地点的运输。

国际多式联运通常是采用规格统一的集装箱运输，实行一票到底，即发货人只要签订一份运输合同，支付一次费用，通过一次检查，办理一次保险就可以完成全过程的运输，这大大方便了各国的贸易联通速度和效率，是一种高效快速的物流方式，有助于提升买家跨境购物的体验。

在跨境电子商务发展的大背景下，传统的国际多式联运服务体系已经不适应形势的发展要求，如今的国际多式联运不是几种运输方式的简单组合，更不是单一的运输服务，而是打造综合的、智慧的、要素集成的现代综合物流服务体系，统筹解决运输服务、商贸服务和监管服务问题，打通关务、运输、仓储、交易等多要素多环节多节点的障碍壁垒，这样才能使各国消费者快速、安全、低成本地享受高效的现代物流服务。

第三节 出口跨境零售电子商务（B2C）模式下的物流

一、万国邮政联盟

万国邮政联盟（Universal Postal Union，UPU），简称“万国邮联”或“邮联”，是商定国际邮政事务的国际组织。万国邮联自 1978 年 7 月 1 日起成为联合国一个关于国际邮政事务的专门机构，总部设在瑞士首都伯尔尼，其宗旨是组织和改善国际邮政业务，发展邮政方面的国际合作，以及在力所能及的范围内给予会员所要求的邮政技术援助。万国联盟的成员（2016 年年底已有 192 个）相互之间有一定的优惠政策，在法律规定的金额内可以享受免税政策，因此一定情况下是可以合法避税的。

跨境电子商务企业通过发件国（地区）当地的邮政来寄递，再通过邮政联盟，将货物寄到目的国（地区），再由目的国（地区）邮政清关派送。此种物流方式的清关手续简便，拥有以双边、多边合作为基础框架的世界邮政网络，具有其他快递物流公司无法比拟的网络优势，而且征税率较低，邮费比较便宜，已成为很多跨境电子商务企业进军海外市场的主要物流方式。但是邮政物流速度普遍较慢，而且丢件率较高。因此，该模式适用于食品、纺织品、日用品等体积小、重量轻、运费低、时效性要求不高的商品。

目前，中国邮政针对跨境电子商务专门推出了多种物流服务，主要包括以下几种。

（1）中国邮政平常小包 +（China Post Ordinary Small Packet Plus）：是中国邮政针对订单重量 2 千克以下小件物品推出的空邮产品，运送范围通达全球 214 个国家和地区。这种服务不需要挂号费，适合货值低、重量轻的物品。计算运费时有起重，30 克及以下的包裹按照 30 克的标准计算运费，30 克以上的包裹按照实际重量计算运费。在物流跟踪上，由中国邮政提供国内段收寄、封发、计划交航等信息，不提供国外段跟踪信息。部分集货仓发往某些国家不能提供这三个节点信息。

（2）中国邮政挂号小包（China Post Registered Air Mail）：是中国邮政针对 2kg 以下小件物品推出的空邮产品，每个包裹收取一定的挂号服务费（根据目的地不同，目前为 8 元、12 元、14 元等），每个单件包裹限重在 2 千克以内，运费根据包裹重量按克计费，1 克起重。它与“平常小包 +”最大的区别在于“中国邮政挂号小包”提供国内段收寄、封发、交航以及目的国妥投等信息。

（3）国际 EMS：EMS（即“Express Mail Service”）是邮政特快专递服务，国际 EMS（国际及台港澳地区特快专递）是中国邮政速递物流股份有限公司与全球 98 个国家和地区邮政合作开办的我国与其他国家、我国内地/大陆与台港澳地区间寄递特快专递邮件的一项服务，可为用户快速传递国际各类文件资料和物品，同时提供多种形式的邮件跟踪查询服务［与万国邮政联盟（UPU）查询系统链接，可实现 EMS 邮件的全球跟踪查询］。该业务与各国（地区）邮政、海关、航空等部门紧密合作，打通绿色便利邮寄通道。此外，邮政速递物流还提供代客包装、代客报关等一系列综合延伸服务。国际 EMS 物流速度较快，但是运费比较昂贵。

（4）e 邮宝：“e 邮宝”是中国邮政速递物流为适应国际电子商务轻小件物品寄递市场需要推出的跨境国际速递产品，该产品以 EMS 网络为主要发运渠道，出口至境外邮政后，通过目的国（地区）邮政轻小件网投递邮件（一般限重 2 千克）。它能提供跨境电子商务平台和跨境卖家便捷、稳定、优惠的物流轻小件服务。目前 e 邮宝业务已通达俄罗斯、美国、巴西、西班牙、法国、荷兰、英国、澳大利亚、加拿大、以色列等 35 个国家及地区。在运输时效上，正常情况下 7 ~ 10 个工作日到达目的地，俄罗斯，特殊情况下 15 ~ 20 个工作日到达目的地。

（5）国际 e 特快：国际 e 特快是为适应跨境电子商务寄递需求而设计的

一款高端跨境电子商务物流产品，在内部处理、转运清关、落地配送、跟踪查询、尺寸规格标准等各方面均有更高要求，目前开通了20余个国家，限重30千克。

除了中国邮政以外，新加坡邮政、马来西亚邮政、芬兰邮政、荷兰邮政、比利时邮政、巴西邮政等都通过在中国的合作伙伴开展业务。

二、国际商业快递

在跨国服务中，国际快递物流企业依靠其全球网络为客户提供高速高效的服务。此种物流模式下最快可提供48小时内送达的服务，且服务质量好，丢件概率低。然而，优质的服务伴随着昂贵的价格。一般只有在客户时效性要求很强的情况下，才使用国际商业快递来派送商品。目前，世界上四大商业快递巨头是DHL、TNT、Fedex和UPS。

DHL国际快递即中外运敦豪国际航空快递有限公司，是全球知名的邮递和物流集团Deutsche Post DHL旗下公司。DHL的业务遍布全球220个国家和地区，是全球国际化程度最高的公司之一。其提供专业的运输、物流服务，为全球最大的递送网络之一，通过覆盖全球220多个国家和地区的12余万个目的地（主要城市）的运输网络转运快件。DHL国际快递速度快，安全可靠，在美国和西欧有特别强的清关能力。

总部位于荷兰的TNT集团，为企业和个人提供快递和邮政服务，提供世界范围内的包裹、文件以及货运项目的安全准时运送服务。TNT快递在欧洲、中东、非洲、亚太和美洲地区运营航空和公路运输网络。在欧洲和亚洲可提供高效的递送网络，且通过在全球范围内扩大运营分布来优化物流网络。

Fedex即联邦快递，隶属于美国联邦快递集团，总部设于美国田纳西州。联邦快递为个人和企业提供涵盖运输、电子商务和商业运作等一系列的全面服务。作为一家国际性速递集团，提供隔夜快递、地面快递、重型货物运送、文件复印及物流服务。

联合包裹速递服务公司（United Parcel Service，UPS）于1907年作为一家信使公司成立于美国华盛顿州西雅图，目前成为世界上最大的快递承运商与包裹递送公司之一，每天都在世界上200多个国家和地区管理着物流、资金流与信息流。表6-2是UPS能够提供的快递服务类型。

表6-2　UPS提供的全球快递服务类型

服务	递送承诺	服务范畴	优点
1～3天			
UPS全球特快加急服务® UPS Worldwide Express Plus™	保证在早晨送达的货件： • 早晨8：00或8：30前送达美国主要城市 • 早晨8：30前送达加拿大 • 早晨9：00前送达亚洲主要城市、美国其他4 000多个城市和欧洲的主要商业中心 • 对于进口货件，保证在早晨9：30或11：00前将货件送达指定地区	送达美国、欧洲和亚洲主要城市	• 紧急货件的理想选择 • 优先处理 • 适用于UPS 10千克箱和UPS 25千克箱
UPS全球特快服务® UPS Worldwide Express™	保证在指定时间送达的货件： • 早晨10：30、中午12：30、下午2：00或下午3：00前送达美国、欧洲和亚太的大部分区域，美洲特定区域以及加拿大主要城市 • 中午12：00或下午2：00前送达您所在国家的大部分地区	送达美国国内大部分地区，加拿大，欧洲和亚洲各主要城市，以及美洲特定区域	• 适用于UPS 10千克箱和UPS 25千克箱
UPS全球特快货运® UPS Worldwide Express Freight®	• 保证在工作日结束前送达，享有门到门的准时送达保证；转运时间一般为1～3个工作日，视具体目的地而定	送达全球60多个国家和地区	• 门到门和非门到门递送服务可供选择 • 针对超过70千克的托盘货件

续表

服务	递送承诺	服务范畴	优点
1～3 天			
UPS 全球特快货运• 日中送达服务 UPS Worldwide Express Freight• Midday	• 保证中午 12：00 或下午 2：00 前送达，转运时间一般为 1～3 个工作日，视具体目的地而定	送达全球 30 多个国家和地区	• 门到门和非门到门递送服务可供选择 • 针对超过 70 千克的托盘货件
UPS 全球速快服务 UPS Worldwide Express Saver•	• 保证在工作日结束前送达，服务覆盖范围遍及全球 220 多个国家和地区	送达全球 220 多个国家和地区	• UPS 全球限时快递的一项经济实惠型的服务 • 适用于 UPS 10 千克箱和 UPS 25 千克箱
3～5 天			
UPS 全球快捷服务 UPS Worldwide Expedited•	• 在亚洲境内递送或从亚太地区送至欧洲、南北美洲的主要商业中心，最快仅需 3 个工作日	在亚洲境内递送或从亚太地区送达欧洲、南北美洲的主要商业中心	• 非紧急货件的经济选择 • 指定日期和转运时间让您能够计划递送日程

资料来源：www. ups. com

三、跨境专线物流

跨境专线物流是指物流公司用自己的专车或者航空资源，运送货物至其专线目的地，一般在目的地有自己的分公司或者合作网点进行派送。跨境专线物流其特征主要体现在“专”上，国际专线物流有其专门使用的物流运输工具、物流线路、物流起点与终点、物流运输周期及时间等，同时它还有根据特定国家或地区跨境电子商务物流特点推出的物流专线等。

由于其特点，跨境专线物流最大的优势就是性价比高。由于是专线运输，中转少、倒仓少，因此跨境专线物流的时效性很高，一般在一周左右就能到达目的地，而且，专线货品比较集中，中间损耗少，价格相对来说比较便宜。同时，这种物流模式也能够在一定程度上有效规避通关及商检风险。

但专线物流也由于其“专”而产生一定的局限性，主要是运达的目的国（地区）有限。市面上最普遍的专线物流产品是美国专线、欧洲专线、澳大利亚专线、俄罗斯专线等，也有不少物流公司推出了中东专线、南美专线、南非专线等。

例如中俄航空“俄速通 Ruston”（Russian Air）专线是由黑龙江俄速通国际物流有限公司联合俄罗斯邮局推出的服务产品，提供中俄航空小包专线服务，“哈尔滨—叶卡捷琳堡”中俄航空专线货运包机直达俄罗斯，境外递送环节全权由俄罗斯邮政承接，大大提高了配送时效，使中俄跨境电子物流平均时间从过去的近两个月缩短到 13 天，80% 以上包裹 25 天内到达俄罗斯全境邮局可到达区域。

四、第三方物流

第三方物流（Third Party Logistics，简称 3PL），也称作委外物流（logistics outsourcing）或是合约物流（contract logistics），根据《中华人民共和国国家标准物流术语》（GB/T18354—2006），第三方物流是指独立于供需双方，为客户提供专项或全面的物流系统设计或系统运营的物流服务模式。第三方物流的主要特点在于，一是有提供现代化的、系统物流服务的企业素质；二是可以向货主提供包括供应链物流在内的全程物流服务和特定的、定制化服务的物流活动；三是不仅向货主提供一般性物流服务，还可以提供增值物流服务的现代化物流活动。第三方物流与传统物流的区别如表6－3所示。

表6－3 第三方物流与传统物流的区别

	第三方物流	传统物流
服务功能	提供功能完备的全方位、一体化物流服务	仓储或运输单功能服务
物流成本	由于具有规模经济性、先进的管理方法和技术等使物流成本较低	资源利用率低，管理方法落后，物流成本较高
增值服务	可以提供订单处理、库存管理、流通加工等增值服务	较少提供增值服务
与客户关系	客户的战略同盟者，长期的契约关系	临时的买卖关系
运营风险	需要较大的投资，运营风险大	运营风险小
利润来源	与客户一起在物流领域创造新价值	客户的成本性支出
信息共享程度	每个环节的物流信息都能透明地与其他环节进行交流与共享，共享程度高	信息的利用率低，没有共享有关的需求资源

在跨境电子商务中，第三方物流的服务内容有：开发物流系统及提供物流策略、信息处理、货物的集运、选择运输商及货代、仓储、咨询、运费支付等，如表6－4所示。

表6－4 较为常见的跨境电子商务第三方物流提供的服务范围

最常提供和使用的服务	一般服务
设计和开发物流策略/系统	咨询服务
电子数据交换（EDI）	库存管理
提供管理和服务水平的监测报告	组装、维修及包装
货物集运	退换货处理和维修
选择和考核承运人、货运代理、海关代理	海外分销和采购
信息管理	国际通信
仓储服务	进出口许可证协助和业务操作、海关通关
运费清算及支付	信用证审单和制单
运费谈判即费用监督	

第三方物流具有跨境电子商务企业所不具备的规模经营优势和专业优势，使企业从物流业务获益的同时为电子商务企业提供运输、仓储和配送等服务，从而可以使电子商务企业的物流成本得到大幅度降低。例如，阿里巴巴旗下专门做跨境出口的平台速卖通与菜鸟网络合作，提供第三方跨境物流服务，即无忧物流。无忧物流的服务项目包括国内揽收、国际配送、物流追踪、物流纠纷处理、售后赔付等。同时，依靠速卖通平台的资源，无忧物流可以帮卖家处理物流纠纷，进行售后服务，节省卖家人力、资金成本。

五、第四方物流

第四方物流（Fourth Party Logistics，简称 4PL），最早是 1998 年由美国的著名咨询公司埃森哲提出的，第四方物流为客户提供综合的供应链解决方案，通过将多个供应商的资源集结而实现。在第三方物流平台功能基础上，第四方物流平台还拓展了管理咨询功能，通过整合包括第三方物流、技术服务商、管理顾问及其他增值服务商等资源，有效降低物流实时操作成本，提供完整的供应链解决方案，向客户提供最佳服务。其主要功能包括以下四个方面。

（一）提供完备的供应链解决方案

通过对第三方物流、合同供应商、信息技术服务商、呼叫中心等外部资源的统筹管理，第四方物流平台具备了资源整合的优势，高效组织和控制空运、海运、铁路、公路、水路、仓储、集货和分拨等的多式联运活动，能够为客户提供最佳的物流服务。将各环节最佳物流提供商组合起来，为跨境电子商务提供最优物流或供应链管理方案，进而为供应链中的每一个客户创造价值。

（二）实现对企业资源的利用和整合

第四方物流平台通过相对独立的解决思路，站在战略角度进行供应链协调运作。它集物流服务、咨询服务和 IT 服务于一身，对不同的行业知识、相对独立的物流体系和资产进行整合，为客户创造超额价值。具体包括营销、客户咨询、方案设计、成本控制、时效和全程客服等在内的前期服务，运输、理货、仓储、配套作业、配载集装和监管等在内的过程服务。

（三）实现高质量、低成本服务

第四方物流平台通过对供应链资源的整合、协调，以更低的成本为企业提供更科学、更有效的解决方案。主要表现为通过第四方物流平台的 IT 系统让整个物流过程更透明化，充分减少企业在物流设施设备方面的资本投入，降低供应链环节各企业仓储成本，实现供应链“零库存”目标。

（四）信息化服务能力越来越高

第四方物流平台具备的信息化服务能力，如强大的信息技术支撑能力和信息化服务网络覆盖能力，可以让企业得到更多客户的信赖，进而获得更多的长期大额订单，为企业开拓国内外市场、降低物流成本提供助力。目前，绝大多数跨境电子商务都需要通过电子采购、订单处理、库存管理、可见性供应链等信息化系统以及必不可少的集成技术来实现实质性服务水平的提升。第四方物流平台通过物流信息相关系统的建设和技术使用，如条形码技术、全球定位系统（GPS）、企业资源计划（ERP）等物流管理软件，可以有效满足目标客户日益增长的信息需求。

目前，对于第三方和第四方物流的判断有重叠之处，从实践的角度来讲，我们不必过分囿于概念。总体上来讲，跨境电子商务第三方和第四方物流为跨境电子商务企业提供仓储管理、供应链管理、生产管理、终端信息管理等多层次、多方面的增值服务，并且第三方和第四方物流通过数字化物联手段，对客户的大数据进行分析，精准掌握客户的购买偏好，控制电子商务的采购、仓储、发货、送达等各个环节，并为卖家和买家提供库存同步、全流程透明、预警式客服等后端代运营服务，这也代表着跨境电子商务物流专业化、智能化、精细化的发展趋势。

第四节　海外仓与边境仓

一、海外仓的概念及发展

所谓海外仓，实际上是“海外仓储”的简称，指在进口国（地区）境内设置的存放货物的仓库，出口卖家在海外客户下订单之前就将货物运至海外仓，在客户下单后，由海外仓直接实现本地发货配送。利用海外仓模式，跨境电子商务出口企业可以更好地为海外客户提供本土化增值服务，不仅有利于海外市场的拓展，而且能够缩短订单周期，降低物流成本，从而有效提升客户购物体验，提高客户消费黏性。

近年来，随着我国跨境电子商务快速发展，跨境物流海外仓数量迅猛增长。据不完全统计，目前中国已经有超过 300 家企业在境外设海外仓，数量超过 600 个，预计 2018 年将超过 1 000 个。其中，绝大多数海外仓都是中国出口企业自营产品的海外物流服务场所，被称为海外仓 1.0 版。近年来，在全球跨境电子商务迅猛发展的态势下，小额日用品 B2B 交易主要通过阿里巴巴、敦煌网等互联网平台成交及完成国际物流配送，这类服务于跨境电子商务的智能化仓储中心被称为海外仓 2.0 版本。此外，近年来还涌现出新型跨境电子商务复合型服务模式，其特点是通过国际电子商务平台与仓储物流服务平台、外贸厂家及电子商务卖家的多方订单协同和信息互动，直接完成国内厂家商品从仓储、运输到海外尾程派送至消费者的一站式物流服务，被称为海外仓 3.0 版本，也称为“B2S2C（business to storage to customer）”模式①。

国家也一直在鼓励海外仓发展。2015 年 6 月，商务部发布《“互联网 + 流通”行动计划》，推动 100 个跨境电子商务企业建立“海外仓”。2016 年年初，全国两会上的政府工作报告中提出促进外贸创新发展，鼓励商业模式创新，扩大跨境电子商务试点，支持企业建设一批出口产品“海外仓”。2016 年 5 月，国务院印发《关于促进外贸回稳向好的若干意见》，提出加大对外贸新业态的支持力度，支持企业建设产品“海外仓”和海外运营中心。

当前我国出口跨境海外仓主要集中于美、德、英、日、澳等发达国家。据调查，我国自建仓的卖家中有 81% 在美国有仓库，50% 在德国有仓库，37% 在英国有仓库。其中，美国仓库的数量在自建仓卖家的所有仓库数量中占比达到 45%，由此可见，美国是中国跨境电子商务第一大市场。除了卖家使用海外仓外，我国的物流公司如顺丰、菜鸟网络、韵达、圆通、申通等也

① 陈辉．共享经济模式在“一带一路”海外仓的实践应用［N］．现代物流报（2017－08－09）

在国外设立大量海外仓，其中顺丰设立东欧仓、中欧仓、德国仓、俄罗斯仓和美国仓等，覆盖欧洲28国、美国等电子商务发达国家以及俄罗斯、白罗斯、乌克兰、挪威等电子商务发展中国家。

二、海外仓的优劣势

出口海外仓的本质就是让跨境电子商务贸易实现本地化，提升消费者购物体验，从而提高出口跨境电子商务企业在出口目的地市场的竞争力。其对于出口跨境电子商务企业、行业的价值是显而易见的。目前出口海外仓已成为跨境电子商务撬动海外市场的“利”器优势。

（一）海外仓有助于解决跨境物流时间长以及运输风险问题

例如通过美国出口海外仓发货只需3天即可送达客户，而从国内直发需要15～20天。尤其是在圣诞节、感恩节等旺季，海外仓可以很好地解决货物“堵塞”问题。因为这些时期内直邮发货全部依赖空运，货物量的爆发式增长造成空运物流系统瘫痪，配送时间无法保障（通常是平时的一倍以上），电子商务卖家往往因无法按照承诺的时间实现妥投而“吃差评”。另外，海外仓可以有效解决物流过程中的丢失、破损、延误等运输问题。

（二）海外仓有助于提高单件商品利润率

在美国、英国、澳大利亚和德国等成熟市场，消费者对商品送达时间的要求超过了其对价格的敏感度。国内卖家在这些市场集中建立或租用海外仓，在满足消费者时效要求的同时，还能提升卖家的定价水平。eBay数据显示①，45%的受访者表示使用出口海外仓有助于提升产品售价，存储在海外仓中的商品平均售价比直邮的同类商品高30%。

（三）稳定的供应链有助于增加商品销量

出口海外仓的建立使卖家能够将商品提前运送至销售市场完成备货，保

① 资料来源于Ebay.《海外仓：跨境电子商务新常态》. 2015年3月.

障了商品的稳定供应。由于货物从出口海外仓发出，变成目的国本地配送，带给消费者良好的客户体验，从而提升网店的浏览量和交易量。eBay 数据显示，72% 的受访卖家表示存储在出口海外仓中的商品销售转化率高于直邮商品，在同类商品中，从海外仓发货的商品销量平均是从中国本土直接发货的商品销量的 3.4 倍。

（四）海外仓有助于扩大销售品类

海外仓采取的集中运输模式，突破了商品重量、体积和价格的限制，有助于扩大销售品类。传统跨境零售物流体系中，很多超大、超重、非常规形状的商品无法通过邮政系统和国际专线物流运送，极大地限制了商品的种类和体积。而商品整批运抵出口海外仓储存，使得体积较大、易碎的商品也能通过跨境电子商务平台交易。出口海外仓采取的集中运输模式突破了商品重量、体积和价值的限制，这帮助拓展了中国卖家的商品销售品类。近年来，电子类、汽配类和家居园艺类产品的零售出口大幅上涨正是得益于出口海外仓的应用和发展。

（五）海外仓有助于降低单件商品的平均运费

海外仓所采取的集中海运方式大幅降低了单件商品的平均运费，尤其在商品重量大于 400 克时，采用海外仓的费用优势更为明显，这就有效降低了物流管理成本。一般情况下，海外仓能够使国际物流成本下降 20%~40%，重量越大的货物，其成本节约效果越好。例如，一个 10 千克左右的布衣柜，若从国内直邮发货到美国，需要三四百元的运费，而通过海外仓，平均运费只需要几元，即使加上国外配送费用，也远远低于直邮的费用。根据 eBay 交易平台数据统计，物流成本平均降低约 25%，其中配合海运，节省 60% 成本；配合空运，节省 30% 成本。

（六）海外仓有助于提升卖家的账号表现

eBay 数据显示，78% 的受访卖家表示，使用出口海外仓之后送货速度得到了明显提升，其账号表现在使用出口海外仓发货后有明显提升，使用海外仓可以使卖家的物流好评率提升 30%，如表 6－5 所示。

表 6－5 海外仓与国内仓账户的表现（以 eBay 英国站）为例

	物品所在地为英国	物品所在地为中国	整体提高百分比
每个结束刊登物品的浏览量（次）	51	23	122%
物品平均售出价格（美元）	92.1	30.8	199%
每个有售出记录物品的平均销售量（件）	1.85	1.41	31%
每个有售出记录物品的平均销售总额（美元）	170.4	43.5	292%
成交率（有售出记录的物品数/结束刊登的物品数）	44%	39.5%	11%

（七）海外仓有助于减轻卖家仓储和物流的压力

将货物运往海外仓，相当于将仓储与配送这一块的业务外包给海外仓服务商，他们一般拥有较为专业的团队和丰富的仓储物流经验，能够根据卖家的指令高效快捷地处理订单。卖家不必将时间花在产品仓储、盘点库存和打包配送这些环节上，节省了大量精力和成本。

另外，海外仓可以方便客户退换货，商品卖出去如果遭到国外客户退货，客户体验差，退货成本高。出口海外仓则解决了这一问题，卖家可以给国外客户承诺退换货服务，从而大大提高客户购物体验，带来更多的生意机会。

但是，海外仓也有自己的不足之处。首先，海外仓库存压力大，仓储成本高，资金周转不便。只要卖家的产品存放在海外仓一天，就要支付一天的仓储费用。如果出现货物销售不理想的情况，货物就会一直积压在仓库中，仓储成本不断上升，资金难以回笼，处理不当的话会造成较大的损失。

其次，卖家无法像管理自己仓库一样管理海外仓。海外仓对物流信息技术水平要求较高，卖家将商品集中运往海外仓进行存储，并通过企业的库存管理系统下达操作指令，远程操作海外仓存储的货物，这就要求物流信息系统和库存管理系统要有机衔接。

最后，海外仓本地化运作涉及当地法律问题较为复杂。从法律层面来看，海外仓应该是一家当地的实体“仓库”，从海外仓给当地消费者配企业，而不是简单的送商品，是一种买卖的商业行为，必须依法缴纳消费税、营业税或综合税。海外仓的运作需要雇佣本地人，因此必须符合当地的劳动法和工会组织的要求。当有货物需要销毁时，还涉及环境保护方面的问题。

三、海外仓的类型和使用

（一）跨境电子商务平台的海外仓

顾名思义，这类海外仓是由跨境电子商务平台建立，例如亚马逊的 FBA 海外仓模式。FBA 是 Fulfilment by Amazon 的缩写，意思是由亚马逊完成物流配送。对于采用 FBA 发货的亚马逊卖家，首先将货物发运至亚马逊的仓库，顾客下单后，由亚马逊直接安排配送，通常可以在下单后 2～3 天派送到顾客手中。采用 FBA 发货时，在平台佣金之外，亚马逊还要收取订单处理费、包装费、称重费以及仓储费等费用。这种方式比较适合三类消费品跨境电子商务出口企业使用。

第一类是刚刚开展跨境电子商务出口贸易的企业。这类企业开展跨境电子商务业务时间短，未来业务发展走势不易把控，尚未在进口国（地区）建立稳定的跨境电子商务客户群，使用类似亚马逊 FBA 海外仓模式，能够充分利用跨境电子商务平台的品牌影响力，基于平台固有客户群开发新客户，可以大大节约跨境电子商务出口市场开拓成本并快速建立客户群。

第二类是缺乏品牌效应和跨境仓储物流人才与管理经验的中小型生产企业。这类企业在跨境电子商务业务方面尽管已经拥有了一定的顾客积累，但由于自有品牌影响力不足，加之独立开展跨境仓储物流业务经营风险较大，采用类似亚马逊 FBA 模式可以获得的最大好处就是能够利用跨境仓储物流方面的业务网络来实现自己的商品配送，有效降低物流配送所引发的跨境出口贸易风险与成本。

第三类是品牌成熟但在目标国（地区）市场销量不大的耐用品跨境电子商务出口企业。此类企业的商品消费周期长，短期内消费数量可控，不存在紧急大量调货的情况，可采用定期稳量运输方式向进口国市场供货，以类似亚马逊 FBA 海外仓模式作为目标国（地区）货物配送与售后服务形式，既能降低仓储运营成本，又不影响客户消费体验。

（二）自建仓

出口企业自建仓模式仓储货物种类和数量自由，容易自己掌控，但是自建仓成本很高，不是一般的企业能够承受得起的，所以采用的企业较少。但是以下两类有实力的企业常有自己建设的海外仓。

第一类是具有良好品牌效应的易耗品大型出口贸易商。此类跨境电子商务企业出口的商品短期内消费数量大、品种多，消费者对物流配送速度要求高，其采用自建仓模式能够较好地适应目标国（地区）消费品市场需求，并且能够巩固自身品牌形象，发挥品牌的市场影响力。

第二类是已经开展跨国经营的国内大型消费品生产企业。此类企业已经拥有开展跨国经营所需的人力资源，并积累了相关管理经验，甚至早就在目标国（地区）设立了分公司或子公司，形成了公司内部的全球产业链整合，其采用自建仓模式能够充分满足公司全球化战略与布局需要，同时母公司也具备在海外自建仓的能力、资源和条件。

（三）第三方海外仓

第三方海外仓模式是在目标国（地区）境内经由第三方仓储物流企业为客户提供当地的储存配送服务。这种模式的建仓成本、风险和经营难度均介于跨境电子商务平台海外仓模式与自建仓模式之间。相较于自建仓，第三方海外仓服务商大多实力较雄厚，可以很好地帮助卖家解决清关问题，积极响应并处理各种异常事件。双方一般采取合作方式，因业务比较灵活，对跨境电子商务出口企业而言，拥有更为广阔的选择空间。

专栏 6.2　大卖家热衷自建仓

根据调查数据显示，月销 50 万～100 万美元的大卖家中 55% 有自建或计划自建海外仓，月销 100 万美元以上的大卖家中 69% 有自建或计划自建海外仓。据调研，卖家们会因为个性化服务需要、对第三方服务不满意、降低综合成本以及产品等原因去建海外仓。其中个性化服务是大卖家们建仓的首要原因，在这四个因素中占比到31%。同时抽样调查显示，对于65%的卖家而言，个性化服务是自建仓的首要诱因。其次才是对第三方服务商的服务不满意，该项占28%的比重，影响着59%的卖家做建仓决定。

受访卖家中，38%是在月销10万美元时开始建仓，25%是在月销处于10万到30万美元之间时建仓，37%是在月销30万美元以上建仓。由此可见，在很多卖家眼里，建海外仓的时机与销售规模并无太大关系，更多的是与本身的定位相关。但从成本角度考虑，日均订单量在1 000单以上时建仓才能平衡仓库、人工等成本。

从目前调研的海外仓分布情况看，自建仓的卖家中有81%在美国有仓库，50%在德国有仓库，37%在英国有仓库。其中美国仓库的数量在自建仓卖家的所有仓库数量中占比达到45%。另外，在计划建仓的卖家中，美国依然是建仓首选，达到30%的比例。

海外人工费用昂贵，是海外仓的主要成本，有些海外仓卖家的人工支出成本一度高达70%，低的也有30%。大卖家们一般在海外仓聘请多少员工来运作仓库？据调研，19%的自建仓大卖家有20个以上的海外仓员工，37%是10~20人，19%是6~10人，25%是6人以下。针对23家服务商仓库的调研发现，服务商平均单仓员工数为12人。可见卖家和服务商对库内员工规模都比较谨慎。海外法律对员工的保护相当健全，解聘带来的损失和影响都比较严重。另外，海外人力相对紧张，所以业务增长后，不能过多依靠招人去解决问题，更多要考虑的是提升单人作业效率，以及对硬件和信息化的投入。

自建仓要考虑选址（包括仓租、派送资源）、员工招聘与管理、当地政策法规等。据调研，63%的卖家对当地的政策法规感到困扰，56%的卖家为海外招人和管理而头疼。举个例子，在员工管理这块，国外员工的假期尤其是年假比较多，不存在加班文化。甚至有些国家3天以内的病假不需要请假条。较多的假期一度让一些公司额外多招两名员工以应对员工休假现象。所以就有大卖家断言，海外仓最大挑战在于解决文化差异问题。比如爆仓了，如果在国内，租场地、招人、加班等工作三周左右都能解决；在美国，要复杂很多，从与中介洽谈、律师审核、房东沟通到设备购置等，整个过程都要3个月。另外，美国仓库有70%被犹太人掌握，跟他们租仓库，仅合作文档就有一本书厚，中间还涉及很多复杂的事务，比如环保、防爆、工会、修葺等。由此可见，建立海外仓首先要解决本土化问题。

运营海外仓又面临哪些风险呢？30%的卖家担心政策和税务风险，30%的卖家担心货物滞销风险，另外，还面临着资金压力、货物安全、管理不善等风险。如何解决滞销库存，是卖家们的痛点问题，也是难点问题，如果谁有好的销售渠道能让卖家的滞销库存变现而非变成包袱，那么卖家将蜂拥而至。当本土服务商进驻中国跨境市场时，很多服务商由于在中国缺少资源而进展不顺。如此，不妨利用本土的资源，为卖家提供类似的增值服务，也是一个独特优势。

自建海外仓发货的业务量占卖家出口业务的多大比例？从海外仓发货这块来看，55%的卖家会把FBA作为主要海外仓发货方式，这部分卖家自建仓的发货量占比为10%到30%左右。同时在使用FBA和自建仓的卖家中，有67%不会选择第三方仓库。海外仓发货方式，相比卖家国内直发的业务又是什么情况呢？此外，调研显示，70%的卖家只通过海外仓发货，20%的卖家采用一半直发一半海外仓发货模式。由此可见，海外仓发货是大趋势，FBA发货又是海外仓发货的主流。FBA能取得如此地位，除了有天然的流量优势外，其可靠的服务和良好口碑也功不可没。

资料来源：一份震惊跨境电子商务的海外仓报告（雨果网，http://www.cifnews.com/article/22482）。

四、海外仓的运作流程与费用

海外仓流程一般分为三段式，即出口国头程运输①、海外仓储管理和进口国本地配送，见图6-2。具体来讲步骤如下。

第一步，卖家自己将商品运至海外仓储中心，或者委托承运商将货发至承运商海外的仓库，这段国际货运可采取海运、空运或者快递方式到达仓库。

① 在头程运输中，我们经常听到“双清包税”这个概念。在国际货代中，双清包税的“双清”是指出口国清关（报关）和目的国清关，“包税”是指包目的国清关时的关税等税金，货代对发货方报一个总的价格，这个价格包括出口报关、目的国进口清关以及关税等一切费用，这就是双清包税。需要注意的是，双清包税不一定包括目的地送货或派送。如果货代报价时说是“双清包税包派”那就包括了目的地的送货。也就是说跨境电子商务卖家只要把货交给货代，货代负责国内报关、发货和目的国清关，并送到卖家指定海外仓或者完成FBA入仓。正因如此，双清包税有时也被称为一条龙服务。

第二步，海外仓严格按照卖家指令对货物进行存储、分拣、包装等操作。卖家使用物流商的物流信息系统，远程操作海外仓储的货物，并且保持实时更新。

第三步，当获得订单后，卖家安排海外仓将货物交给国外本土物流，进行当地的配送，发货完成后系统会及时更新以显示库存状况，让卖家实时掌握。

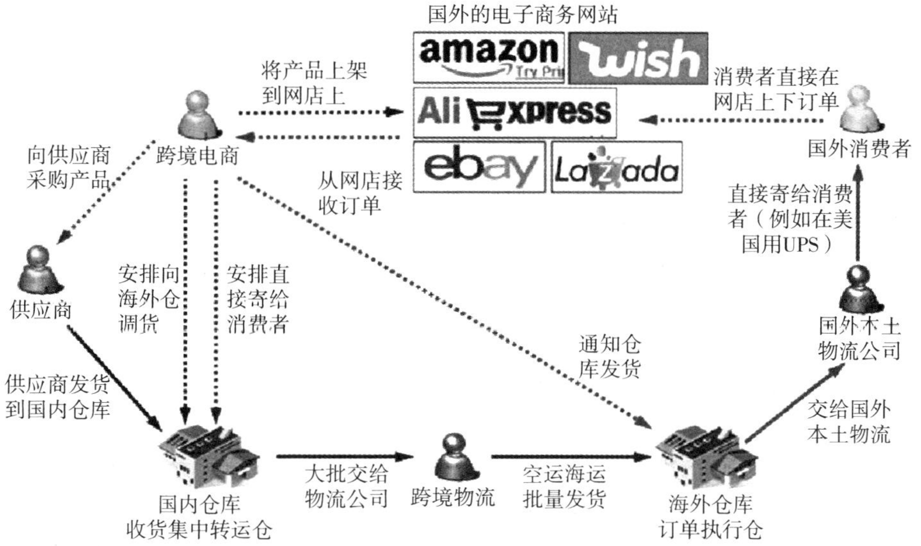

图 6-2　使用海外仓进行跨境电子商务交易流程

海外仓所产生的费用有 4 大类。

（1）头程运费是指从中国或目的国（地区）之外的国家（地区）发送到目的国（地区）仓库所产生的国际货运费用。由于是批量运输，所以单位运费非常便宜，从而能够降低成本，提高竞争力。

（2）海关关税、增值税和消费税等税费，因为批量运输情况下，进出口海关一般将其视为货物进出口，会按照相关法律征收进出口关税、增值税和消费税。

（3）海外仓储费和管理及订单操作费，指存货在海外仓所产生的存储费用，以及货品上架、分拣、打印标签、贴标签等产生的费用。

（4）本地派送费，指目的国（地区）境内运费，以美国为例，大多数派送都是通过美国快递公司（UPS、Fedex、DHL 等）完成的，这些费用也需要卖家承担。

五、常存放在海外仓的货物种类

综上所述，我们可以看到，海外仓既有自己明显的优势，也有较大的劣势。因此，卖家对于将哪些货物放于海外仓中都比较谨慎。一般而言，我们可以考虑将以下类型的产品放置在海外仓。

（一）质量好、价格与利润高的产品

虽然海外仓对产品种类没有太多限制，但是并不代表所有的产品都适合使用海外仓。不会因长途运输、多次周转而有所损耗或影响使用的及价格高、利润高的产品才适合。例如电子产品、首饰、手表、玻璃制品等选择海外仓，可将破损率、丢件率控制在很低的水平，为销售高价值商品的卖家降低风险。

（二）销售周期短的产品

因为产品销售好的话，库存周转才会快，这样才不会产生压仓或滞销，也有利于卖家回笼资金。当然，不同区域、不同季节的热销产品是不一样的，卖家需要随时关注市场动态，制定好销售策略。例如时尚衣物、快速消费品等畅销品，买家可以通过海外仓更快速地处理订单，回笼资金。

（三）库存充足、易补货的产品

使用海外仓之前，卖家最好先进行市场动态分析、货源分析与库存分析，除了要求产品质量好以外，也要求产品的货源充足，补给稳定。如果无法保证货源与补给，那么也不适合使用海外仓。

（四）尺寸、重量大的产品

如果使用国际快递运输尺寸、重量大的产品到海外，一来运费昂贵，二来会受到产品规格限制。如果以一般贸易的形式完成运输会方便很多，卖家可以使用空运或海运进行批量运输，这样可以有效降低物流成本。例如家居园艺、汽配等产品使用海外仓，能突破产品的规格限制，降低物流费用。

（五）其他

周转率高的产品、有明显淡旺季的产品，例如符合欧美节日主题的产品，买家会更注重时效，因此这种产品适用海外仓。单次出货量较大的产品，虽然销售速度比较慢，但是已经形成一定的销售规模的产品，也可以选择走海外仓。国内小包跨地无法运到的产品，例如利润较高的液体类产品或带锂电池的产品等。

六、边境仓

边境仓与海外仓的区别在于，海外仓位于境外目的地，而边境仓则位于商品输入国（地区）的邻国。同时，对于边境仓而言，仓库的位置可以分为相对边境仓及绝对边境仓两种。相对边境仓也就是仓库设立在与商品输入国（地区）不相邻却相近的国家（地区），而绝对边境仓则是仓库设立在与商品输入国（地区）相邻的国家（地区）。目前中国的边境仓主要指的是临近俄罗斯的边境仓，主要服务于俄罗斯及俄语地区；也有一小部分建在新疆地区，主要服务于中东和中亚地区。

边境仓有很多的作用。首先，边境仓对于提高物流时效作用非常明显，以俄罗斯边境仓为例，15～20 天即可送达俄语地区。其次，相比海外仓，边境仓里的货物安全更有保证，能够避免海外货物存储的风险，也避免了使用海外仓大宗货物要涉及的烦琐的清关流程。再次，对于海外仓而言，边境仓的成本优势也比较明显，因为边境仓建在境内，国内的成本相对于俄罗斯等国家更加有优势。最后，边境仓因为离目的国（地区）距离较近，所以国际运费也更加便宜，并且边境仓的国际物流可以接驳陆路运输方式，陆运和空运相比成本较低，而且对运输的货物限制较少，只要不是相关国家（地区）明令禁止的货物基本都可以运输。

专栏 6.3　俄罗斯海外仓和边境仓的比较

通常，批量货物从中国到达俄罗斯海外仓再派送到买家手中，成本由中俄运费、向俄海关缴纳费用、海外仓储费、俄罗斯境内派送费几个部分构成。

对比一件1千克重羽绒服通过海外仓与边境仓两种方式从中国到达莫斯科大环内卖家的总成本如下。

海外仓成本：中国国内物流费用0.3美元，中俄跨境铁路运费1美元。通过“白色清关”需要向俄海关缴纳的费用为6.34美元，代理清关公司服务费1美元。莫斯科大环内快递公司派送费用6美元。俄罗斯进口商检费用800美元，如果一次发运800件，按照每件1美元核算。总体成本为15.64美元左右。

这些费用中未包括海外仓的仓储及杂费，这在俄罗斯是一项非常高的费用。如果是配送到莫斯科大环外，俄本土配送费达到8～10美元，如果是其他地区需再加收3～10美元。

边境仓成本：对于海外仓而言，边境仓的成本优势主要体现在中国境内的成本优势，因为俄罗斯属于高人工成本的国家，尤其是在莫斯科。边境仓发运全程是通过万国邮政联盟系统，总价格折合约14美元，而且到达俄罗斯全境的价格统一。客户只需要将货物发到边境仓，产生订单后，由边境仓直接发货给俄罗斯卖家，中间既不涉及关税、增值税、商检费，也不需要另外支付俄罗斯当地的快递费用。

无论是海外仓还是边境仓都要涉及清关这一环节，区别是海外仓的货物都是先办理了清关手续然后存放在海外仓，而边境仓的货物是未办理清关手续的。

从长远来看，货物以大批量形式进入俄罗斯境内时，大宗货物要涉及大额的关税和烦琐的清关流程。相较之下，边境仓就没有这些困扰。客户接到订单后，货物从边境出关，用邮政清关，保证了清关效率，也保障了货物的安全性。

但从时效来看，边境仓相比海外仓会慢1～2天。以俄速通的哈尔滨边境仓来说，客户下单后，货物从哈尔滨直飞叶卡捷琳堡，其间只需要5小时。叶卡捷琳堡作为俄罗斯第三大城市，位于莫斯科与彼得堡之间，分拣速度快。这样，货物从哈尔滨运送到叶卡捷琳堡再分拣至各大城市会比从俄罗斯海外仓发货延长1到2天的时间。

综合成本和时效来看，以价格为导向、客单价低的商品不适合选择海外仓的服务形式，而对于重量大、价值高的商品海外仓会更合适些。

资料来源：深解俄罗斯跨境物流：为何不敢用海外仓？（http：//

www. ebrun. com/20140610/101212. shtml)

思考与实训

1. 跨境物流在跨境电子商务中的地位是什么样的？两者之间有什么关系？

2. 上网搜索资料，了解离你所处城市最近的一条中欧铁路，写一篇 500 字左右的短文加以介绍。

3. 你认为在 B2C 模式中，通过哪一种物流运输的包裹数量最多，是万国邮政联盟、国际商业快递还是跨境专线物流？

4. 试举例说明第三方物流和第四方物流的区别是什么？

5. 海外仓有什么优势，你认为使用海外仓应注意哪些问题？最大的难点是什么？

第七章　跨境电子商务支付

跨境支付在跨境电子商务交易中不可或缺，是商品交易的实现载体之一。跨境电子商务与跨境支付相互依存、彼此影响，跨境支付是跨境电子商务的重要环节，除了汇率、税费、政策、基础设施等制约外，还涉及不同货币之间能否通用、能否实现通汇通兑、不同货币间的汇率波动等问题。就目前国际市场的发展来看，跨境电子商务发展较快，而跨境支付的发展却无法匹配与适应跨境电子商务的需求。在跨境电子商务发展的刺激下，跨境支付不断创新，信用卡与借记卡普及率逐渐提升，网络银行、移动支付在跨境支付中被广泛应用，PayPal（贝宝）等第三方支付工具成为主流的跨境支付方式之一。跨境电子商务因为是境内外买卖双方的交易，所以支付流程更显复杂。全球不同地区的跨境支付特征及使用习惯差异显著，跨境支付方式的选择会受到诸如支付方式普及率、使用偏好、使用成本等因素影响。目前，面向跨境电子商务卖家的支付手段并不少，每个支付工具优势各异，便捷性和时效性都不同。另外，跨境电子商务支付存在一些现实的问题，例如在资金的安全性方面仍然避免不了可能发生的网络攻击、欺诈行为等，在线支付的风险也随之而来。在众多的支付工具中选择一个合适的工具，是做好跨境电子商务的首要条件。

学习目标

了解内容：不同地区跨境电子商务支付习惯差异，跨境电子商务支付企业类型，便捷支付（西联汇款和速汇金）流程

理解内容：第三方跨境电子商务支付，第三方跨境电子商务支付的流程，支票和电子支票（echeck）

掌握内容：传统的支付方式，第三方跨境电子商务支付的形式，在线银

行支付，信用卡通道支付，影响跨境电子商务支付的因素，跨境电子商务支付选用策略

关键术语

跨境电子商务支付、T/T、托收、信用证、CAD、西联汇款、速汇金、第三方跨境支付、PayPal、在线银行支付、信用卡通道支付、电子支票

第一节　跨境电子商务支付概述

一、跨境电子商务支付

跨境支付，一般是指两个或两个以上的国家或地区之间因国际贸易、国际投资及其他方面而发生的国际债权债务，借助一定的结算工具和支付系统实现的资金跨国和跨地区转移的行为。与境内支付不同的是，跨境支付付款方所支付的币种可能与收款方要求的币种不一致，或牵涉外币兑换以及外汇管制政策的问题。

跨境电子商务支付主要解决的是跨境业务中的“资金流”问题，如图7－1所示。国家外汇管理局给出的支付机构跨境外汇支付业务的定义是：支付机构通过银行为电子商务（货物贸易或服务贸易）交易双方提供跨境互联网支付所涉及的外汇资金集中收付以及相关结售汇服务。由此可见，跨境电子商务支付要解决四个问题：一是外汇资金的“收”，即跨境电子商务企业或卖家如何收款；二是外汇资金的“付”，即跨境买家如何付款（比如，我国海淘买家如何向国外卖家支付货款）；三是外汇的“结汇”，即将外汇转换为本国货币，一般是跨境电子商务企业或卖家收取货款后要进行结汇操作；四是外汇业务中的“售汇”，主要是指金融机构向跨境电子商务中的买家销售外汇，以满足买家用以支付货款的需求。

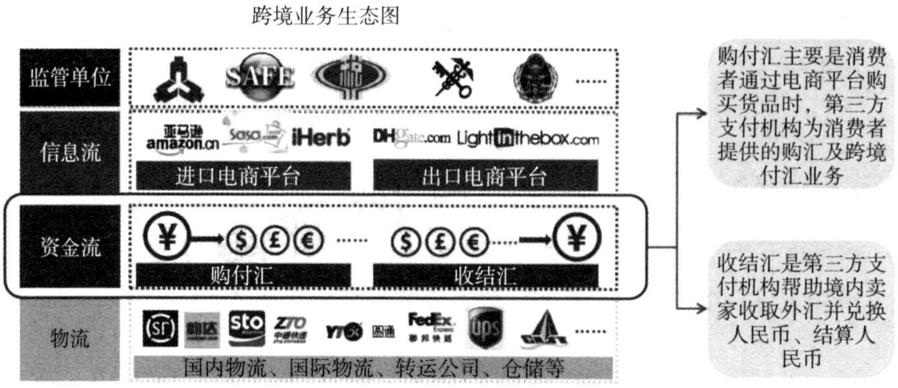

图7－1 跨境电子商务支付

二、跨境电子商务支付企业类型

跨境电子商务的发展推动了跨境支付的发展，传统行业与关联企业也纷纷开拓跨境支付业务。现有的从事跨境支付业务的组织可以分为以下几类。

（1）传统银行业拓宽产品类型，涉足跨境支付市场，如网银在线、跨境转账业务等；

（2）专业信用卡机构涉足跨境支付业务，如维萨（VISA）与万事达（MasterCard）信用卡、美国运通卡（American Express）等；

（3）专业第三方支付企业从事的跨境支付业务，如PayPal、支付宝、财付通、Yandex Dengi、Qiwi Wallet（俄罗斯的支付服务提供商）等；

（4）社交媒体新增跨境支付，如微信支付、QQ钱包、Facebook与Twitter的跨境支付业务；

（5）手机企业开发跨境支付业务，如苹果的苹果支付（Apple Pay）、三星的三星支付（Samsung Pay）、小米支付等；

（6）电子商务平台辐射跨境支付业务，如亚马逊钱包（Amazon Wallet）、京东钱包、Snapdeal（印度最大的在线交易平台之一）等；

（7）互联网企业从事跨境支付业务，如谷歌钱包（Google Wallet）、网易宝等；

（8）物流企业附带货到付款业务，如国际快递企业、中国国内快递公司等。

三、跨境电子商务支付的基本模式

跨境支付可以分为传统的商业银行跨境汇款模式和第三方支付机构参与下的跨境互联网支付模式。

（一）传统的商业银行跨境汇款模式

该模式可以理解为线上下单线下支付模式，即境内买家通过跨境电子商务平台查询、搜索海外商品信息，挑选卖家，再通过向境外卖家“了解交易信息”后，发出订单信息，待买家完成付款后，由境外卖家发货。在此模式下，买家需要应境外卖家的要求通过银行柜台或网上银行购汇，填写汇款申请表，按照订单金额汇入境外卖家指定账户，并承担汇款后境外卖家不发货等风险。

（二）第三方支付机构参与下的跨境互联网支付模式

该模式是指境内买家通过跨境电子商务平台选择自己购买的商品，然后通过与第三方支付机构账号绑定的银行卡，支付相应的款项给第三方支付机构；第三方支付机构与合作银行完成外汇兑换后，由第三方支付机构将货款划转到境外卖家的开户银行。

在跨境电子商务发展的刺激下，跨境支付不断创新，信用卡与借记卡普及率逐渐提升，网络银行、移动支付在跨境支付中被广泛应用，PayPal 等第三方支付工具成为主流的跨境支付方式之一。在本章下面的内容中，将详细介绍跨境电子商务中常用到的支付方式。

第二节　传统的支付方式

在跨境电子商务中，尤其是金额较大的 B2B 交易中，还是普遍使用国际贸易中传统的、一般的支付方式，包括汇付、托收和信用证等。这些支付方式在大金额的交易中是主要的支付方式，当然小金额的交易也可以使用。

一、传统的常用支付方式

（一）电汇（Telegraphic Transfer，T/T）

大部分国际贸易都是通过银行进行电汇的。其基本流程是出口企业首先需要在本国的银行（汇入行）开立银行账户，并给外国买方提供汇款路径，国外买方即可到当地银行按照提供的汇款路径办理国际汇款。一般而言，国外买方需要到其所在银行填写电汇申请书，将款项交给此银行（汇出行），取得电汇回执；外国汇出行发给本国汇入行加押电文，并将电文证实书寄给汇入行，以便核对；本国汇入行收到电文，核对密押相符后，缮制电汇通知书，通知出口企业取款；出口企业持通知书到本国汇入行取款。

在网络支付技术越来越发达的情况下，付款人现在可以不必到汇出行营业大厅办理相关业务，而是直接通过汇出行提供的网络银行在线办理。电汇的速度非常迅速，一般2~5天即可到达收款人账户。

在我国，T/T一般是用在外贸企业的收款中，但是跨境电子商务C2C模式中，T/T也被个人用作收款方式。其流程是个人在银行开立一个能接受外汇的账户（现在一般银联的卡都是可以接收外币的，不需要开通外汇账户），并向银行获取接收外汇的路径，然后向国外买家提供个人银行账户的信息，包括账户所有人的姓名（受益人）、个人账号（卡号）、开户银行名称和地址，银行SWIFT号以及其他相关信息。国外买家可以从其公司或私人账户（如果对方国家允许的话）电汇到中国个人账户。我国跨境电子商务卖家收到外汇后，可以到银行柜台去结汇，手续因不同银行的政策不同而有所区别。现在大部分银行也可以通过网上或手机银行进行在线结汇，非常简单方便。

（二）托收（Collection）

托收在金额较大的B2B交易中也是常用的支付方式之一。基本做法是出口人根据买卖合同先行发运货物，然后缮制商业单据，向出口地银行提出托收申请，委托出口地银行（托收行）通过其在进口地的代理行或往来银行（代收行）向进口人收取货款。根据托收时是否向银行提交货运单据，可分为光票托收和跟单托收两种。托收时如果汇票不附任何货运单据，而只附有

"非货运单据"（发票、垫付清单等），叫光票托收。这种结算方式多用于贸易的从属费用、货款尾数、佣金、样品费的结算和非贸易结算等。跟单托收根据交单条件的不同，又可分为付款交单（Documents Against Payment，D/P）和承兑交单（Documents Against Acceptance，D/A）两种。前者是指出口方在委托银行收款时，指示银行只有在付款人（进口方）付清货款时，才能向其交出货运单据，即交单以付款为条件；后者是指出口方发运货物后开具远期汇票，连同货运单据委托银行办理托收，并明确指示银行，进口人在汇票上承兑后即可领取全套货运单据，待汇票到期日再付清货款。

（三）信用证

信用证（Letter of Credit，L/C），是指开证银行应申请人（买方）的要求并按其指示向受益人开立的载有一定金额的、在一定的期限内凭符合规定的单据付款的书面保证文件。信用证一般用在大额的 B2B 跨境电子商务中，B2C 以及 C2C 等模式的跨境电子商务很少使用。

信用证的使用比较复杂，形式也多种多样。其中常用的"议付信用证"的基本流程是：国际贸易买卖双方在贸易合同中约定采用信用证付款，买方向所在地银行申请开证。开证银行按申请书中的内容开出以卖方为收益人的信用证，再通过卖方所在地的往来银行将信用证转交给卖方；卖方接到信用证后，经过核对信用证与合同条款符合，确认信用证合格后发货。卖方在发货后，取得货物装船的有关单据，可以按照信用证规定，向所在地银行办理议付货款。议付银行核验信用证和有关单据合格后，按照汇票金额扣除利息和手续费，将货款垫付给卖方。议付银行将汇票和货运单寄给开证银行收账，开证银行收到汇票和有关单据后，通知买方付款。买方接到开证银行的通知后，向开证银行付款赎单，然后凭相关单据办理进口报关手续以及提取货物。

（四）货到付款（Cash on Delivery，COD，或 Cash Against Delivery，CAD）

在非洲、拉美、东南亚、俄罗斯等一些网络支付不发达的国家或地区，"货到付款"也是在电子商务中经常被使用到的一种支付方式。在跨境电子商务 B2C 模式中，某些平台也支持"货到付款"，例如来赞达（Lazada）于

2017 年 8 月在马来西亚、印度尼西亚以及泰国等站点开通了货到付款功能。实际上这也是一种“托收”，只是卖家不是委托银行来收款，而是委托跨境电子商务平台或第三方物流来收款。以来赞达为例，作为卖家，委托来赞达平台代为收取货款，而来赞达平台则委托物流企业在递送货物时“一手收钱，一手交货”。

二、传统结算方式与跨境电子支付

需要说明的是，即使是“传统”的支付方式，其信息的传递也是通过电子网络支付系统来完成的。例如美国有两大核心支付系统，即实时全额支付（Real Time Gross Settlement，RTGS）系统 Fedwire（美联储转移大额付款系统）和 CHIPS（Clearing House Interbank System，纽约清算所银行同业支付系统），我国也拥有“中国国家现代化支付系统”（Chinese National Advanced Payment System，简称 CNAPS）。跨境金融业务多通过 SWIFT 的系统来完成。

SWIFT 中文全称是环球银行间金融通信协会（Society for Worldwide Interbank Financial Telecommunication，网址 www. swift. com），其总部设在比利时的布鲁塞尔，能够实现金融交易的自动化和标准化，从而在业务运营中降低成本、减少风险并提高效率。目前该网络共拥有 209 个国家（地区）的 9 000 多家银行机构、证券机构和企业客户。

SWIFT 的设计能力是每天传输 1 100 万条电文，而当前每日传送 500 万条电文，这些电文划拨的资金以万亿美元计，它依据的便是其提供的 240 多种电文标准。SWIFT 的电文标准格式，已经成为国际银行间数据交换的标准语言。SWIFT 电文根据银行的实际运作共划分为十大类，提供全世界金融数据传输、文件传输、撮合，清算和净额支付等服务。

第一类：客户汇款与支票，如：MT101，MT103，MT110 等；

第二类：银行寸头调拨，如：MT200，MT201 等；

第三类：外汇买卖，货币市场及衍生工具，如：MT300，MT305；

第四类：托收，如：MT400，MT410，MT412 等；

第五类：证券业务；

第六类：银团贷款和贵重金属业务；

第七类：跟单信用证和保函，如：MT700/701，MT705 等；

第八类：旅行支票；

第九类：银行和客户账务，如：MT900，MT910 等；

第十类：SWIFT 系统电报。

第三节　便捷跨境电汇

近年来，我国许多外贸公司和跨境电子商务企业也通过西联汇款（www. westernunion. com）、速汇金（www. moneygram. com）等专业国际汇款服务公司收付货款，这些国际汇款公司实际上也是利用电汇方式，但是与普通国际汇款相比，西联汇款、速汇金国际汇款有比较明显的优点。首先它们不需开立银行账户；其次到账速度很快，汇款一般在 20 分钟之内就可以汇到，简便快捷。

一、西联汇款

西联汇款是国际汇款公司 Western Union 的简称，是世界上领先的特快汇款公司，迄今已有 150 年的历史，它拥有全球最大最先进的电子汇兑金融网络，代理网点遍布全球近 200 个国家和地区。西联汇款合作的中国银行包括：中国建设银行、中国工商银行、中国农业银行、中国邮政储蓄银行、中国光大银行、浙江稠州商业银行、吉林银行、哈尔滨银行、福建海峡银行、烟台银行、龙江银行、温州银行、徽商银行、上海浦东发展银行以及银联电子支付等。

西联汇款的基本使用流程如下：

（1）汇款人前往就近的西联汇款代理网点，填写发汇单。

（2）将填妥的表格及款项递交西联汇款网点业务人员办理汇款转账。

（3）汇款办理完毕，收妥发汇单，并将汇款信息及汇款监控号码（MTCN#）告之收款人。若汇款人预留收款人的验证身份问题（验证身份问题视同取款密码），应一并告之收款人。双方在通知过程中应注意汇款信息的保密。这样，只需几分钟，收款人就可在全球任何一家西联汇款代理网点领取该笔汇款。

（4）收款人接到汇款人通知后，前往就近的西联汇款代理网点办理领汇手续。取款时，填写收汇单，出示本人有效身份证件。

目前，西联汇款也可以使用合作银行的在线网银系统进行收付汇。图7－2为中国工商银行通过西联收款解付的界面，可以方便地将外汇结汇到指定的国内账户。

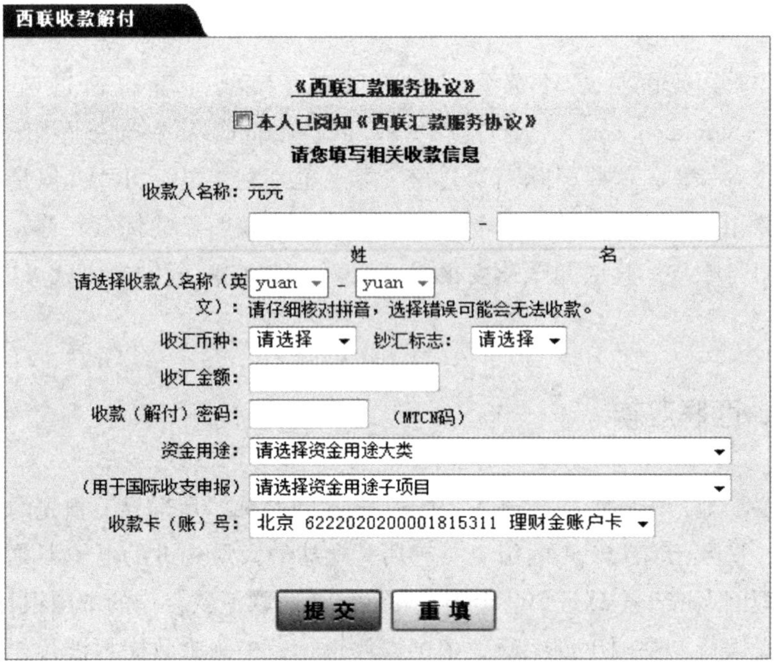

图7－2 中国工商银行西联收款解付界面

二、速汇金

速汇金（MoneyGram，见图7－3）是与西联相似的一家汇款机构，成立于1940年，总部位于美国达拉斯，分支机构遍布30多个国家和地区，在全球200多个国家和地区拥有35万个网点。MoneyGram与全球各地银行都有良好的伙伴关系，其快速汇款业务能让资金直达全球约24亿个账户。

速汇金使用的基本流程如下。

图 7－3　速汇金首页

（1）汇款人前往速汇金代理商处，并随身携带个人身份证明。

（2）汇款人填写一份简单的“汇款”表格并连同汇款资金和手续费一并交给速汇金代理商。

（3）汇款人将获得一个汇款编号。

（4）汇款人联系收款人，将汇款编号交给他。只需 20 分钟，收款人就可以准备收款了。

（5）收款人前往速汇金代理商处，并随身携带身份证明及汇款编号。

（6）收款人填写一份简单的“收款”表格并出示身份证明即可收款。速汇金通常会使用当地货币支付汇款。

第四节　第三方跨境电子支付

一、第三方跨境电子支付服务界定

第三方跨境电子支付服务的概念界定涉及“电子支付”“第三方支付机

构”和“跨境”三个方面，“电子支付”的法律界定基于不同的适用对象而产生差异，第三方支付机构的“非金融机构”属性体现了其法律界定的特殊性，“跨境”特征则决定了电子支付服务在跨国家或地区间的法律协调性问题。

电子支付界定方面，根据中国人民银行《电子支付指引（第一号）》（2005）（以下简称《支付指引》）第二条的规定，电子支付是指单位、个人直接或授权他人通过电子终端发出支付指令，实现货币支付与资金转移的行为，主要类型包括网上支付、电话支付、移动支付等。《支付指引》规范的对象是境内银行业金融机构，第三方支付机构是指具有一定市场信誉和资金实力，且独立于商户和银行，为境内外的买家提供支付、转账、结算等服务的支付机构，属于非金融机构，因此第三方支付机构不属于该指引的适用范围。

第三方支付服务界定方面，根据中国人民银行《非金融机构支付服务管理办法》（2010）（以下简称《管理办法》）第二条的规定，非金融机构支付服务是指非金融机构在收付款人之间作为中介机构提供包括网络支付、预付卡的发行与受理、银行卡收单等方面的部分或全部货币资金转移服务。其中，网络支付是指依托公共网络或专用网络在收付款人之间转移货币资金的行为，包括货币汇兑、互联网支付、移动电话支付等。因此，第三方支付机构提供的境内或境外的支付服务均应遵循《管理办法》的相关要求，依法取得《支付业务许可证》，并接受中国人民银行（以下简称“央行”）的监督、检查和管理。

第三方跨境电子支付服务界定方面，根据国家外汇管理局《支付机构跨境外汇支付业务试点指导意见》（2015）（以下简称《指导意见》）第二条的规定，支付机构跨境外汇支付业务是指支付机构通过银行为电子商务（货物贸易或服务贸易）交易双方提供跨境互联网支付所涉的外汇资金集中收付及相关结售汇服务。因此，第三方支付机构提供跨境电子支付服务需遵循《指导意见》的相关要求，依法合规向中华人民共和国国家外汇管理局（以下简称“外管局”）提出跨境外汇支付业务试点申请，并接受其监督和管理。

综上所述，第三方跨境电子支付服务应遵循《管理办法》和《指导意见》的相关规定，第三方支付机构作为提供中介服务的非金融机构，为促成境内外收付款人之间的贸易或服务交易而提供跨国家或地区的互联网支付服务。

专栏7.1　我国第三方跨境支付发展历史回顾

2007年，银联成为国内首家开展跨境支付业务的第三方支付公司。2012年，世界贸易组织认定银联存在垄断行为。国家为了更好地发展第三方支付市场，确定允许其他第三方支付公司进入跨境支付服务领域。2013年9月，国家外汇管理局（简称外管局）发放了首批17张跨境支付牌照。2014年，第二批共5家第三方支付平台获得跨境支付牌照。2015年，跨境支付走向了法制化和规范化道路。外管局正式发布了《国家外汇管理局关于开展支付机构跨境外汇支付业务试点的通知》和《支付机构跨境外汇支付业务试点指导意见》，允许部分拥有《支付业务许可证》且支付业务为互联网支付的第三方支付公司开展跨境业务试点。截至2015年年底，获得该资格的支付平台数量为27家。随后的2016年，跨境业务试点企业数量维持不变。直至2017年春季，外管局才批准3家企业参与跨境试点。自此，拥有跨境支付资格的支付平台数量达到30家，表7-1列举5家具有影响力的支付企业及其主要业务。

表7-1　典型支付企业主要业务及特色

	品牌	主要业务	特色业务
1	支付宝	货物贸易、留学教育、航空机票以及酒店住宿	境外汇款、境外流量包、扫码退税
2	财付通	货物贸易、航空机票以及酒店住宿	财付通美国运通国际账号、支持10种类外币
3	银联支付	货物贸易、留学教育、航空机票以及酒店住宿	银联国际卡
4	汇付天下	货物贸易、留学教育、航空机票以及酒店住宿	定制化跨境支付方案
5	智付支付	货物贸易、国际运输	国际信用卡支付、跨境外汇结算、跨境人民币结算、海关支付单服务、报关报检服务、跨境物流、保税仓、海外仓

资料来源：作者收集整理。

二、第三方跨境支付参与主体与支付流程

第三方跨境支付服务的参与主体分为三类，一是跨境交易的买卖双方；二是支付结算机构，包括第三方支付机构、备付金存管银行、与买卖双方有合作关系的境内外金融机构；三是各国监管机构，包括中央银行、外汇、金融监管机构。

第三方支付机构针对跨境电子商务所提供的跨境支付，主要包括“收结汇”和“购付汇”两类业务。收结汇是指第三方支付机构帮助境内卖家收取外汇并兑换为本国货币，主要针对出口跨境电子商务平台的业务。购付汇是指本国买家通过跨境电子商务平台购买货品时，第三方支付机构为买家提供的购汇及跨境付汇业务。

“收结汇”具体流程如图 7 －4 所示。境外买家通过跨境电子商务平台下单后，订单信息会同时发至境内卖家及海外第三方支付机构。买家通过支付公司、信用卡组织、银行、电汇公司等将商品货款支付给海外第三方支付机构，如 PayPal 等。海外第三方支付机构通过与中国合作的第三方支付机构，以收结汇模式，将商品货款支付给境内买家，再通过跨境物流将商品送至买家手中，从而完成跨境电子商务交易活动。

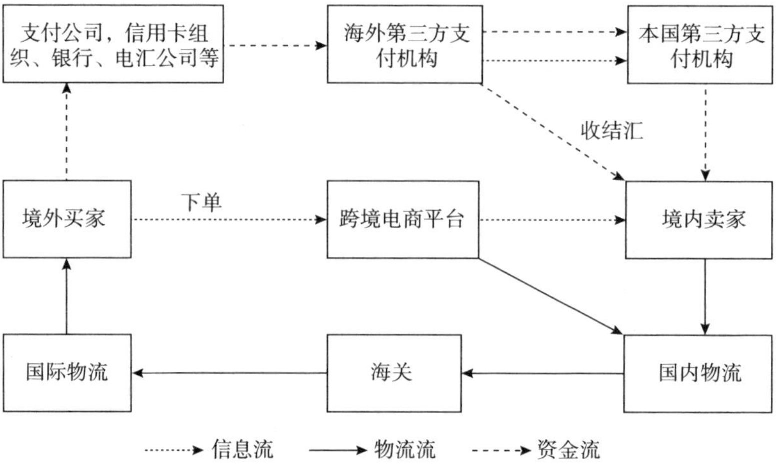

图 7 －4　出口跨境电子商务平台第三方支付机构收结汇业务流程

境内买家通过第三方支付机构购买境外商户的产品或服务，则整个“购付汇”支付流程如图7－5所示：境内买家登录第三方支付平台网站，浏览与第三方支付平台有合作关系的境外卖家提供的商品或服务，确定购买对象后下订单，输入验证信息并选择支付方式，第三方支付机构在获取买家的认证信息后将支付信息发送给备付金存管银行，并接收银行的购汇款信息，境外卖家收到第三方支付机构的购汇款信息后，向境内买家发送产品和提供有关服务，待境内买家确定收货后，第三方支付机构将对外支付信息发送给托管银行，托管银行再将对应外汇款划转到境外卖家的境外委托银行，整个交易随即完成。

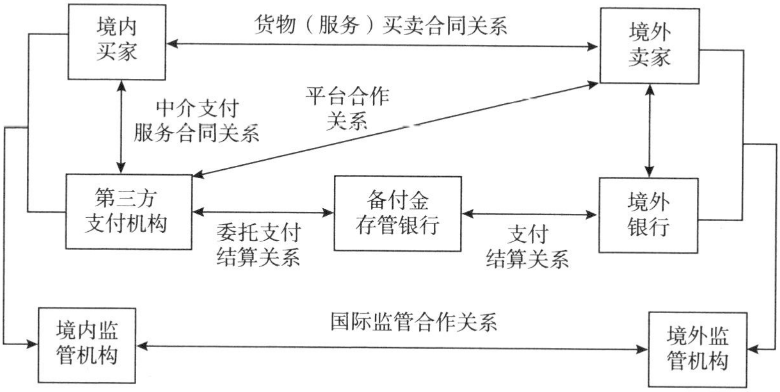

图7－5 进口跨境电子商务平台第三方支付机构购付汇业务流程

三、跨境电子商务中第三方支付的常见形式

从具体的表现形式上，跨境电子商务中的第三方支付通常有两种方式，一是跨境电子商务平台自营的支付渠道，比如速卖通开发的“国际支付宝”；二是单纯的第三方支付渠道。

（一）以“速卖通”为代表的跨境电子商务平台自营支付渠道

速卖通提供了两种账户用来让卖家接收境外买家支付的货款，即“支付宝国际账户（Alipay，见图7－6）”和“速卖通账户（见图7－7）”。

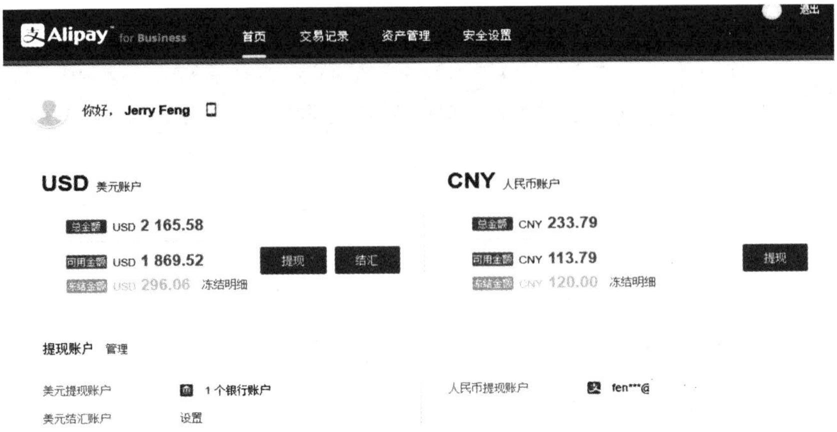

图 7－6　支付宝国际账户（Alipay）

图 7－7　速卖通账户

支付宝国际账户是支付宝为从事跨境交易的国内卖家建立的资金账户管理平台，包括对交易的收款、退款、提现等主要功能。支付宝国际账户是多币种账户，包含美元账户和人民币账户。目前只有速卖通与阿里巴巴国际站会员才能使用。

同时，因为业务发展需要，速卖通增加了多个支付渠道（目前主要是信用卡支付），系统会根据买家选择的支付渠道等信息决定结算到支付宝国际账户还是速卖通结算账户。与支付宝国际账户的功能基本一致，速卖通账户也是针对资金的查询、管理和提现。

目前，速卖通电脑端买家可以使用的支付方式包括：汇款（Wire Transfer）、

Visa、MasterCard、Maestro、American Express、Webmoney、Yandex Money、Western Union、QIWI、DOKU、Mercado Pago、Boleto、bancontact、TEF、iDeal、Giropay、Sofort Banking、Carte Bancaire (Carte Blue)、Przelewy24、SMS Payment in Russia (MTC、MegaFon、Beeline、TELE2)、Cash Payment (Euroset、Syvaony、Russian Post),以及 AliExpress Pocket(速卖通钱袋,相当于预存金账户)。

速卖通移动端 APP 上可以使用的支付方式包括:Visa、MasterCard、Maestro、American Express、国际支付宝余额支付(Alipay Balance)、QIWI、Boleto、bancontact、iDeal、Przelewy24、SMS Payment in Russia (MTC、MegaFon、Beeline、TELE2)以及 AliExpress Pocket。

(二)以 PayPal 为代表的第三方支付

PayPal 是世界上著名的第三方支付机构之一,是 eBay 的全资子公司,见图 7-8。目前,PayPal 拥有 2.1 亿会员,业务遍及世界 200 多个国家和地区,能够处理 100 多种货币的支付结算。

图 7-8 PayPal 界面

付款人如果通过 PayPal 支付一笔金额给商家或者收款人时,可以分为以下几个步骤。

(1)创建 PayPal 账户,在 PayPal 注册页面,依照提示输入信息,包括电子邮件地址、密码、姓名、出生日期、国籍、省、城市、地址、邮政编码、电话号码等,通过验证成为其用户,并提供信用卡或者相关银行资料,为

PayPal 账户充值。

(2) 当付款人启动向第三人付款程序时，必须先进入 PayPal 账户，提供收款人的电子邮件账号给 PayPal。

(3) PayPal 向商家或者收款人发出电子邮件，通知其有等待领取或转账的款项。

(4) 如商家或者收款人也是 PayPal 用户，其决定接受后，付款人所指定之款项即移转予收款人。收款人可以选择将取得的款项转换成支票寄到指定的处所、转入其个人的信用卡账户或者转入另一个银行账户。

(5) 若商家或者收款人没有 PayPal 账户，收款人需依 PayPal 电子邮件内容指示进入 PayPal 网页注册以获取一个 PayPal 账户，然后再继续以上的流程。

从以上流程可以看出，如果收款人已经是 PayPal 的用户，那么该笔款项就汇入他的 PayPal 账户，若收款人没有 PayPal 账户，网站就会发出一封通知电子邮件，引导收款者至 PayPal 网站注册一个新的账户。所以，也有人称 PayPal 的这种销售模式是一种“邮件病毒式”的商业拓展方式，从而使得 PayPal 市场份额越来越大。

第五节 在线银行支付与信用卡支付

一、在线银行支付

在线银行（Online Banking）支付一般有两种方式，一是直接通过在线银行进行转账或汇款；二是在电子商务网站上下订单后，通过电子商务网站的引导界面进入电子银行支付界面，输入银行账户的信息（比如账号、密码、手机短信验证码等验证信息），确认后完成支付。在跨境电子商务中，第一种方式适合 B2B 或金额较大的支付，即类似于 T/T；第二种方式适合 B2C 或通过跨境电子商务平台支付，类似于在线购物。

在线银行既可以通过借记卡来完成支付，也可以通过信用卡来完成支付。但是在国外，使用信用卡支付更加普遍。我国海淘买家经常通过在线银行使用借记卡来购物，但是外国网站与中国银行大多并不直接合作，而是通过第三方支付机构（比如 PayPal），这种情况下，中国买家就可以通过在线银行向第三方支付机构账户充值，然后再通过第三方支付机构账户完成支付交易。例如，你在 eBay 上购买商品支付时，实际上是用 PayPal 来完成的，但是前提条件是你需要通过在线银行向你的 PayPal 账户提前充值，如图 7 - 9 所示。

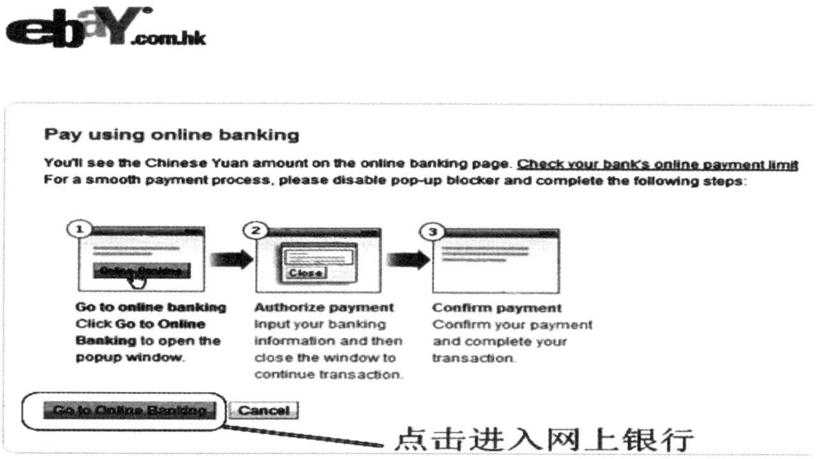

图 7 - 9　eBay 网上银行支付引导页面

在线银行支付中很重要的一个技术概念是支付网关（Payment Gateway），它是银行金融网络系统和互联网网络之间的接口，是由银行操作的将互联网上传输的数据转换为金融机构内部数据的一组服务器设备。支付网关可确保交易在互联网用户和交易处理商之间安全、无缝地传递，并且无须对原有主机系统进行修改。它可以处理所有互联网支付协议，互联网安全协议，交易交换，信息及协议的转换以及本地授权和结算处理。另外，它还可以通过设置来满足特定交易处理系统的要求。离开了支付网关，网络银行的电子支付功能也就无法实现。

二、信用卡通道支付

信用卡电子支付的通道基础就是信用卡以及各种在信用卡应用上产生的电子账户。国际信用卡支付（收款）的基本流程如下。首先跨境电子商务平台接入信用卡支付通道（所谓通道就是指开发的一套程序接口，一般由第三方支付机构或银行金融机构提供)，在其网站上生成支付接口页面。其次国外买家在跨境电子商务平台上下订单，支付时在支付接口页面输入他的信用卡信息并提交支付请求给支付网关。支付网关收到支付请求后，对买家所提供的支付信息进行风险评估和分析。风险评估无风险确认可支付后，将扣款请求和相关信息抛送给收单行（收单行或机构指跨行交易中兑付现金或与商户签约进行跨行交易资金结算，并且直接或间接地使交易达成转接的银行)。最后收单行把扣款请求和相关信息通过 VISA、Master 等卡组织递送给发卡行（发卡行或发卡机构的主要职能是向持卡人发行各种银行卡，并通过提供各类相关的银行卡服务收取一定费用）进行扣款处理。发卡行反馈支付成功或失败结果，如果失败则会反馈失败原因。图 7－10 所示的界面为某公司开发的信用卡支付接口，买家只需要将其信用卡及相关信息填写完整，即可完成支付。

国际上有五大信用卡品牌，分别是威士国际组织（Visa International）及万事达卡国际组织（Master Card International）两大组织及美国运通国际股份

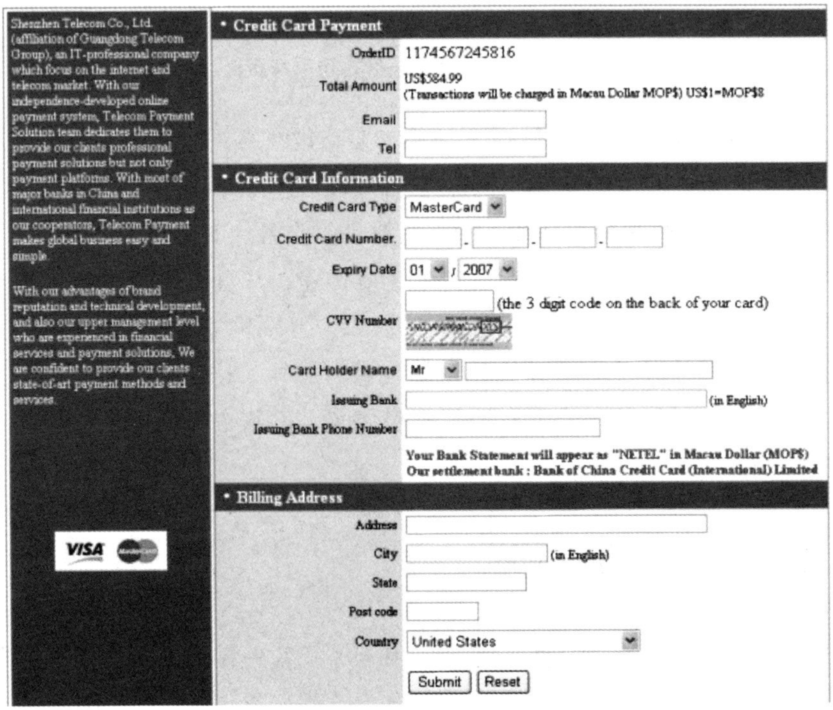

图 7－10　信用卡支付界面

有限公司（America Express）、大来信用卡有限公司（Diners Club）、JCB 日本国际信用卡公司（JCB）三家专业信用卡公司。这些信用卡在跨境电子商务支付中被广泛接受和使用。尤其是在欧美国家，它们信誉体制比较健全，用信用卡在网上消费是它们国家民众的主流支付模式。

在信用卡支付方式中，经常会发生拒付（charge-back）的现象，它是指持卡人在支付后的一定期限内（一般为 180 天，对某一笔交易要求撤回），可以向银行申请拒付账单。拒付常见的几种情况如下。

（1）未授权交易：就是未经持卡人本人许可的交易，如：持卡人卡号被盗或受到欺诈使用。

（2）未收到货物：就是在交易结束后，买家也顺利付款，但未收到卖家寄出的货物。

（3）货不对版：买家收到货后发现收到的物品与网店上查找购买的商品完全不符。

（4）恶意拒付：是由持卡人本人消费，但是持卡人却在收到货物后拒绝为此笔交易付款。不过拒付率较低，据 VISA、MASTER、JCB、美国运通、大来卡等信用卡组织调查显示，拒付率一般在千分之五以下。

第六节　支票和电子支票

支票支付在欧美国家比较普遍，在跨境电子商务和国际贸易中虽然不是很常见，但是也时有发生，尤其是用作支付样品费、尾款、佣金或是小额订单货款。例如，国内一些网站代理谷歌的“Google AdSense”①，一种主要的收款方法就是支票，即当用户收入超过 100 美元，Google 会将一张支票邮寄给用户。如果想要将国外支票提现，则需要进行“支票托收”，即将支票以及相关材料［身份证、银行卡或存折，支票背面写上个人姓名（支票上的名字）和个人身份证号码］交给银行，委托中国银行到国外开票

① 如果一个网站加入 Google AdSense，即成为 Google 的内容发布商，作为内容发布商可以在自己网站上显示 Google 关键词广告，Google 根据会员网站上显示的广告被点击的次数支付佣金，当某个月底佣金累计达到 100 美元时即可向用户支付广告点击佣金（通过美元支付，转账的时候会比较麻烦，转账时长一般大于 2 个月）。

行代为收款。总的来说，托收支票是一种费用比较低廉（以中国工商银行为例，每笔2 000美元以下的手续费大约为20元人民币）的海外支付收款方式，但是如果对方开具空头支票，银行则会拒付，退票后相关的费用通常由个人来承担。不过支票托收收款周期很长，一张支票从美国寄到中国，再从中国寄回美国，整个周期通常要一个月甚至几个月时间。中国的支票托收有一定限制，有时银行会要求用户提供劳务合同等凭证，还会出现中间行扣费的问题。

电子支票是纸质支票的电子替代物，它与纸质支票一样是用于支付的一种合法方式，它使用数字签名和自动验证技术来确定其合法性。图7－11所示为某电子支票界面，其支付流程和信用卡在线支付类似，消费者在支付页面直接输入银行账户号进行支付，支付信息提交成功之后，相当于给外贸商家开出来一张有效的支票，支付系统自动将该支票信息传输到消费者开户银行，委托银行清算这张支票，支票完成清算后，会从消费者账户扣取支票的资金，存入卖家指定的账户。对于跨境电子商务企业来说，电子支票通道是一个非常稳定的支付通道，不会因为拒付等关闭账户。电子支票通道在美国使用最多，但是在国际上的使用率并不高。

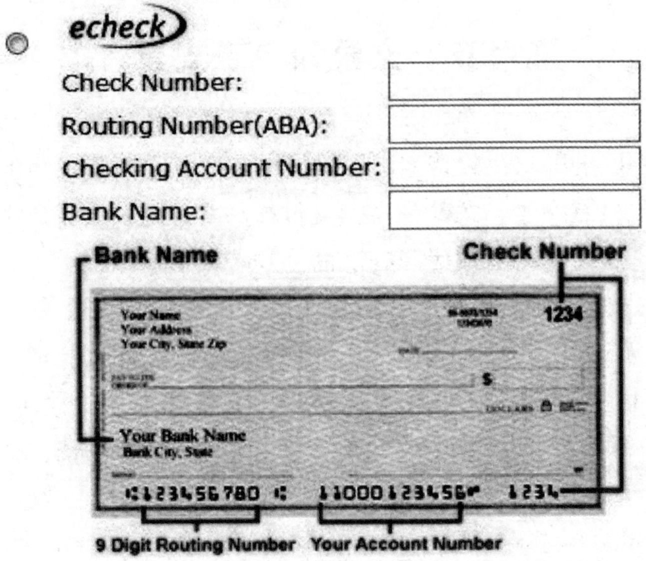

图7－11 echeck 界面

第七节　跨境电子商务支付方式的选用

不同跨境电子商务平台、不同市场、不同消费群体决定了跨境支付方式的不同。在某一个跨境电子商务机构进行市场活动时，或者计划开发和进入一个新的跨境电子商务市场时，选择合适的跨境支付方式具有非常重要的意义。

一、影响跨境电子商务支付方式选择的因素

影响跨境支付方式选择的因素很多，主要有以下几种。

（一）跨境支付方式普及率与覆盖范围

跨境支付方式普及率与覆盖范围是选择跨境支付方式的基础与前提。信用卡支付、货到付款、第三方支付平台等不同跨境支付方式在全球不同市场的普及率不同，不同跨境支付方式的地理覆盖范围与业务覆盖范围也不同。针对某个市场或某类市场，跨境支付方式的选择也会不同。在欧美等发达国家，金融环境相对成熟，电子商务发展与支付技术也相对成熟，信用卡支付与第三方支付具有较高的普及率与覆盖范围，成为跨境电子商务环境下首选的跨境支付方式。在非洲、拉美、东南亚等地区，金融环境比较落后，信用卡普及率较低，信用卡支付、PayPal 等第三方支付工具一般不会成为首选，而货到付款则是比较常用的跨境支付方式。

（二）交易主体使用偏好

在跨境电子商务交易中，存在因目标消费群体的支付习惯、偏好及宏观经济环境因素不同而导致跨境支付方式不同的情况，这是从事跨境电子商务活动时所要重点关注的，也是影响跨境支付方式选择的重要因素。例如，在中东与拉美地区，移动支付发展速度较快，显著高于欧美等成熟市场，已成为一种重要的跨境支付方式。在非洲、俄罗斯、印度等发展中市场，消费者对电子支付工具缺乏信任，大部分消费者偏好使用货到付款，尤其是货到付

现金的支付方式。在开发东南亚跨境电子商务市场时，货到付款是一个必备选项，但一般的中小型卖家很难直接与当地物流商对接，所以，选择提供货到付款服务的跨境电子商务平台成为消费者普遍采用的方式。在日本，手机使用频率极高，加上手机支付系统比较成熟，基于手机的跨境支付成为日本跨境电子商务市场运作的重要支付方式。

（三）跨境支付方式的使用成本

跨境电子商务卖家在货款回收方面远比国内电子商务卖家困难，海外资金结汇困难、周转慢、提款费率高、汇率变动风险等都是制约跨境电子商务货款回收的重要问题。跨境支付方式的使用成本已成为影响跨境支付方式选择的重要因素。使用成本包括时间成本与资金成本，资金成本又包括交易的手续费、汇率的成本等。不同支付方式交易的手续费不同，需要综合比较。目前，跨境支付的交易手续费一般为 1.7% ~5% 不等，如欧美市场常用的 PayPal，除了每笔 0.3 美元的收款手续费、35 美元的提现费，还有 3.4% ~ 4.4% 的收款手续费和 2.5% 的货币转换费等。随着市场竞争的加剧，支付公司为争取更多的客户，手续费在不断降低。此外，对于跨境电子商务交易而言，由于与不同国家（地区）进行商品交易时还会涉及货币兑换与汇率的问题，这成为跨境支付的成本构成之一。一般而言，跨境支付机构会开具多种币种，采用用户本币直接扣款方式，避免了用户承担汇率损失的风险，但商户需要在银行或支付机构进行货币转化，会产生货币转换成本，一般为 0.1% ~2.5% 不等。

（四）跨境支付资金的安全性

跨境支付的风险主要分为两类，一类是第三方支付机构本身发生的不合规交易带来的交易风险，另一类是用户遭遇的交易风险。

前者的产生是因为目前跨境电子商务还是跨境贸易的一种新型业态，行业的规则和法规还不成熟。所以第三方支付机构在国家还没有出台具体的法律法规之前，可能会以追求利益最大化为原则，省去没有规定但却有一定成本的工作流程，比如放弃成本较高但效果更好的大数据分析来审核相关信息，而采用成本较低的方式来审核客户的身份信息。这一定程度上会造成主体身份相关的虚假信息泛滥，增加跨境支付的交易风险，并且境内外个人也可能会趁机以服务贸易或虚假货物贸易的方式来转移外汇资金，逃避外汇管理局的监管，这在严重影响跨境支付交易秩序的同时，还威胁到了国家的资金安全。

用户遭遇的交易风险主要源自跨境支付交易过程中可能遭遇的各类网络支付安全问题。境内消费者将面对个人隐私信息被窃取、账号被盗、银行卡被盗用、支付信息丢失等情况，这些都对跨境支付的系统安全提出了更高的要求。与此同时，不同于境内支付交易，跨境支付交易过程中发生的大多数欺诈交易的追溯流程需要经历的路径也非常长，往往要两到三个月才能判定一笔交易是否属于欺诈交易，这实际上非常考验跨境支付过程中风险管理的有效性。此外，跨境支付交易的资金来源方往往遍布全球各地，这笔交易来自秘鲁，另一笔交易可能来自英国，另外跨境支付交易的风险管理还得承受全天 24 小时来自全球犯罪分子的攻击。这一系列的跨境支付欺诈风险都给跨境支付交易的风险管理提出了巨大的挑战。

（五）跨境支付通道的稳定性

跨境支付通道的稳定性是在选择跨境支付方式的时候要着重考量的因素之一。例如有些支付通道允许仿牌或违禁品的交易，长此以往可能会被监管机构吊销营业许可，从而给用户造成重大损失。另外，也要考虑支付通道的收款成功率或拒付率。有些通道由于能力缺失，导致收款成功率很低，令用户错失了大量的交易机会，造成了不必要的损失。

另外，目前通行的信用卡通道支付方式大致可以分为凭密支付和无密支付，凭密支付一般需要发卡行、收单行等多方验证及支持，成功授权的失败率比较高，尤其是在美国等习惯于无密支付的国家，授权失败率能高达 50%。为了减少授权失败率、提升用户的支付体验，大多数跨境电子商务企业倾向于无密支付，用户只需输入卡号，有效期及 CVV2（打印在 Visa/Master Card 卡签名区的一个数字）即可完成支付流程。这在调高了支付成功率的同时，也极大方便了犯罪分子的交易欺诈。

总而言之，在选择跨境支付方式时，要综合考虑，全面比较。表 7－2 是几种常见跨境支付方式的对比。

表 7-2 常见跨境支付方式对比表

类别	PayPal	银行转账	支票	西联汇款	信用卡
交易时间	实时	2~5 天	40~60 天	约 10 分钟	实时
手续费	2%~4%+提现手续费等	30 美元以上	电信费+手续费	每笔 20 美元以上	2%~3%
合作门槛	低	低	低	低	高
风险	盗号风险	账户信息盗用风险	被冒领、欺诈风险	被冒领风险，已被 eBay 等网站停用	拒付风险

二、跨境电子商务支付方式选用策略

跨境支付是跨境电子商务交易实现的重要环节，在运作或开发一个地区的跨境电子商务市场时，建议使用以下几种策略，才能使跨境支付为跨境电子商务交易保驾护航。

（一）组合策略，多种跨境支付方式搭配使用

就全球市场看，除了货到付款外，常用的跨境支付方式还有信用卡支付、预付卡支付、电子支付、网络银行、电子钱包、各类移动支付工具等。就第三方支付方式而言，如电子钱包，全球不同国家或地区的消费者使用偏好差异较大，欧美国家偏好使用 PayPal、中国偏好使用支付宝、微信支付等；俄罗斯偏好使用本土运营商提供的电子钱包支付工具，如 Yandex Dengi、Qiwi Wallet 与 Web Money 等。因此，需要综合权衡不同跨境支付方式的使用率与普及率、使用成本、特征与优势，采用多种跨境支付方式组合策略，通过多种跨境支付方式的搭配使用，来提高效率、降低成本、规避风险。

（二）有的放矢，目标市场与自身特点相结合

由于不同国家或地区的经济发展水平不同，经济环境存在差异，消费习惯与使用偏好也各异，在选择跨境支付方式、运营跨境支付业务时，需要根据目标市场的具体表现综合权衡。就全球市场看，各区域跨境支付水平参差

不齐，表现差异显著。在跨境电子商务成熟区域，如欧美，信用卡普及率较高，电子支付发展较快，在跨境支付应用中接受度与普及度较高。在跨境电子商务尚不成熟的国家或地区，其信用卡与电子支付普及率较低，货到付款等跨境支付方式较为普遍。面对不同市场，不能采取一刀切、同一模式的应对方式，应该根据目标市场的具体表现与市场需求，有的放矢，有针对性地开展跨境支付业务、实施跨境支付策略，并与自身需求、运营模式、业务优势等特点相结合。

（三）依托平台，实现与平台的协同效应

在跨境电子商务交易活动中，跨境电子商务平台处于商业链条的核心环节，需要不断发展、不断完善。就发展现状看，跨境电子商务平台占据主导优势，而跨境支付方式作为跨境电子商务平台的支持角色，也受到跨境电子商务平台发展的影响。跨境电子商务平台发展迅速，但跨境支付发展仍落后于跨境电子商务平台，并反向制约着跨境电子商务平台发展。在运作或开发跨境电子商务市场时，跨境支付机构应依托跨境电子商务平台，开展跨境支付业务，并追求跨境支付与跨境电子商务平台的协同效应。

专栏7.2　不同地区跨境电子商务支付习惯差异

1. 北美地区

在信息技术、网络技术等成熟发展的背景下，北美地区的消费者习惯并熟悉各种先进的电子支付方式，对于网上支付、电话支付、邮件支付、手机支付等各种新兴支付方式并不陌生。信用卡也是常用的跨境支付方式之一。美国的第三方支付公司能够接受支持150多种货币的维萨（VISA）与万事达（Master Card）信用卡、支持80余种货币的美国运通卡（American Express）、支持16种货币的大来卡（Diners）支付货款。同时，PayPal也是美国人最常用的电子支付方式。此外，还有Facebook、Twitter等社交网络支付，以及Amazon钱包等电子商务企业自有的支付工具。

2. 欧洲地区

欧洲地区跨境网购消费者最习惯的电子支付方式除了维萨（VISA）与万

事达（Master Card）等国际信用卡外，还有一些当地信用卡，如英国的Maestro和Solo、法国的Carte Bleue、爱尔兰的Laser、西班牙的4B、丹麦的Dankort、意大利的Carta Si等。英国等跨境网购市场比较发达的国家，包括PayPal在内的第三方支付方式使用率也较高。德国的Elektronisches Lastschrift Verfahren（ELV）是盛行的一种电子直接支付方式，绝大多数德国银行支持这种支付方式，通过网络，根据客户提供的商业银行账户号码和授权信息处理付款。Giropay是一种在线支付方式，超过1 500家德国银行支持该方式，通过该支付方式，用户可在银行网上完成支付。Sofortüberweisung是一种简便的在线支付方式，无须在线注册，通过银行提供的凭证与交易验证码即可操作。Prepaid Voucher是以货币价值储存的付款卡。

3. 东北亚地区

日本消费者以信用卡支付与手机支付为主。日本的本土信用卡组织为JCB，支持20种货币，是常用的跨境支付方式。日本人普遍都还会有一张维萨（VISA）与万事达（Master Card）信用卡，可以用于跨境电子商务支付。日本手机网购消费群体的规模已超过个人电脑消费群体的规模，所以，日本消费者习惯使用手机进行网购与支付。由索尼、手机运营商NTT Docomo、交通运营商JR East组成的联盟推进着手机支付系统的发展。中国的支付宝在日本使用率也较高。在韩国，跨境网购市场非常发达，主流购物平台多是C2C平台，如Auction、Gmarket、11ST等。另外，还有众多的B2C平台。但是，韩国在线支付方式比较封闭，一般只提供韩国国内银行的银行卡进行跨境支付，维萨（VISA）与万事达（Master Card）信用卡的使用率较低，PayPal虽然也有不少韩国消费者在使用，但仍不是主流的支付方式。

4. 拉美地区

以巴西、墨西哥、阿根廷为代表的拉美地区跨境电子商务市场的支付方式与使用率差异非常显著。巴西的信用卡普及率较高，全国拥有约8 260万张活跃的信用卡，其中维萨（Visa）与万事达（Master Card）主导着信用卡市场。巴西网民常用的支付方式比较多，包括Boleto Bancário、Dinero Mail、Mercado Pago、Mo IP、Oi Paggo、Pagseguro、PayPal、Safety Pay、Skrill等。其中，Boleto Bancário是第二受欢迎的支付方式，也是那些不拥有信用卡的消费者经常使用的支付方式。此外，包括像PayPal、Mercado Pago等电子钱包，充值卡、礼品卡、预付卡、虚拟卡等使用率也较高。墨西哥跨境网购消费者偏好现金支付。在阿根廷，货到付款的支付方式也较为普遍。此外，还有 Pago Facil 和 Rapi Pago、Alternative payments（Mercado Pago，Pay Pal，Dinero Mail）等。

5. 中国

中国最主流的支付平台是以支付宝、财付通为代表的非独立第三方支付平台。这些支付平台一般采用充值模式进行付款，实际上都拥有大部分银行的网上银行功能。所以，无论是信用卡还是借记卡，只要开通了网上银行功能，就可以实现跨境电子商务支付。信用卡在中国的普及率还有待提升，大部分消费者习惯使用借记卡进行支付。不过，信用卡在中国发展非常快，普及率也在剧增，尤其在城市的年轻白领群体中，使用信用卡进行跨境支付非常普遍。在一些经济发达城市，维萨（VISA）与万事达（Master Card）信用卡支付已非常普遍，苹果公司的 Apple Pay 的使用率也比较高。此外，QQ 钱包、微信支付等基于社交网络的支付方式也逐渐普及。

资料来源：作者收集整理。

思考与实训

1. 跨境电子支付的作用是什么？
2. 想一想 B2B 中可以使用哪些跨境支付方式？
3. 哪些支付方式更加适合 B2C 跨境电子商务模式？
4. 描述一下第三方跨境电子商务支付的流程。
5. 登录 PayPal 网站，了解 PayPal 的特点和运作方式。
6. 思考一下如何选择跨境电子商务支付方式。

第八章　跨境电子商务中的知识产权、税收与交易风险

目前，知识产权方面的纠纷成为跨境电子商务面临的主要问题之一。一方面，在跨境电子商务产业高速发展的形势下，侵犯知识产权的行为不断发生，严重影响中国商家的国际形象和跨境电子商务产业的长足健康发展。另一方面，国内企业对知识产权，特别是国际知识产权及相关法律重视及了解度不够，在知识产权纠纷中往往是失利方。

由于跨境电子商务快速发展，各国政府纷纷考虑征税的问题。从目前的趋势看，各国未来对电子商务销售征税是一个可预见的结果，因此，跨境电子商务从业者应该做好准备，以应对税收带来的各种影响。

虚拟性与开放性是互联网的显著特征，网络安全问题是电子商务与生俱来的，由此导致交易主体行为、网络信息与资讯等的不确定性与风险性。当电子商务的发展突破了国家（地区）界限之后，交易流程与交易环境更加复杂，随之各类安全问题与日俱增，且层出不穷。跨境电子商务所面临的安全问题主要有交易安全、支付安全、物流安全、网络安全、信用安全、通关与商检安全，以及各地政治、经济、文化、法律、税收、税率等威胁。

学习目标

了解内容：知识产权的概念，知识产品与跨境电子商务的关系，进口环节跨境电子商务方式下税收政策，进口国国内环节对电子商务的税收政策

理解内容：知识产权侵权类型，跨境电子商务中知识产权侵权造成的危害，税收对跨境电子商务发展的影响

掌握内容：知识产权的特点，知识产权的分类，跨境电子商务交易信息、信用、法律、物流、通关等风险

关键术语

知识产权、商标权、专利权、著作权、VAT、信息风险、信用风险、法律风险、信息泄露、病毒攻击、身份假冒

第一节　跨境电子商务中的知识产权

在国际贸易中，知识产权一直是备受关注的焦点问题之一。2016 年，我国海关共采取知识产权保护措施 1.95 万余次，实际扣留进出境侵权嫌疑货物 4 205.82 万余件，其中，涉嫌侵犯商标权的货物高达 4 145.64 万余件，占侵权嫌疑货物总量的 98.56%。大多数涉嫌侵权货物在出口环节被查获。2016 年中国海关在出口环节扣留侵权嫌疑货物 1.68 万余批，占扣留总批次的 96.20%；扣留的出口侵权嫌疑商品有 4 161.67 万余件，占全部扣留商品总数的 98.95%。另外，海运和邮递是查获侵权嫌疑商品的主要渠道。2016 年海关在海运渠道查扣侵权嫌疑商品近 3 940.13 万余件，占全年扣留商品数量的 93.68%。在进出境邮递渠道共查扣侵权嫌疑商品 1.42 万余批，占全年扣留批次的 81.33%。

一、知识产权与跨境电子商务

知识产权（Intellectual property rights），也被称为“智力成果权”“无形财产权”，是人们对自己创造的智力活动成果依法享有的权利，通常也是国家赋予创造者对其智力成果在一定时期内享有的专有权或独占权（exclusive right）。它具有以下特点。

（一）无形性

知识产权从本质上说是一种无形财产权，它的客体是智力成果或是知识产品，是一种无形财产或者一种没有形体的精神财富，是创造性的智力劳动所创造的劳动成果。它与房屋、汽车等有形财产一样，都受到国家法律的保护，都具有价值和使用价值。

（二）专有性

专有性即独占性或垄断性。除权利人同意或法律规定外，权利人以外的任何人不得享有或使用该项权利。

（三）地域性

地域性即只在所确认和保护的地域内有效。除签有国际公约或双边互惠协定外，经一国法律保护的某项权利只在该国（地区）范围内发生法律效力。所以知识产权既具有地域性，在一定条件下又具有国际性。

（四）时间性

时间性即法律对各项权利的保护，都规定有一定的有效期，各国法律对保护期限的长短不完全相同，只有参加国际协定或进行国际申请时，才对某项权利有统一的保护期限。

在跨境电子商务活动中，知识产权已成为传递品牌信赖度的标识，买家主要通过专利、商标、版权识别消费产品的信息、可靠度及性价比。在无法亲眼看见货物的情况下，绝大多数买家主要通过知识产权辨别远在万里之外的商家的信誉和商品的品质。因此，知识产权（特别是商标）在跨境电子商务营销活动中就显得特别重要，知识产权的价值分量相应增加。

但是，跨境电子商务中，卖家以中小企业为主，甚至很多自然人，他们往往缺乏知识产权方面的专业知识，而面对的国外买家也具有不特定性，知识产权问题变得非常突出，侵犯知识产权的行为不断发生，严重影响中国商家的国际形象和跨境电子商务产业的长足健康发展。因此，加强知识产权在跨境电子商务领域运行规律的研究，全面分析研究跨境电子商务知识产权风险，化解行业发展风险，是一项紧迫的课题。

二、跨境电子商务中知识产权的类型

当谈到知识产权时，需要先明确该知识产权的具体类型，再根据类型的不同明确其具体的保护内容。平时经常接触的知识产权类型主要为商标权、专利权、著作权（如图 8－1）。跨境电子商务作为利用电子数据处理技术进行贸易活动的电子化商务运作模式，其核心是“数据信息”，而这些数据信息的内容大多是一连串的文字、图形、声音、影像、计算机程序等作品，这些客体都涉及商标、专利、著作（作品）等不同种类的知识产权。

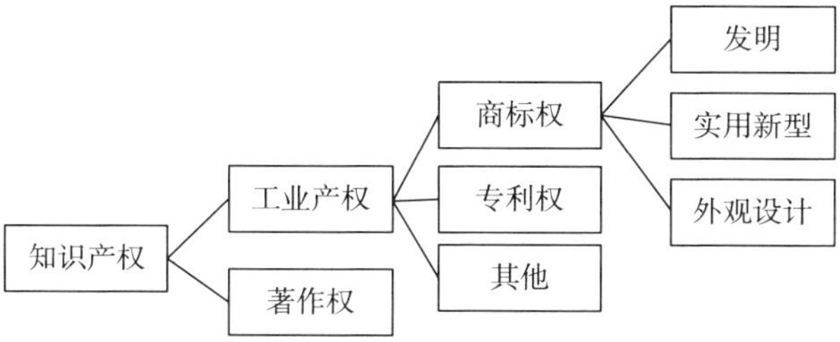

图 8－1　知识产权类型

（一）商标权

商标是能够将一家企业的商品或服务与其他企业的商品或服务区别开的标志。一般而言，商标可由文字、图形、字母、数字、三维标志、颜色等要素或其组成构成。但同时，商标也可以由以下元素单独或组合构成：图形、符号、商品的形状和包装等立体特征、声音或气味等不可视标志，或者作为区别商品或服务来源特征使用的颜色等。

需要明确的是，商标有使用商标与注册商标的区别。使用商标是指商业经营者使用一个标识将自己的产品或服务与他人的相区别，这种商标不需注册。注册商标是商业经营者向相关授权机关（一般为各个国家（地区）的专利授权机关）提出申请并获得授权的标识，一般会在商标右上角加“®”表明该商标已注册。

相较于使用商标，注册商标因获得授权并公开而更具有法律效力。因此，平时跨境电子商务中所遇到的商标权，即为注册商标专用权的简称，指的是商标授权机关依法授予的，商标所有人对其注册商标享有受国家法律保护的排他使用权、收益权、处分权和禁止他人侵权的权利。

（二）专利权

一般而言，专利权分为以下三种类型。

1. 发明专利权

在专利里发明专利的技术含量最高，发明人所花费的创造性劳动最多，新产品及其制造方法、使用方法都可以申请发明专利。发明专利的保护范围以发明专利审定授权说明书中权利要求的内容为准，说明书及附图可以用于解释权利要求的内容。

2. 实用新型专利权

实用新型其实就是对产品的形状、构造或者其结合所提出的适于实用的新的技术方案。只要有一些技术改进就可以申请实用新型专利。与发明专利一样，实用新型专利的保护范围也是以其审定授权说明书中权利要求的内容为准，说明书及附图可以用于解释权利要求的内容。

3. 外观设计专利权

只要涉及产品的形状、图案或者其结合以及色彩与形状、图案的结合，富有美感，并适于工业上应用的新设计，就可申请外观设计专利。外观设计专利的保护范围以审定授权说明书中表示为图片或者照片的该产品的外观设计为准，简要说明可以用于解释图片或者照片所表示的该产品的外观设计。

只有满足专利条件，向相关机关（一般为各个国家（地区）专利授权机关）申请并获得授权后，才能拥有专利权。另外，在中国，发明专利权的保护期限为20年，实用新型专利权和外观设计专利权的保护期限为10年，当期限届满或专利权中途丧失，其他任何人都可无偿使用该专利技术。

（三）著作权[①]

著作，指的是公民、法人或者其他组织所创作的文学、艺术和自然科学、社会科学、工程技术等作品。如图书、图画、雕塑等，软件代码也属于著作。著作权，则指的是著作的作者及其相关主体依法对作品所享有的权利，包括金钱的（出版、复制等），也包括人身的权利（署名等）。需注意，著作权自作品完成之日起即产生，并不因登记、申请才拥有。在跨境电子商务中，常涉及的著作权有美术作品，摄影作品，产品设计图、示意图等图形作品，模型作品，艺术作品，计算机软件等。

---

① 著作权常被称为版权。因过去印刷术的不普及使印刷显得很有价值，当时社会认为附随于著作物最重要之权利莫过于将这个著作权印刷出版之权，故有此称呼。随着社会的发展，著作种类增加，著作权的范围已不限于印刷出版之权了，后来渐渐采用“著作权”的称呼。

三、跨境电子商务知识产权侵权类型

跨境电子商务网络虚拟化、交易远程化的特点让部分商家在知识产权（尤其是商标权）问题上产生了侥幸心理，经常发生侵权行为，主要包括以下三种类型。

（一）商标权侵权

在跨境电子商务中，国外消费者由于主要依靠图形、文字和信息识别商品和服务，面对海量的商品信息，具有显著性的商标的产品成为跨境电子商务的宠儿。因此，商标在跨境电子商务中的地位非常重要。从商标权人的角度看，商标便于消费者在网络上识别高质量商品或者服务及其来源。商标得到保护，有利于维护商标权利人的利益不受侵犯，同时也避免了消费者购买到假冒伪劣商品和服务的风险。但是，商标作为一种图形符号，在网络上容易采用技术手段复制和仿冒，受到了不法分子的利用。

根据《中华人民共和国商标法》第52条，有下列行为之一的，均属侵犯注册商标专用权。

（1）未经商标注册人的许可，在同一种商品或者类似商品上使用与其注册商标相同或者近似的商标的；

（2）销售侵犯注册商标专用权的商品的；

（3）伪造、擅自制造他人注册商标标识或者销售伪造、擅自制造的注册商标标识的；

（4）未经商标注册人同意，更换其注册商标并将该更换商标的商品又投入市场的；

（5）给他人的注册商标专用权造成其他损害的。

在跨境电子商务中，常见的商标侵权包括在第三方平台或者是自己的独立网站上使用的商品图片、文字描述、关键词、属性、店铺名称等中出现与他人注册商标相同或相似的商标，以及将商标用于产品包装或产品设计中。

例如，迪士尼企业公司著名的商标"Mickey mouse"（米老鼠或米奇老鼠）除了注册有文字商标外，还注册了图形商标，如图8－2所示。凡是在产品图片、描述以及其他文字中出现"Mickey mouse"以及如图8－2所示类似图形的，都可能涉及侵权。

图 8-2 米老鼠的图形商标

另外，在跨境电子商务中，经常涉及域名抢注行为。所谓域名抢注，又称恶意注册和使用域名，是指注册人将他人的商标、企业名称、商号等抢先注册为自己域名的行为。域名具有唯一性，即它在全球范围内是独一无二的，但同时域名通常都是按照“登记在先”的原则来执行的，因此一旦有人先对某个名字进行了注册，其他人就不得再使用该名字来命名其网址。因为域名具有较高的商业价值，抢注者希望借助被抢注者的良好名誉得到网络用户的访问，一旦抢注成功，网络用户将无法访问到该域名真正代表的被抢注企业的站点，而是访问到抢注者的站点。不过，有些注册人只注册不用，注册的目的就是通过转让其注册的域名牟取利益，以非常高的价格向商标权人提出转让域名，使商标权人蒙受巨大损失，这也是一种典型的商标侵权行为。

专栏 8.1 速卖通对商标侵权行为的界定

一、商标侵权严重违规行为

1. 在商品中使用他人品牌名称或衍生词，品牌 logo 或相似 logo，或进行遮挡、涂抹行为或明示/暗示他人品牌或使用外形类似知名商品的工程设计图且文字含有模仿品牌衍生词的表述（包括但不限于：产品标题、属性、描述、商品组名等商品文本信息中或店铺名称、店铺横幅、滚动页等店铺装潢图片），以及在商品品牌属性上填写的是 A 品牌，但在商品主图或者详图上放的是 B 品牌商品图片。

2. 虽获他人品牌授权，但销售品牌商未生产过的型号/系列的。如卖家销售 A 品牌并未生产过 30 000 毫安的移动电源。

3. 实际销售他人品牌商品，或他人品牌未生产过的型号/系列的。如卖家发布的信息是销售 A 品牌，但销售的实物是 B 品牌。

4. 自有品牌的产品设计涉及他人品牌。如卖家自己注册了 A 品牌的单鞋，在鞋标上用的是 A 品牌，但鞋绑的图案用了 B 品牌。

5. 虽自有品牌，但商品标题、属性、描述、商品组名等商品文本信息中或店铺名称等店铺信息使用他人品牌名称或衍生词，或明示/暗示他人品牌。如卖家在商品品牌属性上填写的是 A 品牌，但在标题中涉及 B 品牌。

6. 销售他人品牌包装袋/包装盒/标签/纽扣/证书/图案贴等品牌商品的配件或配套产品。如卖家虽不销售 B 品牌成品，但销售 B 品牌商品的纽扣。

二、商标侵权一般违规行为

1. 商品展示背景使用他人品牌包装袋/包装盒，导致消费者混淆的。如卖家销售 A 品牌眼镜，但是眼镜放在印有 B 品牌的眼镜盒上，导致混淆。

2. 配件类的商品未正确表达“适用于”的表述。卖家销售的是用在 B 品牌手机的 A 品牌手机壳，但描述中直接写 B 手机壳。

3. 非配件类的商品滥用“适用于”的表述。卖家销售的是 A 品牌手机，但描述中写着 A 品牌手机适用于 B 品牌手机。

4. 其他未经授权销售或使用他人品牌的情况。卖家销售的是 A 品牌包，但写着 B 品牌款式或者比 B 品牌好等描述。

资料来源：雨果网，https：//www. cifnews. com/article/29146.

（二）专利权侵权

专利权侵权主要包括发明和实用新型侵权、外观设计专利侵权、假冒专利侵权三种。其中，如被投诉产品的技术特征与发明和实用新型专利权利要求书中记载的必要技术特征完全相同，或多于必要技术特征，或与必要技术特征虽有不同部分但属于等同手段替换，则被投诉产品落入了权利保护范围，从而构成发明或实用新型侵权。如被投诉产品与该外观设计专利属同类或相似类产品，且在整体视觉效果上存在相同或相似，则被投诉产品落入了外观设计专利的权利保护范围，从而构成外观设计专利侵权。

另外，假冒他人专利主要表现为：未经许可，在制造或销售的产品、产品包装上标注他人的专利号；未经许可，在广告或者其他宣传材料中使用他人的专利号；未经许可，在合同中使用他人的专利号；伪造或者变造他人的专利证书、专利文件或者专利申请文件。

在跨境电子商务中，中国的企业仿造国外产品的事情时有发生，往往会涉及专利侵权。例如图 8 - 3（左图）为某外国厂商设计的美容化妆用毛刷（产品名称：ArtisBrush，权利人：Artis LLC，知识产权编号：302015000678），获得了外观设计专利权，但是在跨境电子商务平台上，经常会看到各种仿制的、未经授权的类似产品（如图 8 -3 右图所示）在售卖。

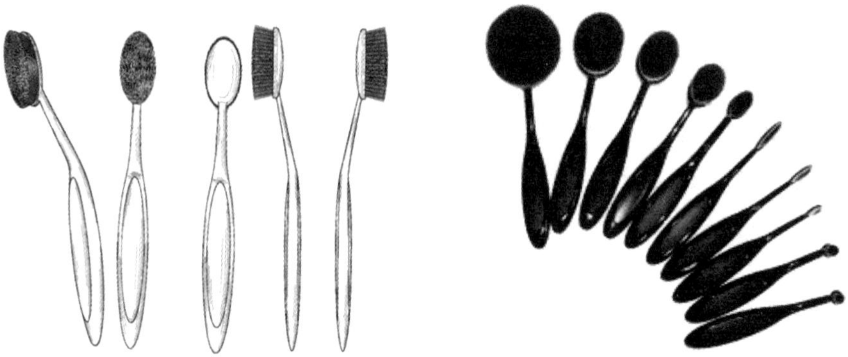

图 8 -3 外观设计专利

（三）著作权侵权

著作权保护的核心内容是保护著作权人拥有控制作品传播和使用的权利。在传统的著作权保护下，著作权人对作品的复制权、发行权、传播权基本得到了保证。但是在网络环境中，著作权人面临着作品“失控”的严重威胁。网络中传输的数字信息，包括各种文字、影像、声音、图形和软件等都属智力成果，侵权行为人完全可以通过互联网不经著作权人许可而以任何方式对这些数字信息进行复制、出版、发行、传播，从而构成互联网著作权侵权。如图 8 -4 所示，Peppa Pig（中译名：粉红猪小妹）的所有者在中国申请了著作权，对其创作的形象进行了保护，因此，未经其允许，擅自使用或模仿其作品的行为都构成了侵权。

作品登记证书

No. 00113418

申请者娱乐壹英国有限公司(Entertainment One UK Limited)（英国）经艾斯利贝克戴维斯有限公司(Astley Baker Davies Ltd.)（英国）转让，于 2004 年 11 月 5 日取得了美术作品《Peppa Pig, George Pig, Daddy Pig, Mommy Pig》在全球范围的著作权的财产权，双方各占有 50%的份额，申请者娱乐壹英国有限公司(Entertainment One UK Limited)申请对上述权利进行登记。

经中国版权保护中心审核，对申请者的上述权利予以登记。

登记号为：国作登字-2014-F-00113418

登记日期为：2014 年 6 月 4 日

中华人民共和国国家版权局 作品自愿登记专用章

图 8－4　粉红猪小妹的形象及著作权

四、跨境电子商务知识产权侵权造成的危害

从目前的情况来看，国内跨境电子商务行业侵犯知识产权、贩卖假冒伪劣产品等违法行为时有发生，海外消费投诉众多，“劣币驱良币”现象严重，中国卖家集体知识产权形象不佳，严重影响国外卖家对中国产品的消费信赖。知识产权对大企业而言是利益竞争的重要工具，但对普通的跨境电子商务卖家而言，却是关系到法律风险、生存风险的双刃利剑。

首先，法律责任及经济损失表现在，相关法律规定，侵犯专利、商标、著作权等知识产权，需停止侵权、没收违法所得、赔偿知识产权人损失，并被处以罚款，情节严重构成犯罪，将会被依法追究刑事责任。

其次，知识产权侵权对店铺或企业的长久健康发展也会造成影响。

（1）正常运营会被打断。例如亚马逊、速卖通等都规定，如所发布产品为侵权产品，被权利人发现并向平台投诉，该被投诉产品会被移除、警告、暂停店铺经营以及关闭店铺等处罚。

（2）客源流失，卖家信誉受损。如所发布的产品为假冒产品，有过交易的买家在收到产品后对质量不满意，将不再光顾，亦有可能向平台投诉举报产品质量有问题或描述不符合，卖家信誉会受损。

（3）承担额外的开支。如所发布的产品为假冒产品，有过交易的买家不满意收到的产品，要求退货，卖家则需要承担额外的运费、关税费用等。

（4）出口海关法律风险及经济损失。各个国家或经济区域都有海关知识产权保护政策，在产品出口时，如知识产权权利人向海关申请，侵权产品则会被扣关。在随后的诉讼中侵权产品出口人需承担法律责任，并遭受货物被销毁的经济损失。

专栏8.2 侵犯“雷朋”商标案

“雷朋”（RAY - BAN）原是美国博士伦公司（Bausch&Lomb）于1937年创立的高端眼镜品牌。1999年，博士伦公司以高达6.4亿美元的价格将包括RAY - BAN、WAYFARER、CLUBMASTER等雷朋系列太阳镜商标卖给了意大利陆逊梯卡集团（Luxottica Group）。对于上述天价购入的国际知名商标，陆逊梯卡集团一直不遗余力地打击侵权，维护品牌价值。自2014年起，陆逊梯卡集团在美国多个联邦地区法院发动了40多起商标侵权诉讼，起诉包括上万家中国中小电子商务企业和个人侵犯其雷朋系列太阳镜商标，冻结其PayPal账户，引起了中国销售太阳镜的中小电子商务企业的恐慌。

在陆逊梯卡集团诉Zhang Yufeng等人（2015年）的案例中，原告在伊利诺伊州联邦北区法院状告近2 000家电子商务企业和个人商标侵权，其中大部分被告来自中国。原告起诉这些被告有商标侵权、假冒商标、原产地虚假标示以及违反反域名抢注消费者保护法和伊利诺伊州统一欺骗性贸易行为法案的行为。陆逊梯卡集团在诉状中指出，数千家网站链接了网店和互动网页，销售假冒的雷朋眼镜。违法行为包括：网站使用了雷朋系列太阳镜商标，甚至将雷朋商标作为其网站地址的一部分，并且提供24/7即时客服，网页上还标有Mc Afee防计算机病毒安全、Veri Sign安全支付、Visa和Master Card信用卡以及PayPal的标识，使消费者误以为其是雷朋的官方网站或销售的是正牌雷朋眼镜；网站使用未经授权的搜索引擎优化策略或通过社交网络的大肆推广，使其在消费者搜索雷朋眼镜时被列在搜索结果的顶部；网站使用虚假的姓名和地址注册，且不止注册一个，以备一个网站被诉侵权而关闭后可以立即启动新的网站。基于上述情况，陆逊梯卡集团诉求法院判决强制被告停止侵权行为，将侵权非法所得的利润赔付给原告，或赔付原告200万美元的法定商标侵权赔偿。

诉讼发生后，大多数被告因其PayPal账户余额只有几万美元，不想为此支付昂贵的美国律师费用而放弃了应诉，既没有应答原告的临时禁令动议，也没有出席法院对该动议的听证会。最终，法院判决每个放弃应诉的被告商标故意侵权，勒令被告停止侵权行为，把雷朋商标作为其网站地址一部分的网站将被转至陆逊梯卡集团名下，对其故意侵权行为判罚200万美元的侵权赔偿，并强制划归这些被告现有的及将来新开的PayPal账户的全部余额给原告，直到付清200万美元的侵权赔偿为止。

陆逊梯卡集团在伊利诺伊州联邦北区法院及其他联邦地区法院提起了许多类似诉讼，法院对放弃应诉的被告也都做出了类似的判决。在2016年以来的部分案件中，陆逊梯卡集团将被告名单通过保密方式提交法院，法院也允许原告以电子邮件形式单独向每个被告发送法院传票和诉讼文书。在这样的情况下，很多中国电子商务企业与个人仅知道自己或部分同行被诉，但不知道究竟有多少店家被诉。这在中国太阳镜电子商务圈里造成了更大范围的恐慌。

陆逊梯卡集团的商标维权诉讼，是知识产权持有人清理电子商务侵权行为常用的手法。除了太阳镜以外，其他消费产品领域的知识产权持有人也正在或将要启动类似的大规模维权行动，以遏制电子商务企业的知识产权侵权行为。面对此类商标维权诉讼，中国电子商务企业需要从不同层面加以应对，尽量做好事前防范与事中控制。

资料来源：朱韶斌，王宁玲．化解跨境电子商务知识产权风险［J］．中国外汇，2016（5）：17－19.

我国企业知识产权权利意识淡薄，保护观念落后，“拿来主义”盛行，潜在侵权风险较高，极易发生侵权纠纷。因此，企业应提高自身法律素养，杜绝侥幸心理，减少因各种技术手段的不当运用造成对知识产权的侵权。企业还要加大知识产权战略投入，加强自主研发与知识产权布局，做好自身产权的积累，提高企业的知识产权保护水平和管理能力。

另外，由于有些电子商务卖家的知识产权保护意识弱，没有提前做好知识产权保护（例如没有及时注册商标、专利或著作权），不注意保护自己的知识产权与智力劳动成果，被他人盗用设计、图片甚至商标等多种知识产权都还不知道，导致损失严重。

总之，在产品进军海外市场之前，跨境电子商务卖家务必提前进行知识产权检索查询和风险预警工作，根据相关法律和评估情况，采取相应的措施，降低自身产品可能存在的侵权风险。在面对诉讼或侵权警告时，切勿掉以轻心，也不用过于保守，采取积极的应对策略，尽力寻求反诉或协商调解的可能，最大限度保护企业自身合法权益。

第二节　跨境电子商务中的税收①

在我国的B2C零售出口跨境电子商务中，涉及的税务主要包括两种，一是进口国对通过跨境电子商务方式进口的商品在进口环节征收的进口关税、消费税或增值税，二是进口国对通过国内电子商务方式销售的货物征收的消费税和增值税等。比如，当在国外设立海外仓时，商品在当地电子商务平台上进行售卖，国外买家在平台下订单，货物从当地海外仓直接发货，可能涉及进口国国内的消费税和增值税。

一、进口环节跨境电子商务方式下税收政策

世界各国（地区）对于进口的商品一般分为物品和货物两种类型进行管理。物品是指以非盈利为目的，符合自用、合理数量原则的商品，这种物品一般数量较少、价值较低，大多走万国邮政联盟途径或是快递小包裹的较多。

① 本节主要介绍出口B2C零售跨境电子商务涉及的税务问题，B2B按照传统的一般贸易进行征税，不再详细说明。

根据国际惯例，对于物品，各国在征收进口关税、消费税以及增值税上相对宽松，尤其是邮政清关，如果不是很明显的超出自用、合理数量原则的话，被征收进口关税、消费税和增值税的概率很低。反之，如果将进口物品认定为货物的话，则一般要全额缴纳相关进口税费。

（一）美国

不同的国家对于物品的界定以及起征税额有不同的规定。例如美国海关政策允许每个人，包括法人跟自然人，每天从海外进口 800 美元以内的免税商品，这个免税额度非常的高，所以大部分的邮件进口到美国只要没有其他问题都是全部放行。对于申报价值在 801 美元到 2 000 美元范围内的邮件，如果是没有关税的邮件（税率为零的税目），海关也是直接放行。如果需要缴纳关税，那么美国海关会计算关税，开具税单，清关完毕后，交给美国邮政做最终派送，并且由美国邮政向收件人收取关税跟清关手续费（6.25 美元每票）。而对于申报价值大于 2 000 美元的邮件（不管关税是否是零），邮件会被扣在国际邮件处理中心，海关会通知美国邮政给最终收件人发通知，做正式报关进口，收件人自己或者委托商业报关公司对邮件做正式进口报关。

（二）俄罗斯

由于跨境电子商务的发展迅速，从海关的角度看，造成了一定的关税流失，因此俄罗斯对跨境电子商务零售物品的监管也越来越严格。例如，根据俄互联网贸易公司协会数据，俄罗斯邮政包裹 90% 来自中国，还有各 2% 来自英国和美国，各 1% 来自德国、法国和意大利。根据协会评估，国际邮政包裹的平均价值为 1 250 卢布（约 143 元人民币），而中国的包裹价值平均为 800 卢布（约 91 元人民币）。俄互联网贸易公司协会认为，廉价包裹数量增长巨大，这是由于商品在俄国内和在国外价格相差 28% 造成的，这个差额包含 18% 的增值税和 10% 的关税。同时，他们认为俄罗斯邮政成了境外包裹的免税通道——这是俄海关的巨大黑洞。2017 年俄邮政收到的 3.4 亿件包裹共计 3 500 亿卢布（约 400 亿元人民币），绕过海关进入俄罗斯[①]。

---

① 黎然．中国包裹“占领”俄邮政：国际包裹九成来自中国［J/OL］．参考信息网，2017［2018－3－15］．http：//news.cnr.cn/native/gd/20170720/t20170720_523859565.shtml.

因此，俄罗斯对这种情况做出了应对，俄联邦海关署于2017年11月24日发布了关于商业快递清关的最新规定：自北京时间2017年12月7日至2018年7月1日，俄罗斯公民网购商品入境，包括DHL Express、UPS、SPSR Express、DPD和Pony Express在内的五家物流企业需验证入境包裹，收件人必须提供纳税标识号（TIN）以及所售产品的截图或链接来证明其价值。其他物流公司和Post of Russia则继续执行原来的制度。但是此次俄罗斯海关颁布的新政不涉及邮政类包裹。该政策的出台旨在记录个人所收到的所有商品的价值和重量，从而减少进口风险①。而且，俄罗斯正在研究让亚马逊、eBay、速卖通等平台征收VAT税（详见下文解释），或者降低或取消进口免税额（目前，俄罗斯进口重量低于31kg、价值低于1 000欧元的产品可以免税）。

（三）欧洲

在欧洲国家，现在引起跨境电子商务卖家普遍关注的税务问题是VAT税。VAT全称是Value Added Tax，这是欧洲国家普遍使用的售后增值税，也是指货物售价的利润税。欧洲各国对VAT的规定并不一致，实际情形非常复杂。我们以英国为例，对于任何英国境外卖家，只要在英国储存商品以销售给英国买家的，无论是存储在英国物流中心还是任何其他地方，都需要在英国注册增值税。在某些其他情况下，英国境外卖家也需要在英国注册增值税，例如将存储在欧洲其他国家的库存商品远程销售给英国买家。而且英国政府要求亚马逊、eBay等跨境电子商务平台做出相应的配合，对不合规的卖家账户采取限制措施，有可能是商品下架、账号限制、账号冻结或是对不合规卖家名下的其他账户进行销售限制等，否则英国税务局可以要求亚马逊、eBay等平台对卖家的税负承担连带责任。

另外，欧洲部分国家还对跨境电子商务物品征收其他形式的税费，有些国家的目的其实是为了代替、简化或隐形征收VAT税。例如，德国海关决定从2018年3月1日起对电子商务物品实施单一清关费用。德国邮政会通过收件人征收包括增值税在内的6欧元单一清关费用（针对非免费关税或税金的

① 中国邮政快递报：俄罗斯海关发布商业快递清关新政［J/OL］. 中华人民共和国国家邮政局，2017［2018-3-15］. http：//www. spb. gov. cn/xw/hqyz_1/ggyzxx/201712/t20171222_1453210. html.

进口包裹，即货价高于22欧元的包裹）。瑞典海关也从2018年3月1日起，对所有的非欧盟电子商务物品（含邮件）向收件人征收VAT（瑞典VAT税率为申报价值的25%），不区分货值高低；此外，如果货值低于150欧元，收件人需向瑞典邮政再支付7.5欧元服务费；如果货值高于150欧元，收件人需向瑞典邮政支付12.5欧元服务费。

专栏8.3　欧洲增值税（VAT）常见问题解答

1. 什么是增值税？

增值税是针对消费者支出征收的一个税种。增值税在欧洲国家/地区之间进行业务交易、进口商品和运输商品时征收。

2. 欧洲增值税的起征点是什么？

表8-1是适用于建立在该国的业务的远程销售以及国内销售的增值税注册起征点。

表8-1　增值税起征点

	远程销售起征点		建立于本国的业务在该国的起征点	
	国家货币	欧元等值	国家货币	欧元等值
英国	£ 70 000	89 493	£ 83 000	106 114
德国	100 000		17 500	
法国	35 000		82 200或42 600或32 900	
意大利	35 000		50 000或45 000或 40 000或30 000或25 000	
西班牙	35 000		无	
波兰	PLN 160 000	37 300	PLN 150 000	34 969
捷克	CZK 1 140 000	42 153	CZK 1 000 000	36 977

3. 如何征收增值税以及如何追回？

要收取增值税，你必须先注册增值税并获得增值税税号。注册增值税之后，你必须遵循适用于你注册国家/地区的增值税法规，但这通常意味着你必须对你销售的商品收取增值税（如果适用）并在增值税发票上显示此项增值税。

向当地税务机构缴纳的增值税金额，即向买家征收的增值税，可由你的业务采购/成本产生的增值税抵免。例如，当你缴纳了购买时产生的英国增值税，例如进口增值税，你可以在英国增值税申报中用此项增值税抵免你在英国销售产品产生的增值税。

应向税务机构缴纳的增值税金额是你的英国销项税减去可追回的英国进项税金额的净值。

4. 增值税税率级别是什么？

欧洲法律规定的增值税最低标准税率为15%，最低减征税率为5%，但实际税率会因为不同的欧洲国家/地区以及商品类型而存在差异。此外，某些欧洲国家/地区在特定方面也保留了独立的法规要求。

资料来源：亚马逊网站 https：//services. amazon. co. uk/services/fulfilment - by - amazon/vat - resources - cn/faq. html.

二、进口国国内环节对电子商务的税收政策

（一）美国对电子商务的税收政策

美国是世界上电子商务应用最早、普及率最高的国家，为了保持电子商务在全球的领先地位和绝对优势，电子商务发展初期美国政府积极制定了电子商务的免税政策。1996年11月，美国财政部发布《全球电子商务选择性的税收政策》，坚持电子商务税收中性原则，不开征新税种，1997年7月，美国发布《全球电子商务纲要》进一步明确电子商务税收中性原则。1998年美国国会通过《互联网免税法案》，免税法案自制定以来已经延长了三次。

随着电子商务快速发展，市场份额逐渐扩大，电子商务对实体经济影响逐步凸显，对电子商务的免税政策使其拥有成本优势，这对传统零售商而言是不公平的。所以，美国国内一些组织还有实体店零售商要求对电子商务征收销售税的呼声越来越高。2011年9月，部分参议员向美国国会提出了《市场公平法案（2011)》，要求对电子商务企业征收或免除州销售税。2013年3月22日，美国国会参议院对《2013市场公平法案》（*The Marketplace Fairness Act 2013*）投票，以74:25的压倒性优势在99名议员中获得支持。《2013市场

公平法案》是美国第一个全国性互联网销售税提案，可以让美国各州政府对电子商务跨区征收销售税（销售税是美国州和地方政府对商品及劳务按其销售价格的一定比例课征的一种税，税率由各州政府自行制定）。此次投票为无约束力的测试性投票，所以其结果只有象征意义。该法案授权相关的州对所有每年在美国远程销售（跨州销售的商品或服务）总收入超过 100 万美元的卖家征收销售税。

根据现行的美国法律，只有当某家零售商在该州有实体店的情况下，州政府才能要求其向用户征收消费税。沃尔玛、百思买、家得宝、希尔斯等美国传统零售商在各州都有实体店，因此他们在各州均需要缴纳销售税。而 eBay 和亚马逊等在线零售商则并不需要，除非其在当地拥有办事处或配送中心，州政府才可以要求其交税。这种情况下，以沃尔玛为代表的美国传统零售商极力支持该法案，但是以 eBay 为代表的线上零售商则极力反对该法案，而亚马逊则因为在美国各州建立仓储物流配送中心，无法回避销售税，索性掉转头来支持该法案，还可以帮助其打压竞争对手。不过美国众议院进行了多次会议都未能通过让网络零售商缴纳州销售税的法案，这主要是因为众议院里的整体反税倾向比较严重。

实际上，近年来美国许多州要求对亚马逊卖家征收销售税，亚马逊无力抗拒，逐步在多个州收取销售税。截止到 2017 年，亚马逊在全美 45 个州和哥伦比亚特区向消费者征收消费税。另外，亚马逊规定自 2018 年 1 月 1 日，所有通过 FBA 或者 FBM① 发往华盛顿的订单，包括运费部分，都会被征收 8.39% 的消费税。亚马逊会负责收取并支付给当地税务部门，卖家无须执行任何操作。这也意味着对于其他国家的跨境电子商务商家而言，需要仔细考虑消费税带来的影响。

一般而言，增加销售税必定会进一步削弱电子商务对消费者的好处。而对小型零售商征税可能会对平台造成较大影响，平台还需要在定价算法中把州销售税考虑进去。另外，不同产品类别的税率还不尽相同，比如美国一些州就不对服装类产品征税。除了对电子商务卖家的价格优势进行削减外，这种做法还注定要使退货流程复杂化，因为退货时产品往往直接退给卖家，而

① FBA：fulfillment by amazon 即由亚马逊仓储派送，卖家需要提前备货至亚马逊仓库，买家下单后亚马逊负责把卖家预先存在亚马逊仓库的货物派送至买家。FBM：fulfillment by merchant 即由卖家自行发货，亚马逊仅作为销售平台，卖家需借助如国际邮政、国际快递、国际专线等第三方快递服务派送至买家。

不是通过电子商务平台。

（二）欧洲对电子商务的税收政策

欧洲电子商务税收政策是初期主张免税、中期主张征收增值税、后期强硬征税。欧洲电子商务发展虽然不如美国，但也不容小觑，电子商务税收政策也一直是欧洲社会的关注点。1997 年，欧盟通过《欧洲电子商务动议》和《波恩部长级会议宣言》，主张保持税收中性，不开设新的电子商务税种。1998 年 2 月，欧盟发布三项原则：不考虑征收新税、部分征收增值税和境外不征税。1998 年 6 月 8 日，《关于保护增值税收入和促进电子商务发展的报告》出台，决定对欧盟企业通过网络购进商品或劳务征收 20% 的增值税。2000 年 6 月，欧盟发布新的电子商务增值税法案，主要对欧盟境外公司向欧盟境内提供货物和劳务征收增值税。2001 年 12 月 13 日，欧盟财长会议通过新决议，决定对通过互联网向欧盟消费者销售数字产品的欧盟以外地区的供应商征收增值税。至此，欧盟电子商务税收政策形成基本的体系框架。2002 年 2 月 12 日，欧盟制定了《增值税指导》草案，后来又增加了增值税新规定。2015 年 1 月 1 日，欧盟新规定，凡是向欧盟境内提供数字服务，均将按消费者所在国（地区）的增值税率计征增值税。

（三）发展中国家对电子商务的税收政策

由于大多数发展中国家电子商务发展水平不高，传统商业形式占据主体地位，基本上对于电子商务征税持观望态度，没有形成完整的税收政策。印度是第一个对电子商务征税的发展中国家，1998 年印度全面修改了不利于信息经济发展的法律，制定了促进信息经济发展的法律。1999 年 4 月 28 日，印度发布了电子商务税收政策，对在境外使用计算机系统，而由印度公司向美国公司支付的款项，均视为来源于印度的特许权使用费并在印度征收预提税。2000 年 8 月 31 日，新加坡发布电子商务税收原则，明确征收电子商务所得税和劳务税。印度和新加坡是少数政策立场明确的发展中国家。

发展中国家电子商务飞速发展，税收政策面临巨大挑战，大多数发展中国家的电子商务税收政策模糊，立场不明确，印度和新加坡坚持对电子商务征税，其电子商务行业并未如西方税收专家所言被抑制发展，反而迅速发展起来。

三、税收对跨境电子商务发展的影响

毫无疑问，税收对跨境电子商务的发展造成了一定的障碍，构成了“贸易壁垒”。一方面，税收使得卖家的成本增加，最终会将大部分税收转嫁到消费者身上，使得进口国消费者的支出增加。另一方面，复杂的纳税手续使得卖家运营成本增加，部分卖家因此退出跨境电子商务行业。

但是，从政府的角度来讲，对跨境电子商务商品征税，一方面是为了增加税收，另一方面则是为了保障传统贸易、传统经销商与网络销售商的公平竞争。从目前的趋势看，各国未来对电子商务销售征税是一个可预见的结果，因此，跨境电子商务从业者应该做好准备，以应对税收带来的各种影响。

第三节　跨境电子商务交易风险

虚拟性与开放性是互联网的显著特征，网络安全问题对电子商务影响重大，由此导致了交易主体行为、网络信息与资讯等的不确定性与风险性。当电子商务的发展突破了国家界限之后，交易流程与交易环境更加复杂，随之各类安全问题与日俱增，且层出不穷。跨境电子商务所面临的安全问题主要有交易安全、支付安全、物流安全、网络安全、信用安全、通关与商检安全，以及各地政治、经济、文化、法律、税收、税率等威胁。

一、跨境电子商务交易信息风险

在跨境电子商务快速发展的驱动下，交易信息风险问题更加突出。跨境电子商务交易信息风险主要集中在以下几个方面。

（一）信息泄露

跨境电子商务交易中存在大量信息泄露的现象，主要是由两方面原因造成的。一是贸易双方的相关信息内容被攻击者窃取，如商业机密等。攻击者获取信息的方式主要有两种，一是窃听，信息在网络传送过程中，攻击者可

在传输信道上对数据进行非法截获、监听，获取通信中的敏感信息，造成网上传输信息泄露。二是通过攻击数据库服务器，即利用程序或网络数据库的缺陷，利用多种技术手段，绕过网站系统、程序或网络数据库的安全限制，直接从网站中获取机密信息。

二是由于相关企业或个人缺乏安全意识，或是安全防护不到位造成的。例如2018年3月，Facebook上超过5 000万用户信息数据被一家名为“剑桥分析”（Cambridge Analytica）的公司泄露。此次数据泄露的源头是英国剑桥大学心理学教授亚历山大－科根（Aleksandr Kogan）2014年推出的一款应用软件“这是你的数字化生活”（this is your digital life）。该应用向Facebook用户提供个性分析测试，美其名曰“心理学家用于做研究的应用”。这款应用收集的信息包括用户住址、性别、种族、年龄、工作经历、教育背景、人际关系网络、平时参加何种活动、发表了什么帖子、阅读了什么帖子、对什么帖子点过赞等细节内容①。由于Facebook用户遍及全世界，所以除美国外，其他一些国家也开始对Facebook发起调查，例如以色列司法部将调查集中在“以色列公民的个人资料是否被非法使用，是否侵犯了他们的隐私权，是否违反了以色列隐私法的规定”②。

（二）病毒攻击

计算机病毒是指编制或者在计算机程序中插入的破坏计算机功能或者毁坏数据，影响计算机使用，并能自我复制的一组计算机指令或者程序代码。计算机病毒具有目的性、非法性、破坏性和窃取性，这些特性使其不但损坏计算机的软硬件，还会使数据以隐藏的方式向电子商务系统外传输，致使重要数据信息泄露的同时，计算机网络也处于崩溃状态。此外，病毒具有可自我复制性，能够在传入网络系统后自动识别需要的程序进行侵染，感染破坏所有联网计算机，不但造成电子商务行业的巨大损失，还会对消费者构成安全隐患。

在跨境电子商务中，我们最常见的是木马病毒，主要是通过记录键盘，

---

① 汤姆.Facebook数据泄露细节曝光，起因于一款个性分析测试软件［J/OL］.腾讯科技，2018［2018－4－2］.http：//tech.qq.com/a/20180324/008762.htm.

② Techweb.Facebook数据泄露事件发酵：以色列因隐私问题对其展开调查［J/OL］.北京时间，2018［2018－4－2］.item.btime.com/m_9f832c8c24f666a99.

进行盗取账号密码信息、远程控制用户电脑、破坏操作系统等操作。木马病毒盗取用户的信息并在网上出售获利，或者利用网上银行进行网上购物或转账。黑客还会通过远程控制木马，让用户的电脑成为任由其摆布的“肉鸡”，来攻击网站，让网站无法正常浏览，然后要挟被攻击网站的站长交“保护费”。

（三）身份仿冒

攻击者通过窃听、攻击数据库可以获取商务活动者的用户信息，这些重要的个人信息就可能被非法盗用。攻击者利用合法用户的身份信息与他人开展贸易，获取非法利益，从而破坏贸易的可靠性，影响贸易者的信誉。例如，许多美国人曾在网络上发帖表示接到许多源自中国的邮包，但是他们并未订购这些产品，而且有相当多的邮包是空包。实际上，他们的个人信息已经被泄露，有一些专门“刷单”的组织用其身份信息进行跨境的刷单行为，对他们的个人生活和安全造成了极大的困扰。

（四）信息篡改

当掌握用户基本信息之后，通过更改信息冒充用户，并且发布虚假的信息，或者是主动获取信息以获利。例如，在 B2B 跨境电子商务中，我国出口企业一般通过电子邮件告知国外进口方自己的账户信息以便对方支付货款，但是有时候黑客已经进入企业电子邮箱，平时也不进行破坏活动，只是静静潜伏，密切关注买卖双方的交易进程，当进出口双方签订合同、进口方打款之前，黑客会通过出口方邮箱向进口方发送自己的账户信息，并谎称出口方的账户信息发生变化，此时如果进口方不仔细的话，将会把货款汇到黑客的账户上，此种事情屡见不鲜。

电子商务的交易风险会给消费者和电子商务平台带来极大的损失。例如 2017 年 11 月，由 42 名消费者组成的维权团队，向亚马逊提起司法诉讼[①]。他们在亚马逊网购之后，不法分子利用网站多处漏洞，如隐藏用户订单、异地登录无提醒、篡改亚马逊官网“我的账户”页面、登录网站个人账户植入钓

---

① 澎湃新闻 . 42 名消费者起诉亚马逊：官网被植入钓鱼网站，多人被诈骗［J/OL］. 网易新闻，2017［2018 -4 -2］. http：//news. 163. com/17/1112/08/D31CVPEP00018AOR. html.

鱼网站，然后再冒充亚马逊客服以订单异常等理由要求为客户退款，实则通过网上银行转账、开通小额贷款等方式套取支付验证码诈骗用户。

二、跨境电子商务交易信用风险

跨境电子商务交易信用风险问题主要涉及跨境交易存在较多的欺诈行为，买卖双方，都有失信的情形发生。

（一）卖方的交易信用问题

1. 虚假网站和虚假商品信息

互联网上充斥着大量的虚假和欺诈网站，跨境电子商务中主要包括两种，一种是网络钓鱼网站，不法分子利用各种手段，仿冒真实网站的 URL 地址以及页面内容，或利用真实网站服务器程序上的漏洞在站点的某些网页中插入危险的 HTML 代码，以此来骗取用户银行或信用卡账号、密码等私人资料。它一般通过电子邮件传播，此类邮件中通过一个伪装的链接将收件人引到钓鱼网站。钓鱼网站的页面与真实网站界面完全一致，要求访问者提交账号和密码。黑客大量收集用户个人隐私信息，记录用户网上银行账号、密码，盗取用户的网银资金，或者通过贩卖个人信息或敲诈用户获利。另一种是不法分子建立一个虚假的网上购物、在线支付网站，通过假冒产品和广告宣传获取用户信任，欺骗用户直接将钱打入黑客账户，例如，不法分子建立恶意团购网站或购物网站，假借“限时抢购”“秒杀”“团购”等噱头，让用户不假思索地提供个人信息、银行账号和付款，这些黑心网站主可直接获取用户输入的个人资料和网银账号密码信息，并且收钱不发货。在跨境电子商务中，由于取证和侦破较为困难，一旦发生以上案件，消费者的利益将很难得到保障。

2. 假冒伪劣商品

在跨境电子商务交易中，假冒伪劣商品一直是令各国消费者头疼的问题。例如，在进口跨境商品中，假货问题存在三种现象：一是假物流卖假货，即部分商品未经正规渠道生产，在没有获得品牌方授权的情况下，通过一些黑工厂、小作坊生产，之后贴上伪造的商标并在网上标榜正品出售，而后通过虚假物流的方式，显示从国外发货。二是真物流卖假货，此种现象又分为两种情况，即国外的假货流入国内，或者是国内的假货发往国外后再流入国内。三是假物流卖真货，即常说的走私，一般是指在进出口过程中，不缴或少缴应该缴纳的关税等进口税金。

2018 年 2 月 7 日上午，中国消费者协会发布《2017 年“双 11”网络购物价格、质量、售后服务调查体验报告》显示，进口跨境电子商务“海淘”商品涉嫌仿冒较多，聚美优品、蜜芽网、贝贝网、国美在线等相关店铺均被发现涉嫌销售假货，部分售假还出自该电子商务自营店铺。调查结果显示，53 个海淘商品中，有 16 个样品涉嫌仿冒，占比 3 成。其中 19 个化妆品中有 8 个“涉假”，9 个箱包中有 5 个涉嫌仿冒，10 个鞋类产品中有 3 个涉嫌仿冒[①]。

3. 虚假广告的信用问题

B2C 电子商务贸易的买卖双方会因为平台上的图片和文字、广告词等来选择自己要购买的商品，如果文字存在夸大、不实，图片存在过度美化和非实物拍摄等情况，会直接影响买方的购买，从而带来信用危机。

（二）买方的交易信用问题

1. 恶意纠纷

在跨境电子商务中，由买家提起的恶意纠纷经常发生，其主要目的是为了退款并侵占货物。常见的恶意纠纷有以下几种。

第一种，买家拖延、蓄意不做收货确认。跨境电子商务平台为了提高买家的购物体验，一般规定了物流有效期，如果超出了保证的期限还没有送达，买家一旦提起纠纷，平台便会判罚卖家退款。但是，现实中，即便卖家按照规定期限正常发货，部分买家也会借故未收货、物流迟滞、海关扣关、发错地址（如有两个地址，其实已经在其中一个地址收到货，但仍声称没有送达）等投诉纠纷为由，向卖家索要赔付；再者客户故意不去取货，说货没有收到的情况也时有发生，致使卖家赔款后，消费者坐收渔翁之利。

第二种，丑化商品借机索要退款。区别个别正常的磨损状况，在官方的物流网站签收的凭证下，买家虽说已经签收到货，但却在评论和留言中大肆宣传商品的损害和“劣质”图片，或者收货后直接忽视产品质检达标的情况，

---

① 赵威．中消协：海淘商品抽查 16 个涉嫌仿冒．［J/OL］．新浪新闻中心，2018［2018－4－2］．http：//news. sina. com. cn/o/2018－02－09/doc－ifyrkrva5673545. shtml.

总是能吹毛求疵地针对色泽、手感和形状等予以不良投诉，甚至于无理由给差评，导致卖家评分下降，降低了店铺的曝光率，要求赔款。甚至有的恶意买家“狸猫换太子”，用别的产品图片来进行投诉，造成卖家损失巨大。

例如，稍对亚马逊有了解的人都知道，亚马逊向来注重用户体验，一直奉行用户至上的理念。基于这一理念，为保护消费者的合法权益，亚马逊出台了无条件退换货政策。同时，如果用户对收到商品不满意或商品有瑕疵、破损，影响到正常使用，通过向卖家反馈，卖家须重新发货给用户，而用户则不用再把原商品寄回。美国一对夫妇就是看中了亚马逊政策中的这个漏洞，在伪造了数百个虚假身份后，开始在亚马逊平台上大肆购买手表等电子数码产品，并在收到货物后向卖家反馈称，商品已经破损无法正常使用。根据亚马逊的退换货政策，一般情况下，卖家不会要求他俩再把破损商品寄回，而是直接再发一个新的替换产品给他们，并且态度诚恳，生怕一言不合，他俩再给差评。这样的操作屡试不爽后，他俩一发不可收拾。这两人用同样的手段在亚马逊上购买大量电子产品，随后，再通过中间人转手进行低价销售，他们从中牟取暴利。美国印第安纳州的一对夫妇钻了亚马逊用户至上和退换货政策的空子，从亚马逊上诈骗了价值 120 多万美元的商品并转手套现获利[①]。而印度班加罗尔一名女性也同样利用亚马逊退货政策漏洞进行诈骗，1 年赚了将近 7 000 万卢比。据说这位女性总共进行 104 次欺诈购买，产品中不乏高端电子产品。她用假名并以卖家的身份在购物网站上运作，接收来自全国各地的客户订单，然后用这些客户的地址在亚马逊下单。在收到亚马逊发出的货物后，这位女性就向亚马逊提交退货申请，寄回一个类似的“山寨”产品，从而获得亚马逊的退款[②]。不得不说，这样的恶意买家非常多，在跨境电子商务交易中防不胜防。

2. 恶意勒索

有些恶意买家充分利用平台给“差评”、假货投诉、安全投诉、知识产权投诉等规则或法律空当，进行敲诈勒索。卖家如果不支付相关费用的话，他们就会向跨境电子商务平台发起投诉，轻则导致卖家受到平台警告、流量下

① cnBeta. com. 美国夫妇利用亚马逊退换货策略缺陷 疯狂敛财 120 万美元．［J/OL］．cnBeta，2017［2018 -4 -3］．http：//www. cnbeta. com/articles/tech/657453. htm.

② 吴小平．利用亚马逊退货政策漏洞，印度一女性诈骗获利 7 000 万卢比．［J/OL］．雨果网，2017［2018 -4 -3］．http：//www. cifnews. com/article/25818.

架或产品下架，重则可能会导致资金被冻结或店铺关闭。恶意勒索的主要目的不是为了获得货物，而是为了获取巨大的金钱利益，或者钱财两得，使得卖家苦不堪言。

（三）恶意竞争问题

同品类的卖家为降低其他卖家的市场竞争力，往往雇佣人员伪装成买家，对竞争对手采用不法手段，进行恶意的差评刷单，其直接目的就是将竞争对手搞垮，自己独占市场，从而获取较大利益。其伎俩可以参考专栏 8.3。

专栏 8.3　Amazon 恶意竞争的诡计

越来越多亚马逊卖家恶意滥用系统，采取其他措施，并尝试用一系列肮脏的诡计搞垮竞争对手，他们的目标很简单，就是让对手的卖家账号或产品列表被冻结。

诡计一：将正品转换成假货

在这个诡计中，恶意卖家会购买竞争对手的产品，然后再去其他地方购买更便宜的版本或假货。当正品到达时，他们就用便宜的产品替换，并声称收到的产品不是真的。于是就退回假货，保留了正版再出售。之后，诈骗者会留下评论说产品是假货，或直接向亚马逊投诉。任何一种都可能导致亚马逊立即冻结卖家账号，因为亚马逊非常重视假货问题。

诡计二：差评轰炸

在这个诡计中，恶意卖家会建立多个新买家账号，与卖家账户不相关联，并开始给竞争对手留差评。差评可能关于产品不能使用，或是在购买后不久就破裂了。一旦发布了评论，这些卖家经常会用其他买家账号，甚至是朋友和家人的，来支持差评，从而让差评看起来很真实，令其他买家因为担心产品问题而选择到恶意卖家那里购买，导致竞争对手的销量下跌。

诡计三：虚假的安全投诉

恶意卖家会购买竞争对手的产品，然后给产品留评论，说该产品很危险。例如，如果是电子产品，他们会在评论中提及“fire”“dangerous”和“hazard”等词，而这些术语是亚马逊算法用于审查评论的关键词。一旦在评论中检测到这些关键词，产品列表可能会自动关闭。如果你是平台上唯一一个销售品牌或私人品牌产品的卖家，整个产品列表通常会被下架。但是，如果亚马逊上有很多卖家在销售该产品，只有你卖的不安全，那么就只有你的商品被下架，你的竞争对手仍能销售该产品。

诡计四：假的侵权投诉

此诡计中，有些卖家会假装成为品牌所有人，并瞄准其他卖家的某种产品。他们向亚马逊投诉对方的产品侵权。亚马逊通常会立即采取行动，冻结亚马逊商品编码（Amazon Standard Identification Number，ASIN），直到品牌所有人与他联系，说他有权销售该产品。亚马逊会提供投诉人的电子邮件地址，并告知被投诉卖家与之联系。但是存在一个问题。亚马逊不要求侵权投诉要使用卖家账号，而恶意卖家知道这一点。他们只需创建一个新的电子邮件账户，找到竞争对手最畅销的产品列表，并提交产品的侵权投诉就可以了。直到亚马逊听到品牌所有人表示卖家有权销售产品后，才会恢复产品列表，所以卖家只能发邮件给亚马逊提供的邮件地址。但被投诉卖家不太可能会收到回应。当然，这也是恶意卖家的目的。因为处理时间越长，ASIN 冻结时间就越长，恶意卖家获利就越高。

诡计五：操控卖家列表

恶意卖家可以通过多种方式来操控产品列表。现在常见的就是将列表的产品变成无品牌产品。比如一款热销的粉红塑料杯，恶意卖家会采购稍微有点区别的粉红塑料杯，例如加个白色杯盖。一般卖家在刊登一款产品时，需要另外创建列表，或者找到与这款产品一样的列表。但恶意卖家不这么做，他们会盯上卖得好的产品，然后向亚马逊提交新的产品标题和表述，并声称这个产品是粉色带白色杯盖，然后提交自己产品的照片。

这样的列表不再展示卖家自己的产品，而是展示恶意卖家的。这时恶意卖家便会安心看你的和其他卖家的列表产品与描述不符。当你和其他卖家都被剔除后，列表就完全被恶意卖家操控了。

恶意卖家也会对普通列表使用这一诡计，并在标题中添加品牌名。这让卖家收到假货或是产品与描述不符的投诉，因为消费者会以为是品牌产品，但收到的却是普通产品，这可能导致卖家账号因销售假货被冻结。

资料来源：改编自搜狐网（http：//www. sohu. com/a/143960363 156845）。

三、跨境电子商务法律风险

由于跨境电子商务平台的性质，各个国家（地区）都还没有完善监管体系，电子商务交易相关的法律法规也没有健全，各个国家（地区）之间的现有监管制度差异很大，非常复杂，难以协调统一。例如，欧洲和美国对交易主体的法律规定更为细腻，甚至涉及我国法律中不曾出现的交易主体，如中间服务商、电信商和广告商等，这反映出发达国家的跨境电子商务的发展相较于后起的发展中国家更为深入和全面，大量的专业服务商涌现催生了制定相关法律规范的需求。我国的跨境电子商务虽然规模可观，但是从时间上来看仍是刚刚起步，形式尚显幼稚，交易主体的专业化分工刚刚显露出趋势，但远未成熟。这方面的重要表现就是许多交易主体身兼数职，比如交易平台有时专营中间业务，有时则兼营自营业务，这样就在角色定位和功能区分上产生了模糊，因此立法时针对特定群体分类立法就存在困难，当跨境电子商务出现纠纷时，难以判断各方的权责。

另外，很多从事跨境电子商务的中小卖家对跨境电子商务平台的相关条款并没有完全吃透，对国外的法律法规更不了解，所以经常会在这方面吃亏。比如 Wish 和 eBay 等跨境电子商务平台很多时候都以买家的利益为主，在碰到纠纷的时候往往会为买家站台，而让中国卖家遭受损失，近几年发生的 eBay 和 Wish 的大规模纠纷事件就直接反映了中国卖家在发生纠纷时的弱势。当发生知识产权纠纷或交易纠纷的时候，卖家资金往往会很快被跨境电子商务平台冻结，然而由于这些平台在中国没有合适的法律主体，中国卖家要向平台申诉还要赴海外聘请当地律师。从众多中国中小卖家的角度出发，他们既没有时间也没有精力来承担相应的上诉流程，从而造成较大的损失。

四、跨境物流与通关风险

跨境电子商务通常是直接针对 C 端进行全流程设计，与传统贸易的 B2B 相比，其整个贸易链末端的目的国进口清关、派送等环节，均没有可以直接套用的管控模式。从目前主流的跨境电子商务交易方式来看，多数第三方跨境电子商务平台会将物流运输作为衡量电子商务信用的重要指标。可即便如此，跨境运输过程中商品的破损、错寄、漏寄、丢件等问题仍层出不穷。尤其是圣诞节、万圣节、“黑色星期五”“双11”等促销力度极大的节假日，第三方跨境物流难以应对货物量激增的情形。另外，目的国的政治、社会、自然、基础设施环境等因素对跨境物流的影响颇深。例如，德国、巴西、澳大利亚、阿根廷等国家的海关都有过罢工运动，从而使跨境包裹遭延误，直接影响了后续物流配送效率。

通关与商检安全问题主要集中在货物通关限制、禁止进出口商品目录、商品歧视、本土保护主义、通关与商检效率及费用、关税、腐败、灰色通关等方面。一是部分卖家对于进口国的监管条件了解较少，一些禁止进口或者有条件进口的货物，没有提前了解，导致海关查验和扣货事件高发。二是税务问题混乱，长期以来的“双清包税”做法，使得本应该成为纳税责任人的卖家，长期依赖物流服务商解决税务问题，对相关税费的核算不甚精通。

无论是前者还是后者，都使得清关成为物流服务商面临的问题。而最大的变数，却是在于进口国的政策变化。当一个国家的进口政策发生变化，尤其是政策收紧的时候，对于跨境电子商务有关各方而言，往往就意味着风险增大。

五、其他风险

（一）竞争风险

一方面，在国内，经过多年来的发展，跨境电子商务的商业模式已没有太多秘密，除了贸易型卖家的不断涌入外，国内电子商务转型跨境电子商务的卖家，传统制造业、传统外贸企业拓展到跨境电子商务领域的卖家也不在少数。卖家、平台的扩张速度，超过了跨境电子商务行业总量的增长速度，红利逐渐消失，市场份额被稀释，利润率水平降低，从而会出现小卖家无单，大卖家无利润的现象。

另一方面，在国际上，中国卖家越来越感受到其他国家卖家的竞争。中国跨境电子商务出口的产品多是低附加值、低客单价的低端制造产品，而随着国内劳动力、土地、原材料等生产资料成本的上涨，再加上流量成本和物流成本的上升，中国产品的价格优势正在逐渐消失。反而东南亚、南亚诸如印度、泰国、越南等国，得益于低廉的劳动力价格，正在成为一些跨境电子商务平台招募卖家的对象，为其遍布全球的买家提供价格更低的产品。

（二）汇率风险

对于跨境电子商务而言，汇率波动带来的影响不容小觑。例如一年的交易量是100亿元人民币，按5%汇率波动幅度计算，就有5亿元的利润风险存在，它可能会吃掉整个企业一年的盈利，甚至可能会让企业亏损。从订单到采购、发货再到支付资金，这个客观存在的时间差所产生的汇率变动，会给商品定价带来困难。特别是中小企业，将会面临价格竞争与汇率波动的双重压力，稍不注意就有可能在市场整合中被淘汰出局。

（三）世界经济发展不平稳

全球经济依然脆弱。主要发达经济体中，美国经济会继续温和增长。一方面，欧元区经济在石油低迷、欧元贬值以及量化宽松政策刺激下，经济增长有所加快，但需求不足的问题突出，增长后劲不足，加上英国脱欧、难民潮，右翼势力增强，欧洲经济仍会回升受阻。另一方面，多数新兴经济体和发展中国家经济增长也会呈明显放缓的趋势。另一个值得警惕的是以美国为代表的“逆全球化”升温，各种隐性或显性的贸易保护政策和措施出台，多边贸易体制的权威性受到严重削弱，这对于尚在成长期的跨境电子商务绝对不是一个好消息。

思考与实训

1. 知识产权如何影响跨境电子商务发展？

2. 去亚马逊、eBay或速卖通平台，搜索并了解平台关于知识产权的规则。

3. 你认为对跨境电子商务征税会造成什么后果？如果不对电子商务征税又有什么问题产生？你是同意征税还是不征税，说出理由。

4. 跨境电子商务中存在哪些交易风险？应如何回避？

5. 上网搜索相关资料，了解欧盟的VAT税是如何运行的。

第九章　我国进口跨境电子商务的发展

随着中国消费者对海外商品的需求日益攀升，无论是从价格上还是产品的丰富度上，普通进口商品都难以满足消费者的需求，各种形式的代购一直是国内用户购买国外商品的重要渠道。国家提出“互联网+外贸”的政策，积极鼓励跨境电子商务的发展后，我国网络消费水平不断提升，跨境支付、物流、信用、信息等技术壁垒得到进一步解决，我国跨境网购用户也逐年增加，跨境进口电子商务市场规模增速迅猛。在此基础上，我国进口跨境电子商务发展出多种模式，丰富了进口产品的种类，满足了不同消费者的需求。在跨境物流模式上，也根据实际需要衍生出来多种方式，使国内消费者的购物体验得到大幅度提高。但是，进口跨境电子商务的发展还存在诸多不足，无论是从消费者的权益保障、企业的自我发展、政府的监督监管，还是网络及社会环境的完善等方面都有提高的空间。不过，从总体而言，进口跨境电子商务的发展仍可以保持较高增速，国家对其管理也会越来越规范。

学习目标

了解内容：我国进口跨境电子商务发展现状，我国进口跨境电子商务的发展趋势

理解内容：促进我国进口跨境电子商务发展的因素，进口跨境电子商务的模式，我国进口跨境电子商务存在的问题

掌握内容：进口跨境电子商务的运输方式，进口跨境电子商务的物流模式

关键术语

自营平台类跨境电子商务、第三方平台类跨境电子商务、海外代购、海

淘、Drop Shopping 模式、导购/返利平台模式、网购保税模式、直购进口模式、单一跨境物流模式、海外中转的跨境物流模式、保税区发货的跨境物流模式、海外仓直邮的跨境物流模式

第一节　我国进口跨境电子商务发展现状

一、我国进口跨境电子商务发展现状

2012 年后，进口跨境电子商务平台逐渐出现，跨境网购用户也逐年增加，我国跨境进口电子商务市场规模增速迅猛，2015 年由于进口税收政策的规范以及部分进口商品关税的降低，跨境进口电子商务实现爆发式的增长。

（一）进口跨境电子商务交易规模

据网经社数据显示，2016 年中国跨境进口电子商务交易规模达 12 000 亿元，同比增长 33.3%①。根据易观的统计数据，2016 年跨境进口零售电子商务（2C）市场规模超过 3 000 亿元，2017 年超过 3 600 亿元，同比增长 20%。2018 年第一和第二季度，中国跨境进口零售电商市场规模分别为 821.0 亿元和 1005.2 亿元，如图 9－1 所示。

（二）进口跨境电子商务商品结构

艾媒咨询数据显示，跨境网购用户最爱购买的品类依次是美妆个护、母婴、鞋服、食品、饰品、箱包，其中美妆个护及母婴为消费占比最高的品类。为顺应海淘消费者消费升级的需求，各大跨境进口电子商务平台也在不断扩展平台内进口商品的品类。天猫国际除了原本的服饰和美妆品类外，也开拓了红酒、生鲜等新品类。网易考拉海购也丰富了其销售的商品品类，目前，商品品类已经覆盖美妆、日用、母婴、服饰、食品及数码等多种品类，并与

---

①　网经社．2016—2017 年度中国跨境进口电子商务发展报告［J/OL］．网经社，2017［2018－4－10］．http：//www.100ec.cn/zt/upload_data/16kjbg/16kjbg.pdf.

全球数百家顶级品牌和供货商达成战略合作伙伴关系。

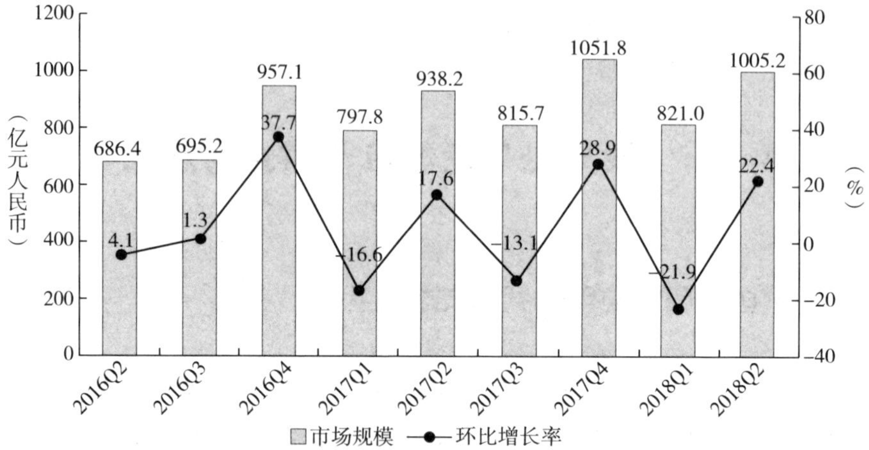

图 9－1　2016 年第二季度—2018 年第二季度跨境进口零售电子商务市场规模①

（三）跨境进口电子商务用户规模

据网经社数据显示，2013—2017 年我国经常进行跨境网购的用户从 1 000 万左右上升到 2017 年的 6 500 万，增长 36.5 倍，如图 9－2 所示。

（四）跨境进口电子商务用户群体特征

据网经社数据显示，跨境网购用户集中在 26～35 周岁的青年群体，占 69%，19～25 周岁的跨境网购用户占比达 15.1%，36～45 周岁的跨境网购用户占 13%。而 18 周岁以下以及 46 周岁以上的跨境网购用户只占总人数的 2.9%，如图 9－3 所示。26～35 周岁这一年龄段的跨境网购消费者学历高、工作收入稳定，有一定的经济基础。他们的消费能力强、需求大，是跨境网购用户的“主力军”。这一年龄段的女性大多已结婚生子，且大多数妈妈以及准妈妈愿意在跨境进口电子商务平台购买高质量的海外母婴产品。

---

① 资料来源：易观《中国跨境进口零售电子商务市场季度监测报告 2018 年第二季度》

数据说明：跨境进口零售电子商务，即跨境进口零售电子商务，是以互联网为平台，向中国境内用户以零售的形式销售中国关境外的商品，并与用户达成商品销售协议的商业行为。它包含 4 个部分：独立跨境电子商务、从属主站型跨境电子商务、面向中国的境外电子商务、非企业渠道的电子商务。

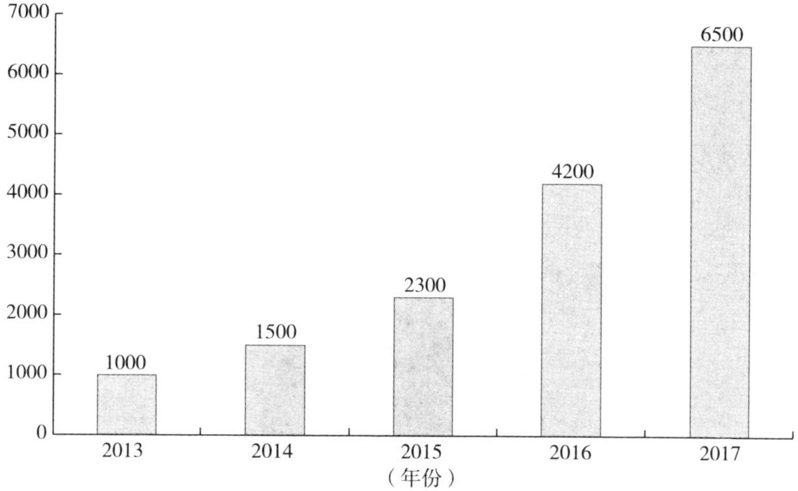

图 9－2　2013—2017 年跨境网购用户规模

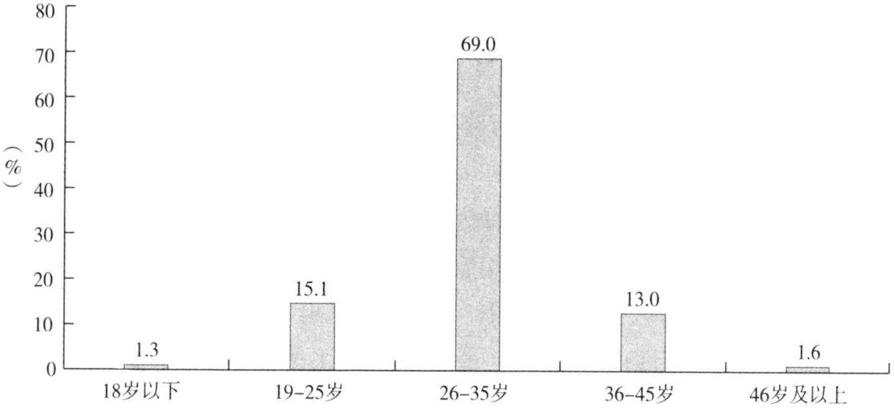

图 9－3　我国跨境网购用户年龄结构

2016 年跨境网购用户，男性比例占约 62.6%，女性占比 37.4%。男性消费者较于女性消费者来说，更倾向于跨境购物。在海淘商品的选择上，男性更加偏向选择数码类、运动类、保健类等产品，且更关注商品的性价比；女性则更加偏向服装、化妆品、母婴商品以及轻奢类产品，且更注重商品品质与购物体验。

（五）跨境进口电子商务竞争格局

2016—2017 年，在主流的跨境进口电子商务平台中，按整体交易额进行计算，网易考拉海购排名第一，占 21.4% 份额；天猫国际名列第二，占

17.7%份额；唯品国际位于第三，占16.1%份额；排名第四的是京东全球购，市场占比15.2%；排名第五的是聚美极速免税店，占13.6%的份额；排名第六、第七的平台是小红书和洋码头，分别占6.4%以及5.3%；其他的跨境进口电子商务平台，包括宝贝格子、蜜芽、宝宝树等平台占总市场份额的4.3%（如图9－4所示）。

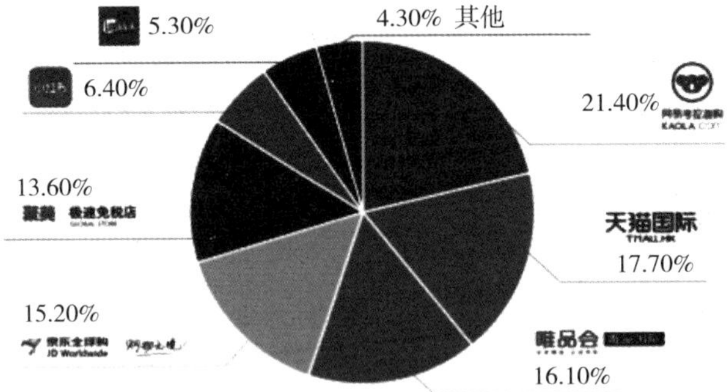

图9－4 跨境进口电子商务平台竞争格局

根据份额占比情况分析，中国跨境进口电子商务平台可以划分为三个梯队：第一梯队为网易考拉海购、天猫国际、唯品国际以及京东全球购，占整个市场70.4%的份额；第二梯队为聚美极速免税店、小红书以及洋码头；第三梯队为宝贝格子、蜜芽、宝宝树等平台。可以看出，位于第一梯队的都是相对规模较大的平台旗下的跨境进口电子商务，寡头效应出现。第二梯队是一些综合性的电子商务平台；而位于第三梯队的大多是母婴类产品平台。

二、促进我国进口跨境电子商务发展的因素

（一）"互联网＋"为进口跨境电子商务发展提供了契机

2015年"互联网＋"的概念被首次提出，意味着国家将鼓励发展互联网＋传统行业的新型经济增长模式。2015年6月10日国务院常务会议召开，会议指出，促进跨境电子商务健康快速发展，用"互联网＋外贸"实现优进优出，有利于扩大消费、推动开放型经济发展升级、打造新的经济增长点。"互联网＋外贸"的模式适应时代发展应运而生，对于促进经济持续健康发展

有着重要的作用，而跨境进口电子商务正是在这样的大背景下迅速茁壮成长起来的。

（二）我国网络消费水平不断提升

随着跨境电子商务的快速发展，我国网购人数激增，消费者需求也不断提升，对国外商品的接受能力不断提高，消费者的购买需求不断升级，逐渐从追求标品爆款，转向个性化、差异化的商品。与国内电子商务相比，消费者选择跨境电子商务的原因主要归结为：消费者认为国外商品的质量较好，可信度高，特别是化妆品类、母婴类、数码类及奢侈品类商品，进口跨境电商平台能够满足消费者的这一心理需要。

（三）跨境支付与物流等服务更加完善

跨境支付与物流一直是阻碍跨境电子商务快速发展的基础问题。不过最近几年，随着技术的进步和行业的发展，这些问题正在逐步得到解决。例如，在支付领域，电子商务平台与金融机构合作，微信支付以及支付宝等第三方支付的全球化等，无不为用户拓宽消费场景，使消费真正实现全球化，购物无边界。在物流领域，进口跨境电子商务买家可以选择国际邮政系统、国际快递物流、海运、空运、铁路运输等各种运输方式，并且出现了多种物流模式，基本满足了买家的各种需求。

（四）国内消费者的权益得到进一步保障

国家和跨境电子商务企业为了给消费者提供更好的商品，推出了许多政策和措施。比如原国家质量监督检验检疫总局出台了跨境电子商务企业和商品备案制度。众多跨境进口电子商务平台在商品品质保障上都给出了相应的举措，例如亚马逊与品牌方建立仓对仓直供或直接与品牌授权的一级供货商合作，拿到一手货源，确保真正的原装进口。天猫国际则升级全球原产地溯源计划，利用区块链等先进技术以及大数据跟踪进口商品全流程。

（五）我国进口跨境电子商务政策逐渐规范

为了维护全国税收政策、促进市场的公平竞争以及保护消费者的利益，国家一直探索对跨境电子商务的规范管理。国务院、海关总署、财政部、税务总局、外汇管理局等政府部门对进口跨境电子商务高度重视，自 2012 年以来出台了几十项政策，进口跨境电子商务“野蛮生长”的现象已经得到了基本遏制，行业发展最终会走向规范化。

第二节　我国进口跨境电子商务模式

按照不同的分类标准，我国进口跨境电子商务可以分为多种模式。

一、按照交易模式划分

按照交易模式，进口跨境电子商务可以分为从厂商到厂商（B2B）、从企业到消费者（B2C）、从消费者到消费者（C2C）等形式①。

（一）B2B 模式

进口跨境电子商务的 B2B 模式与出口跨境电子商务的 B2B 模式相同，一般单次进口交易额较大，海关将其按货物方式进行的一般贸易进行监管，本质上仍属于传统贸易，计入海关统计。

（二）B2C 模式

B2C 模式也被称为进口跨境电子商务零售模式。目前，此类业务模式在跨境电子商务企业中所占比例最大，又可以分为综合型和垂直型两类。

1. 综合型 B2C 跨境进口电子商务

此类企业业务经营范围涵盖多个行业，可满足消费者综合性的消费需求。此类业务模式的代表为京东全球购、亚马逊、一号店等。其跨境电子商务业务所出售的商品主要是以进口保税或海外直购的方式入境。

2. 垂直型 B2C 跨境进口电子商务

此类企业与综合型 B2C 跨境进口电子商务企业的业务模式相类似，主要

① 鉴于 B2B 模式被认为是传统贸易领域，进口跨境电子商务一般更加关注 B2C/C2C 等零售模式，因此本章内容主要针对 B2C/C2C 模式展开论述。

区别在于垂直型 B2C 跨境进口电子商务专注于提供某一类或者某几类行业的商品或者服务。由于行业众多，开展垂直类业务的电子商务企业十分多样化，但并非每个行业均能出现成功的电子商务企业，此类模式的代表为专注于化妆品行业的聚美优品、专注于食品类行业的中粮我买网、专注于母婴类的蜜芽等。

对于 B2C 跨境进口电子商务来说，其发展的优势在于企业直接参与货源的组织、物流和仓储等买卖流程，因而在时效上较容易控制，消费者可以在短时间内收到货品；由于是企业自己组织货源，因而商品质量可以获得保证，提供售后服务也较为容易，消费者满意度较高；企业采购成本较低，可以以较低的价格将商品卖给消费者，因而容易吸引消费者群体。

不足方面首先是品类，因为商品需大规模采购，很多需求较少的商品很难大规模进口，因而平台所售商品仍以爆款、标品为主，较难满足消费者多样化的需求；此外，开展此类业务成本高昂，因为无论是解决上游供应链的问题，还是解决团队构建的人力成本，物流清关时效抑或市场占有等问题，均需大量的资金投入，且在当前阶段盈利较低，因而这类业务模式较适合传统的进口品牌商或贸易商，以及资金实力雄厚、有流量、有资源的大型电子商务企业。

（三）C2C 模式

此类模式是平台方面招募海外买手，通过对这些个人代购进行资质审核，然后由这些合格的海外买手筛选商品，并将这些商品放至平台以供消费者选择，这类业务模式的代表有：洋码头扫货神器、天猫全球购、淘世界、海蜜等，当前采用此类模式的企业同质化现象较为严重。

此类业务模式的优点在于其拓展了供应链和可选商品的宽度，在电子商务快速发展的今天，商品的核心竞争力越来越多的在于其对个性需求和情感的满足，C2C 模式无疑为此搭建了很好的通道。在满足自身多样化需求的同时，年青一代的消费者越来越注重节约选择成本，而 C2C 这类达人经济模式中的优秀买手们依据自身的特质和偏好所打造的强影响力、强时尚感的品牌可以使消费者满足价值观层面的认同需求，对于丰富的非标海外商品，C2C 的平台效应可以在满足消费者个性需求的同时，形成规模。

不足方面，由于实行买手制度，因而管理成本较高，此外假货问题突出，售后投诉较多，在服务体验的掌控度方面也较差，物流方面，由于买手的流动性高，物流效率很难掌控，在处理退换货问题上也很难有好的解决方案；此外，个人代购还存在法律政策风险，因而难有更好的发展。

二、按照平台模式划分①

按照交易平台和商品的所有权的不同，可以划分为自营平台和第三方平台等。

（一）自营平台类

自营平台类进口跨境电子商务模式是指电子商务企业自己在国外直接向供应商采购，通过自己搭建的电子商务平台向国内消费者销售。对于企业来说，大多数商品需自己备货，而货源、资金、团队、物流这四大环节需统筹兼顾，缺一不可，所以这种模式适合具有强大的技术实力和资金实力的企业运作。

例如，中粮集团旗下的“我买网全球购（www. womai. hk，如图 9 – 5 所示）”提供其他国家的食品、保健品、母婴用品、家居日用品等，基本上都是向国际知名企业直接采购，面向国内消费者直接销售。这种模式保证了产品的品质，有效地防止假冒伪劣产品出现。

图 9 – 5 我买网全球购

① 由于跨境电子商务以及网站自身变化很快，难以保证本章中的案例一直准确，仅供参考。

（二）第三方平台类

第三方平台类跨境进口电子商务模式是指电子商务企业搭建开放平台负责招商，使得卖家通过这类平台直接向消费者提供产品或服务的一类商业模式。此类业务模式发生的买卖交易由商家和消费者自由进行，而平台则负责解决支付和信息沟通等方面的问题，其获利主要通过向平台入驻商家收取入场费、增值服务费等。

例如，洋码头（www. ymatou. com）是第三方平台类跨境电子商务的典型代表，它于2010年成立，首创了“买手商家制”。即平台上的卖家分为两种，一是“买手”，即个人卖家，主要做C2C模式；二是“商家”，即有法人营业执照的企业，主要做B2C模式。目前，洋码头认证买手商家超过6万名，覆盖全球六大洲，分布于美国、英国、日本、韩国、澳大利亚、新西兰等83个国家和地区，每日可供购买的商品数量超过80万件。

此类平台的缺点在于所售商品的价格相对较高，对于品牌和入驻商家的管控能力相对较弱，容易出现假冒伪劣商品，跨境退换货实际操作困难，因而降低了服务质量，影响了平台信用。

（三）自营+第三方平台类

这种跨境电子商务模式一方面自采自销，另一方面向供应商开放，允许其入驻平台销售。这样的模式在大型电子商务企业中较为普遍，例如天猫国际、宝贝格子、苏宁海外购、聚美优品、京东全球购、亚马逊海外购、1号店全球进口、国美海外购、蜜芽等。

三、按照经营模式划分

除了以上所讲到的B2B、B2C、C2C等基本模式外，在实践中还产生了许多新颖的模式。

（一）海外代购模式

简称“海代”的海外代购模式是继“海淘”之后第二个被消费者熟知的跨境网购概念。简单地说，就是身在海外的人/商户为有需求的中国消费者在当地采购所需商品，并通过跨境物流将商品送达消费者手中的模式。从业务形态上看，海代模式大致可以分为“海外代购平台”和“朋友圈海外代购”两种。

海外代购平台的运营重点在于尽可能多地吸引符合要求的第三方卖家入驻，不会深度涉入采购、销售以及跨境物流环节。入驻平台的卖家一般都是有海外采购能力或者跨境贸易能力的小商家或个人，他们会定期根据消费者订单集中采购特定商品，在采购完成后再通过转运或直邮模式将商品发往中国。海外代购平台走的是典型的跨境 C2C 平台路线。代购平台通过向入驻卖家收取入场费、交易费、增值服务费等获取利润。其优势是为消费者提供了较为丰富的海外产品品类选项，买家流量较大；其劣势是消费者对于入驻商户的真实资质报以怀疑的态度。交易信用问题可能是 C2C 海代平台目前最需要解决的问题之一。此模式的典型代表企业有淘宝全球购、京东海外购、易趣全球集市、美国购物网等。

朋友圈海外代购主要是通过微信或类似的朋友圈，依靠熟人/半熟人社交关系从移动社交平台生长出来的商业形态。其商业流程与代购平台类似，最大不同在于此种模式主要依靠朋友圈来完成交易。

（二）Drop Shopping 模式

Drop Shopping 模式实际上是一种代销模式。在这一模式下，电子商务平台将接收到的消费者订单信息发给供应商，后者则按照订单信息以零售的形式给消费者发送货物。Drop Shopping 模式的利润主要来自电子商务平台的销售价和供应商的供货价之间的差额或按照销售额大小从供应商处收取一定比例的佣金。这种模式的优势是电子商务平台无须产品库存，而是将客户订单和装运细节提交给供应商，供应商将货物直接发送给终端客户，这种模式既降低电子商务平台的成本，也能够让供应商的资源得到更加充分的利用，实现双赢。

（三）导购/返利平台模式

导购/返利模式是一种比较轻型的电子商务模式，它一般向消费者提供商品的交易信息，但是不提供在导购平台内的交易服务。其功能可以分成两部分，一是吸引流量，二是引导交易。吸引流量是指通过导购资讯、商品比价、海购社区论坛、海购博客以及返利来吸引买家流量；引导交易是指消费者通过点击站内链接，进入海外电子商务网站或者向海外代购者提交订单来实现跨境购物。在典型的情况下，导购/返利平台会把自己的页面与海外电子商务的商品销售页面进行对接，一旦产生销售，B2C 电子商务就会给予导购平台 5% ~15% 的返点。导购平台则把其所获返点中的一部分作为返利回馈给消费者，以吸引更多的流量进入。

进口跨境电子商务的返利类平台代表有 RebatesMe、55 海淘、ebates、TopCashback 等；比价类平台代表有惠惠购物助手；指南攻略类平台有海淘贝、买个便宜货、北美省钱快报、极客海淘、什么值得买、悠悠海淘等。

专栏 9.1　小红书：从跨境导购到自营平台

谈起小红书的成长历史，其创始人毛文超认为，近年来，国人出境旅行越来越频繁，2013 年在斯坦福上学的他亲眼见证了同胞们海外购物的“疯狂”。但在这种疯狂背后，很多消费者并不了解自己所购买的东西，以及在什么地方购买更划算，更不了解如何退税。所以小红书最开始上线的目标是要做成一个购物攻略宝典，帮助出国旅行、有购物需求的人们了解一些购物知识。

随着用户的积累，小红书发现 PDF 版的购物攻略只是基于事实的信息，无法做到碎片化，很难实时更新，相对静态的信息流使得攻略型产品很难和用户之间产生即时、双向、有黏性的互动，所以小红书转换思路成为服务社区，上线了“小红书购物笔记”APP（见图 9－6）。用户以具有境外购物习惯的女性为主，对于这些消费者来说，社区可以带给她们更新鲜的购物信息和更多元的购物体验，比如“刷”“逛”和分享。

从服务社区再到运营电子商务，在毛文超看来则是水到渠成。“买买买”是女性的天性，在一个购物分享社区逛久了，会很自然地产生购买的需求，所以小红书在 2014 年上线了跨境购物板块“福利社”，而购物信息的日积月累使得小红书更容易找到好卖的商品，解决了电子商务转型时选货的问题。

目前，小红书在 29 个国家（地区）建立了专业的海外仓库，在郑州和深圳的保税仓面积超过 5 万平方米，并在仓库设立了产品检测实验室。小红书与澳大利亚保健品品牌 Blackmores、Swisse、日本化妆品排行榜 cosme 美容大

图 9-6 小红书购物笔记 APP 部分截图

赏、日本药妆店集团麒麟堂、松下电器、虎牌、卡西欧等多个品牌达成了战略合作，还有越来越多的品牌商家通过第三方平台在小红书销售产品。品牌授权和品牌直营模式并行，确保用户在小红书购买到的都是正品。

通过深耕用户创造内容（UGC）购物分享社区，小红书短短 5 年成长为全球最大的消费类口碑库和社区电子商务平台，成为 200 多个国家和地区、5 000 多万年轻消费者必备的“购物神器”，其电子商务销售额已接近百亿元。

资料来源：http：finance. china. com. cn/roll/20150910/3335751. shtml.

四、按照监管模式划分

从海关的监管角度来看，进口跨境电子商务主要分为网购保税进口模式和直购进口模式两种。

（一）网购保税进口模式

企业提前将采购的国外商品保税进入海关特殊监管区域或保税物流中心（B 型）存储，国内消费者在跨境电子商务网站订购商品，通过电子商务服务平台向海关进行申报。审核通过后，货物由特殊监管区域内的跨境电子商务仓库发出，消费者可方便快捷地购买国外商品。

与直购进口模式相比，保税进口模式下电子商务企业可以一次性从境外购入大批商品至特殊监管区域或 B 型保税物流中心，使单件商品国际物流成本大幅降低。另外，消费者下单后，商品直接从国内发货，可以比海外直购更早到达消费者手中。网购保税进口模式主要针对国内需求较大、销量可期、适合便于提前大规模采购并在国内备货的商品。对于部分小众化的商品，大规模的采购并提前国内仓储既不现实也不经济。

（二）直购进口模式

跨境电子商务直购进口模式是指国内个人购买者在跨境电子商务网站订购境外商品直接运输进境，按照海关的要求，通过电子商务服务平台和海关通关管理系统对订单、支付、运单等信息进行申报，并按照进境物品进口税率缴纳关税，实现快速通关。

在直购进口模式下，企业将货物储存在境外，消费者下单后将货物打包形成包裹运抵关境进行清关。与网购保税进口模式相比，直购进口模式无须企业在区内租赁仓库，无须提前在国内备货，消费者下单后才从境外打包运抵国内，省去了国内仓的租赁费用，企业经营成本降低了。

第三节　我国进口跨境电子商务运输与物流

一、我国进口跨境电子商务的运输方式和途径

大宗的 B2B 商品的国际运输，还是依托传统的海运运输为主。B2C 和 C2C 模式下的轻散货和对实效要求较高的商品，则以空运为主。另外，由于中欧班列以及其他跨境铁路运行顺利，越来越多的跨境电子商务产品将通过铁路运输。例如，2018 年 1 月 19 日，首批通过中欧班列（蓉欧快铁）运输的进口红酒从成都国际铁路港清关出区，该批保税备货商品由进口红酒贸易商从德国采购，从蒂尔堡抵达成都国际铁路港，全程运输 16 天，比海运节约 20 ~ 25 天，通过国内保税仓发货，仅 2 ~ 3 天即可将跨境商品配送至消费者手中。

目前，进口跨境电子商务 B2C 和 C2C 模式下，向 C（消费者）端邮寄的主要物流途径是通过国际邮政系统和国际快递物流。国际邮政系统缺点是物流慢，很多时候需要一个月且易丢件。因此该模式适用于食品、纺织品、日用品等体积小、重量轻、运费低、时效性要求不高的商品。我国消费者一般多选择国际快递物流。以亚马逊进口跨境业务中的海外购为例，用户在下订单时，有 3 种不同的配送方式供用户选择：标准配送（平均 7 ~ 12 个工作日送达）、海外购加速配送（平均 5 ~ 9 个工作日送达）、海外购特快配送（平均 2 ~ 4 个工作日送达），配送方都是 UPS 通过空运运送到中国再清关，最后送到用户手里。时效越高，运费也越高昂，因此它适合体积小、重量轻、价值高的物品。

此种物流模式配送商会主动报关，若用户和配送商信息沟通不及时，容易延迟配送，影响配送效率。由于国际快递是海外直邮，电子商务平台的发货时间较保税区发货要慢，部分电子商务平台的发货时间是预计下单后 10 天左右，但这种物流模式很大程度上丰富了电子商务平台的商品种类。

二、我国进口跨境电子商务物流模式

由于涉及多国、多段、多种交易模式、多种运输方式、多种物流途径，进口跨境电子商务的物流比较复杂，主要可以分为单一的跨境物流模式和海外中转的跨境物流模式两种。在我国的实践中，又经常有“保税区发货”和“海外仓直邮”等说法，在此一并介绍。

（一）单一的跨境物流模式

这种物流模式是在我国跨境电子商务企业与海外供应商合作的基础上实现的，海外供应商直接将商品送达处于所在国的物流配送中心（此物流配送中心可以是我国跨境电子商务企业自建、租用或者由国外代管的），由物流配送中心进行商品的备货和仓储管理，当我国消费者在网络平台上提交订单并付款后，由此物流中心完成单笔订单货物的包装和邮寄，订单常采用单件包裹的形式，由国际快递公司承担并完成最终的物流服务。

这种模式以单件包裹的运送为主，不承担批量运送，不需要等待订单达到一定数量时才转交给国际快递公司。国际网络购物平台上一旦有订单，就可交由国际物流公司直接安排发货，因此在配送速度上要比其他运输方式快一些，能够实现与海外直邮同等的运输速度。此外，国际快递还负责运送包裹的通关和报税等相关流程，凭借国际快递公司的通关能力，降低了运送货物被扣的风险。

（二）海外中转的跨境物流模式

1. “两段中转”的跨境模式

海外供应商将国内电子商务企业需要采购的货物直接送达该国的物流中心，由该国的物流公司负责商品的实际备货和储存管理，消费者在网络购物平台上下单后，由该国的物流公司完成单笔订单的包装和邮寄等一系列活动。该国物流公司对不同收件地址的货物进行归纳整理，最后交由国际物流公司以整批出货的方式邮寄至海外转运国（地区），再由海外转运国（地区）的物流中心将整批货物分成单件的形式，交由国际物流配送至不同国家（地区）的收件地。

此种模式不需要考虑与国内物流体系的合作，批量运输的方法有效节省了国际运输的费用，但这种物流模式有转运国的参与，因此还需要支付转运物流的成本，同时增加了货物检验的时间和相关税收。

从运输环节来说，此种模式相比其他模式较为复杂，因为运输形式同时包括整合运输和单件运输，客户提交订单后，还需要等待采购商品达到一定批量时才被转送到运转中心，到达运转中心后将批量包裹分散成单件进行独立运输。过程的烦琐性使其相比单一跨境物流模式来说需要更多的运输时间。

2. “两段收件”的跨境物流模式

这种物流模式与两段中转的物流模式前半部分基本相同，都是由海外的供应商将国内电子商务企业采购的商品直接送至本国的物流中心，由其负责商品的实际备货和储备管理。接到订单时，首先由本地物流中心对订单进行包装、出货等一系列动作，然后根据订单的收件地址，对其进行归纳整合，之后交由国际物流企业以整批运输的方式直接送达货品的收件国（地区）。货品运输至收件国（地区）后，通过与当地物流企业的合作，最终将商品送至消费者手中。

此种模式在包裹快件整合时具有成本优势，因为国内物流体系相比国际物流成本较少，但是需要考虑与国内物流体系的合作。这种物流模式适用于订单收货地址明确且订单量大的国际订单。

此种模式在运输过程中，不仅受国际物流公司整批运送的时间影响，同时还受国内物流体系配送效率的影响，因此，无法给予消费者统一的标准来确定具体的配送时间。另外，快件到达国内后，还要由国内物流体系承担最后的配送服务，此时需要添加国内条形码信息，该过程相当于重新收件，因此在某种程度上影响了快件配送的时间。

专栏9.2 海淘中的“直邮”“拼邮”和“转运”

许多海淘买家经常听说“直邮”“拼邮”和“转运”等名词，实际上，它们指的是不同的物流模式。

直邮模式是指当某个中国买家下订单后，国外供应商从国外发货地仓库通过物流公司直接将此买家的货物寄送到中国，这是最简单最基本的模式。

拼邮模式是指当几个不同的中国买家下不同的订单后，国外供应商先将不同买家的货物集中在一起，然后共同通过物流公司寄送，到中国后再分拨寄给不同买家。这样做的目的主要是为了分摊运输费用，因为某些国际快递也有首重和续重之说，例如首重1千克内是一个固定的运费，假如是50元，那么一个买家买一件重量小于1千克的货物的运费就是50元。如果多个买家的货物加在一起不足1千克的话，就分摊了首重运费。因此，拼邮大多用在重量轻、价格不高的商品上，多个买家集中在一起运输节省成本。

不过，国外一些网站不支持直接寄送中国，或者直接寄送税费太高，这个时候就可以用到“转运”。即买家在国外电子商务平台上选择先把货发到转运公司的地址，然后请转运公司将货物运回中国并转交中国快递公司派送。

转运的一般的流程是：（1）在转运公司网站注册账户，获取转运公司的收货地址；（2）在国外网站购物，确认订单时填写转运公司提供的专属海外仓库收货地址；（3）国外网站将货物发往转运公司收货地址（买家可以跟踪购物网站提供的快递单号［（Tracking Number）是否显示签收（Delivered）］后，等待货物入库；（4）包裹入库后，买家在转运公司网站上提交转运订单，要求其发往中国收货地址；（5）跟踪订单货物物流信息，准备签收货物。直邮与转运流程对比见图9－7。

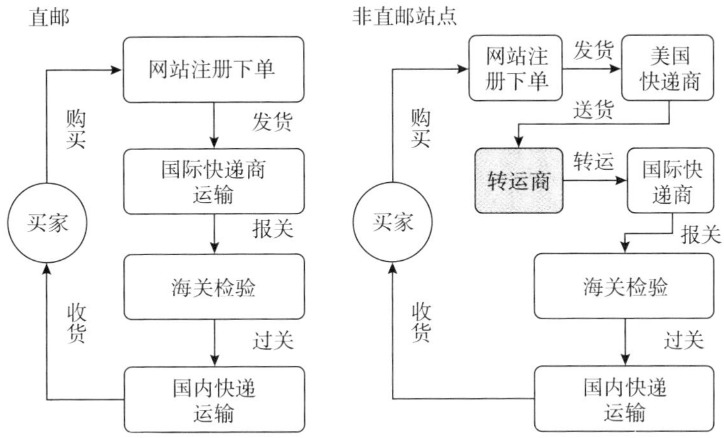

图 9-7 直邮和转运流程对比

资料来源：作者收集整理。

（三）保税仓（区）发货的跨境物流模式

保税仓（区）发货模式是两段物流（如图 9-8），一段是国际段，另一段是国内段。在海外商品完成国际段运输后，要在国内保税仓拆包、检验、清关、分拣、打包、储存，买家下订单后，再用国内的快递公司寄给消费者。

图 9-8 保税仓发货模式

保税仓实际上是一个享有国家特殊政策，受到国家特殊监管的区域，与通常预缴关税的流程不同，保税仓是进口商品在获得海关批准后进入特定仓区存放，此时可先不缴税，当商品出售后再缴税，这个仓库起到“暂缓缴税”的作用。

保税仓发货有以下好处，首先，这种大批量集中运输的方式有利于减少运输成本，相比其他海外跨境的物流模式而言，它在物流配送成本上具有一定的优势。其次，海外供应商提前将热门商品备货至保税仓，保税仓系统与海关和商检等部门实现对接，因此订单产生后能够及时清关，买家收货速度快，消费者一般在下单 2 到 3 天后就可以收到货品，其物流体验基本等同于国内购物。最后，买家退货有保障，保税仓模式下，买家可以将货物退到国内保税仓或购物平台，避免了直接从海外购物退货无门的困境。

保税仓（区）发货的物流模式一般适用于订单量较多的大型跨境电子商务企业，这些企业借用大数据对热门商品的种类和数量进行预测，将海外热门商品提前运输到国内作为储备，一旦有订单形成，就可以迅速报关检验发货。但是对于消费者来说，保税区发货的模式只能保证消费者购买当下较热门的一些产品，因此在商品种类上存在缺陷。另外，大量海外产品涌入国内市场必将对本土产品的消费市场造成冲击。

（四）海外仓直邮的跨境物流模式

在实践中，“海外仓直邮”就是典型的单一的跨境物流模式。海外仓直邮是指货物集中存放在海外卖家的仓库，当买家下单后通过物流直接清关寄送到国内买家手里，或者先寄送到国内保税区清关后再进行国内配送，如图9－9所示。这种模式的主要特点是货物在海外仓库寄出后，中途基本不需要再次分包、转运或长时间储存。

图9－9 海外仓直邮模式

以海外购物平台亚马逊为例，消费者在亚马逊平台上的购物能够以国际物流的方式实现直邮，亚马逊直接发货能够保证配送物流的稳定性，物流配送一般分为美国境内、海关和国内配送三个阶段，物流包裹一般在两周之内即可到达，从而大大提高了物流配送的服务效率。相比海外中转的物流配送模式来说，海外仓直邮大大节省了配送时间。另外，海外直邮的配送方式能够使用本地物流及时跟踪和查询商品货物的配送状态。同时，海外电子商务企业可以实现对运送商品的远程操控，主动掌握运输的物流管理链。

海外仓直邮模式和保税仓发货模式从下单顺序和清关方式上区别较为明显。在流程上，保税模式先入境，用户下单后才清关。直邮模式用户下单后才开始递送，在入境时才需清关，如图9－10所示。

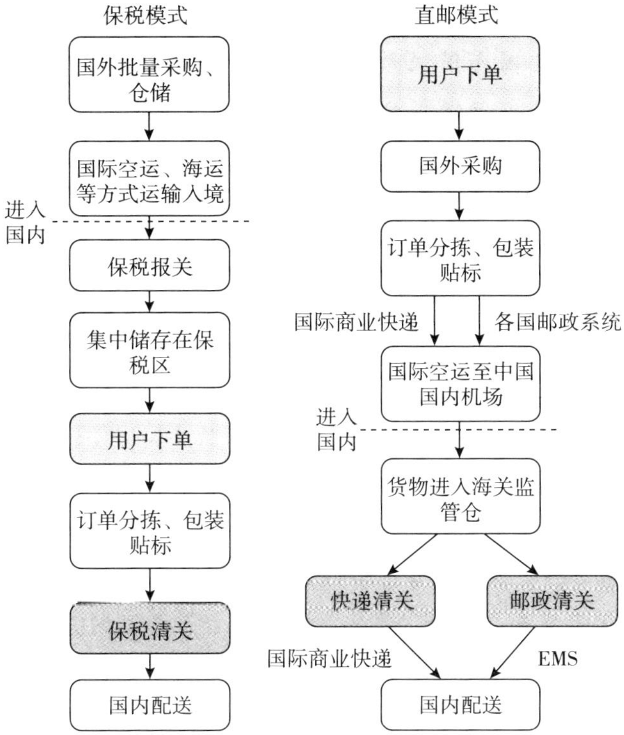

图 9-10 保税模式与直邮模式的对比

专栏 9.3 “黑色星期五”中的进口跨境电子商务物流

“黑色星期五”起源于美国的购物节。2014 年“黑色星期五”被跨境电子商务平台首次引进中国后，其表现一年优于一年，目前已逐渐成为中国消费者购买海外商品的一个促销节日。2018 年，以天猫国际、洋码头、亚马逊海外购、网易考拉海购、京东全球购等为首的跨境电子商务企业纷纷发力“黑色星期五”大促销，希望能从中“分一杯羹”，并进一步培育国内跨境电子商务消费市场。

据网经社发现：天猫国际通常要 7～15 天配送时间，从国内保税仓发货最短可 5 日收货，货源覆盖全球 63 个国家和地区，全国境内配送。洋码头货源覆盖超过 83 个国家和地区，“黑色星期五”全球首单韩国至上海 19 小时完成配送，美国至上海 55 小时完成配送，使用其官方物流配送，海外直邮平均 5 天，全国境内配送。亚马逊海外购海外直邮通常要 7～12 天时间收货，全国境内配送。网易考拉海购国内保税仓发货平均 3～15 天收货，全国境内配送。唯品会国内保税仓发货，平均 2～14 天收货，可配送至全国大部分地区。小红书国内保税仓发货，平均 7～15 天收货，可配送至全国大部分地区。

在物流保障上，网经社发现，各平台在物流模式、配送周期等方面，因大部分平台都采用国内保税区发货的原因，时效相差不大，基本在 7～12 天配送完成，但洋码头异军突起，海外直邮居然平均 5 天到货，快过国内保税区收货。究其原因，总结为以下四点：（1）拥有自建国际物流（贝海国际）的平台，平台管控力高；（2）7 年国际物流经验沉淀，在国际段运输、商品申报、缴纳关税、海关查验清关等多个环节经验丰富；（3）业内第一个和海关系统对接的国际物流，进一步提升清关效率；（4）常年与各大航空公司良好合作，优先使用航空资源。此外，在“黑色星期五”前夕，洋码头与东方航空物流达成战略合作，这个合作让洋码头“黑色星期五”一半商品由东方航空承运，在“黑色星期五”之外，东方航空全球运力将优先供给洋码头使用，提升了其跨境物流的效率。此外，洋码头还推出“慢就赔”，进一步解决海淘物流痛点。在退换货方面，洋码头也在业内首推“极速退”解决退货难问题。

资料来源：网经社，http：//www.100ec.cn.

第四节　我国进口跨境电子商务存在的问题和展望

一、我国进口跨境电子商务存在的问题

（一）国内消费者权益难以得到全面保护

对于国内消费者而言，购买跨境电子商务商品可能意味着要面临一系列的麻烦。主要包括以下几种。

1. 货物真伪、质量问题

跨境电子商务商品的品质问题已经成为行业发展中的最大症结之一，假冒伪劣商品屡见不鲜且屡禁不止。据统计，2016 年跨境电子商务进口的化妆品等产

品的不合格率为4.6%，是同期一般货物进口不合格率的5倍多[①]。同时，跨境进口电子商务平台上的部分产品是否是进口也难以保证。跨境海淘类投诉占比上升明显，2016年投诉占比11.52%，远超于2015年7.53%的投诉占比[②]。

2. 退换货问题

由于涉及跨境通关和物流，换货后的商品很难有顺畅的通道返回国内；物流等种种费用要消费者承担，可能会出现退货费用严重超出货品价值的现象。部分平台在接到退款或者退货通知时，会出现拖延退款的问题。同时也存在部分的境外厂家、商家不提供或者只提供短期的售后退货或者保修服务。

3. 客服问题

主要包括消费者在咨询、购买、售后等购物过程中与客服沟通时出现的客服态度差、敷衍、不正面解决问题、推脱责任等现象。另外，跨境网购的商品质量维权、货品丢失处理、技术售后服务等都需要耗费巨大时间成本，让消费者打消跨境网购的念头。总之，消费者在跨境进口电子商务平台购买的商品出现问题，一般很难解决一系列的售后问题。

4. 交易信用及安全问题

跨境电子商务虽然给交易双方带来了不少便利，但在交易信用和安全方面仍存在不少问题。一方面消费者对国外电子商务企业的信任度低，下单前对商品的真实质量并不能充分了解，对企业或卖方的信用等无法做出准确判断；另一方面卖家也很难对国外客户的消费能力和资信做出准确评价，很可能导致卖家损失物流费用和手续费，甚至钱货两空。再加上语言和文化的差异使得信息不对称的程度较严重，成为交易的巨大障碍。另外，消费者在电子商务平台购物后经常发生购物信息泄露问题，消费者的信息经常被电子商务平台转卖以及被黑客利用，从而导致欺诈、诈骗产生，造成消费者巨大的损失。

（二）国内跨境电子商务企业发展遇到较大瓶颈

1. 产品同质现象严重，竞争更加激烈

目前，我国跨境进口电子商务的市场结构相对而言是比较集中的，跨境

---

① 马晓华. 海淘商品不合格率竟高于一般进口，谁来保障跨境商品质量［J/OL］. 新浪财经，2017［2018-5-2］. http：//finance. sina. com. cn/roll/2017-10-29/doc-ifynffnz3372976. shtml.

② 雨果网. 2016跨境网购投诉爆发性增长，疑似售假、物流速度成痛点［J/OL］. 中国国际电子商务网，2017［2018-5-2］. http：//www. ec. com. cn/article/kjds/201703/15390_1. html.

电子商务平台无论其规模大小，主要以服装、电子、母婴、户外运动等产品为主。由于大多数平台的进口商品雷同，各大跨境进口电子商务平台不得不利用自己的资本优势，纷纷推出包邮、保税、打折或节日优惠等措施，意图通过更低的价格来吸引消费者，实行低价策略，导致利润空间持续下降。

2. 国外供应链难以控制

目前国内的跨境零售进口电子商务的货源多数是通过个人或是专业进口团队向海外零售商代购，然后再向国内消费者出售，并没有实现与海外供应商直接的合作，也并没有获得品牌的授权，因而也未能实现与海外著名品牌货源上的对接。这就导致了产品成本较高、供货渠道不稳定、品质真假优劣难以保证的问题发生。

3. 监管政策不明晰导致不确定风险增加

最近几年，政府出台了关于跨境进口电子商务的政策，但一些政策变化不定。例如 2016 年 3 月底，财政部、海关总署、国家税务总局发布《关于跨境电子商务零售进口税收政策的通知》，从当年 4 月 8 日起执行，但实施不到两个月就被暂停。2016 年 5 月 25 日和 2017 年 9 月 20 日，经国务院批准，决定将跨境电子商务零售进口监管过渡期政策两次延长至 2018 年年底。另外，还有一些其他的部门没有出台或者没有完善关于跨境进口电子商务的政策，导致企业发展的不确定性风险大大增加。

4. 物流问题

跨境进口避免不了要面临来自商品供应商、国际物流、国内物流以及多地海关税务部门的多重风险，使得整条供应链的时效性较慢，加上主要依赖航空运输，物流成本偏高。由于流通环节从揽件到最终货物送达客户，往往需要经过多次转运，包裹破损很难避免，并且无论是邮政包裹还是使用专线物流，都存在一定的丢包率。这不仅给消费者带来糟糕的购物体验，也使得企业自身不得不承担运费、货品以及客户流失的损失。

（三）其他问题

1. 国家税收流失问题

大量的进口商品尤其是一些奢侈品，通过化整为零的方式进入到国内，避免了传统贸易方式下应缴纳的巨额税负，但是从国家的角度，则损失了大量的进口关税、增值税和消费税。

2. 造成不公平竞争

由于跨境进口电子商务规避了部分或全部的税负，其成本自然比传统贸易方式下低，所以对于通过传统的大批进口，按照一般贸易报关，正常缴纳关税、增值税和消费税的企业而言不公平。因此，也导致了传统进口贸易企业的竞争力急剧下降。

二、对我国进口跨境电子商务发展的展望

（一）继续保持高速增长仍然可期

网购用户的逐年增长预示着跨境网购的方式已经逐渐普及，变得越来越普遍。中国跨境网购用户正在从大城市向中小城市延伸，特别是二、三线城市的增速尤其明显。根据网经社数据监测显示，2016 年北上广深等一线城市网购用户人数增速占比较去年同期上涨 75.47%，二线城市上涨 86.43%，而三线城市增速更为明显，达到 106.76%。这一趋势表明，随着普通消费者对跨境网购认识的逐渐普及和深入，进口零售电子商务的市场渗透率和市场规模仍会在未来几年里进一步迅速上升和扩大。

（二）市场竞争会进一步加大

可以预见，进口跨境电子商务激烈的竞争形态将会继续发展，用户资源、交易规模、品牌与声望、供应链能力、资本实力等因素都会影响相关企业的生存，未来将会强者恒强，资源会逐渐向巨头企业和部分突围成功的企业聚拢，而没有过硬的供应链渠道、没有建立起壁垒等规模小的企业，将会失去竞争力。另外，大而全的综合型平台将占据着市场的主导地位，小而美的垂直型厂商拓展着各自的专精领域，他们都凭借着自己的优势和特点，参与到激烈的竞争之中，市场格局、资源能力态势也在随之变化。

（三）进口跨境电子商务产品结构将发生转变

据调查显示，我国跨境网购消费者从以往的价格敏感转向了品质敏感。以往跨境网购消费者一般关注的是进口产品的价格，随着中国人民生活质量的提高，消费者对进口商品的品质越来越看重。另外，跨境网购消费者从个

人消费转向家庭消费，跨境网购消费者的结构在向有家庭的消费者集中，家庭消费观念凸显。最开始的跨境网购用户以个人网购为主，所购的商品多为以个人消费为主的品类商品，随着跨境进口电子商务的发展，商品品类的丰富，消费者年龄集中于26岁以上的有家庭的消费者，消费品类也开始趋向于家庭品类。

（四）跨境政策逐渐规范化

虽然跨境进口电子商务监管过渡期政策延长至2018年年底，但政策不会无限期延长下去。2017年9月20日国务院常务会议指出，需加快完善相关制度，推动建立针对跨境电子商务的交易风险防范和消费者权益保障机制，大力打击假冒伪劣等违法行为，这都预示着跨境进口的政策红利逐渐消失，跨境进口电子商务最终会走向规范化。

思考与实训

1. 你熟悉哪些进口跨境电子商务平台，请举例说明其运作模式。
2. 保税仓发货和海外仓直邮都有什么样的优缺点？
3. 想一想国内消费者在跨境网购的时候可能遇到什么问题？
4. 为什么我国进口跨境电子商务还会进一步发展？
5. 我国进口跨境电子商务还存在哪些问题？

第十章　我国对跨境电子商务的管理和政策

近年来，庞大的市场需求为我国跨境电子商务带来前所未有的发展机遇。从2012年8月商务部颁布《关于利用电子商务平台开展对外贸易的若干意见》以来直到2017年，从国务院到各大相关部委，也纷纷出台针对跨境电子商务行业的配套政策措施。从现有颁布的政策来看，各相关部门工作的主要目的是：大力支持跨境电子商务新兴业态的发展，以及积极引导跨境电子商务运营的规范化。这些政策深入跨境电子商务的方方面面，大到总体制度、环境建设，例如开展跨境电子商务综合试验区试点，小到跨境电子商务的具体环节，例如税收、支付、通关、海外仓等方面，为跨境电子商务的发展扫除障碍，创造各种有利条件推动其快速发展。这充分体现了国家对于新业态、新模式"包容审慎"的监管理念，释放出国家对跨境电子商务作为外贸发展新形式的逐步认可，意味着对跨境电子商务零售进口监管从初期的尝试逐渐向系统化与成熟化的方向转变，并将进一步促进跨境电子商务零售进口的快速发展。

学习目标

了解内容：我国对跨境电子商务管理的演进，对跨境外汇支付的监管与政策

理解内容：跨境贸易电子商务服务试点，跨境电子商务综合试验区，出口跨境电子商务检验检疫的监管，进口跨境电子商务检验检疫的监管与政策

掌握内容：跨境电子商务零售进口税收政策，跨境电子商务零售进出口商品的监管政策，零售跨境电子商务（B2C）出口税收（退免税）的政策

关键术语

正面清单、跨境电子商务综合试验区、三单对比

第一节 我国对跨境电子商务的管理

一、我国对跨境电子商务管理的演进

为发展我国跨境电子商务，近年来各部门已开展大量工作。2010 年下半年起，商务部启动了重点推荐和培育开展对外贸易的电子商务平台工作。自 2012 年起，有关部门出台了几十份相关政策文件，来鼓励和规范跨境电子商务行业。2012 年 3 月，我国商务部出台了《关于利用电子商务平台开展对外贸易的若干意见》（商电发〔2012〕74 号）。2012 年 2 月，发展和改革委员会、财政部、商务部等 8 部门办公厅共同下发了《关于促进电子商务健康快速发展有关工作的通知》（发改办高技〔2012〕226 号）；2013 年 4 月，发展改革委员会、财政部、商务部等 13 部门办公厅（室）又共同下发了《关于进一步促进电子商务健康快速发展有关工作的通知》（发改办高技〔2013〕894 号）。

这些文件点明了利用电子商务开展对外贸易的重要意义，提出了全面增强电子商务平台对外贸易服务功能，着力提升企业利用电子商务平台开展对外贸易，加强对利用电子商务平台开展对外贸易的支持，加强对利用电子商务平台开展对外贸易的监督，重点培育开展对外贸易的电子商务平台主要规程等要求，并指出要进一步完善跨境贸易电子商务通关服务环境，研究制定相配套的管理制度及标准规范，推进外贸电子商务企业备案信息共享，探索多部门联合推动跨境贸易电子商务通关服务的综合试点工作。

2015 年 6 月，国务院发布了《国务院关于促进跨境电子商务健康快速发展的指导意见》（国办发〔2015〕46 号），明确了对跨境电子商务的支持态度。此意见指出：支持跨境电子商务发展，有利于用“互联网 + 外贸”实现优进优出，发挥我国制造业大国优势，扩大海外营销渠道，合理增加进口，

扩大国内消费，促进企业和外贸转型升级；有利于增加就业，推进大众创业、万众创新，打造新的经济增长点；有利于加快实施共建“一带一路”等倡议，推动开放型经济发展升级。

2016 年 3 月 24 日，财政部、海关总署等部委发布了《关于跨境电子商务零售进口税收政策的通知》（以下简称“跨境电子商务税收新政”），国家第一次从多层面明确对跨境电子商务进行正面监管。跨境电子商务税收新政规定，跨境电子商务零售的单笔进口限额为人民币 2 000 元，每年额度为人民币 2 万元，跨境电子商务 B2C 进口不再征收“个人邮递物品税”，而将征收综合税，即进口关税以及增值税和消费税，其中关税税率暂定为 0%，增值税和消费税税率为暂行税率的 70%。跨境电子商务税收新政实施后，50 元以下免征税款政策取消，增加了小额进口货物的税收成本。

2016 年 4 月 15 日，财政部、发改委、商务部等 13 个部门共同发布了第二批《跨境电子商务零售进口商品清单》（以下简称“正面清单”），清单内的商品免予向海关提交许可证件。跨境电子商务零售进口仅限于“正面清单”上的商品，其中包括 1 293 件商品，涵盖了电子商务试点地区进口的大部分商品，满足了大多数消费者的需求。但是“正面清单”之外的其他货物必须在一般贸易模式下进口，需要通过更复杂的验核程序。跨境电子商务税收新政给消费者和海关都带来了挑战。

但“跨境电子商务税收新政”的出台过于急促，一方面体现在政策出台比较突然，新政发布 15 日后即要求执行，商品正面清单更是在执行前 2 日方公布，电子商务企业和监管部门均猝不及防，部分企业损失惨重，多个监管现场近乎瘫痪。另一方面是部分标准过高，通关单、注册备案等制度难于执行。新政过渡期一年多来，诸多问题也逐步显现，如低估了交易限额，导致身份信息被盗用滥用；又如正面清单商品范围覆盖面有限，极大地限制了业务开展等。

在实施“跨境电子商务税收新政”后，对通关单和“正面清单”的要求导致跨境电子商务商品保税进口业务急剧下降。为应对这种情况，财政部与相关政府组织决定实施过渡方案，并明确表示在 2017 年年底前，10 个试点城市将继续按照以前的规定进行监管和征税。2017 年 9 月 20 日国务院常务会议上决定将跨境电子商务零售进口监管过渡期政策延长至 2018 年年底。跨境电子商务监管历史沿革见图 10 - 1。

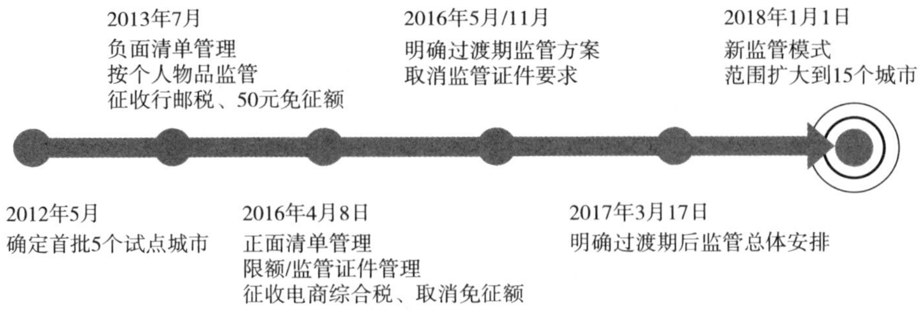

图 10－1 跨境电子商务监管历史沿革

相关跨境电子商务政策还包括：外汇管理局《关于支付机构跨境电子商务外汇支付业务试点指导意见》、原国家质量监督检验检疫总局（简称“质检总局”）①《关于进一步发挥检验检疫职能作用促进跨境电子商务发展的意见》、原质检总局《关于加强跨境电子商务进出口消费品检验监管工作的指导意见》、税务总局等五部门《关于口岸进境免税店政策的公告》、财政部《关于跨境电子商务零售进口税收政策的通知》、发改委等 11 部门《关于公布跨境电子商务零售进口商品清单的公告》、原质检总局《关于跨境电子商务零售进口通关单政策的说明》、原质检总局《关于跨境电子商务零售进出口检验检疫信息化管理系统数据接入规范的公告》、商务部等 14 部门《关于复制推广跨境电子商务综合试验区探索形成的成熟经验做法的函》等。

二、我国跨境电子商务试点工作

（一）跨境贸易电子商务服务试点

国家发改委、商务部、海关总署等 8 部委于 2012 年 2 月共同下发《关

① 2018 年 3 月，第十三届全国人民代表大会第一次会议批准了《国务院机构改革方案》，将国家质量监督检验检疫总局的职责、国家工商行政管理总局的职责、国家食品药品监督管理总局的职责、国家发展和改革委员会的价格监督检查与反垄断执法职责、商务部的经营者集中反垄断执法以及国务院反垄断委员会办公室等职责整合，组建国家市场监督管理总局；将国家质量监督检验检疫总局的出入境检验检疫管理职责和队伍划入海关总署；将国家知识产权局的职责、国家工商行政管理总局的商标管理职责、国家质量监督检验检疫总局的原产地地理标志管理职责整合，重新组建国家知识产权局，由国家市场监督管理总局管理；不再保留国家质量监督检验检疫总局。

于促进电子商务健康快速发展有关工作的通知》（发改办高技〔2012〕226号），以及国家发改委办公厅《关于组织开展国家电子商务示范城市电子商务试点专项的通知》（发改办高技〔2012〕1137号），由海关总署牵头推动中央部门政策性试点之一的跨境贸易电子商务服务试点，先后遴选了上海、重庆、杭州、宁波、郑州、天津等城市开展跨境电子商务试点工作。旨在探索以快件、邮件方式通关的跨境贸易难以快速通关、结汇、退税等问题的解决方案。

（二）跨境电子商务综合试验区

国务院先后于2015年3月7日及2016年1月12日发布《国务院关于同意设立中国（杭州）跨境电子商务综合试验区的批复》（国函〔2015〕44号）和《国务院关于同意在天津等12个城市设立跨境电子商务综合试验区的批复》（国函〔2016〕17号），分别同意在杭州市、天津市、上海市、重庆市、合肥市、郑州市、广州市、成都市、大连市、宁波市、青岛市、深圳市、苏州市等城市设立跨境电子商务综合试验区，名称分别为中国（城市名）跨境电子商务综合试验区。综合试验区建设着力在跨境电子商务交易、支付、物流、通关、退税、结汇等环节的技术标准、业务流程、监管模式和信息化建设等方面先行先试。综合试验区通过制度创新、管理创新、服务创新和协同发展，破解跨境电子商务发展中的深层次矛盾和体制性难题，打造跨境电子商务完整的产业链和生态链，逐步形成一套适应和引领全球跨境电子商务发展的管理制度和规则，为推动全国跨境电子商务健康发展提供可复制、可推广的经验。跨境电子商务综合试验区着力在跨境电子商务企业对企业（B2B）方式相关环节的技术标准、业务流程、监管模式和信息化建设等方面先行先试，为推动全国跨境电子商务健康发展创造更多可复制推广的经验等。

专栏10.1　12个跨境电子商务综合试验区的发展重点

电子商务是中国经济下行压力加大下的新经济动能，跨境电子商务是对“稳外需、扩消费、调结构、转方式、重统筹、促平衡”等商务核心工作的全面带动。

目前，各试验区的建设各具特色。如天津拟吸引大型电子商务企业和快递企业落户天津，构建“内外衔接”“线上线下”协同的发展格局。

大连将创建“跨境电子商务+旅游采购贸易+保税电子商务体验+保税展示展销”四位一体的运营模式，按照线上线下结合、导购平台与展销中心联动的方式运作，利用“互联网+”模式对传统国际贸易和传统产业进行升级改造。

重庆将着力在跨境电子商务B2B方式相关环节先行先试，培育跨境电子商务市场主体，以跨境电子商务推动传统外贸企业发展。

合肥将以快件、邮件作为物流支撑，实现对美国、日本、法国、韩国、英国、俄罗斯等10个主要跨境出口国家和地区的国际邮件总包直封。

郑州将开展“三个创新”，即制度创新、管理创新、服务创新，建设“三个平台”，即“单一窗口”综合服务平台、综合园区平台、人才培养和企业孵化平台，建立“七个体系”，即跨境电子商务信息共享体系、金融服务体系、智能物流体系、信用管理体系、质量安全体系、统计监测体系、风险防控体系。

广州将重点做好七个方面工作，包括创新监管体系、建设跨境电子商务产业园区、完善提升跨境电子商务公共服务平台、建立跨境电子商务产业链促进机制、建立线上线下融合机制、建立跨境电子商务促进外贸转型升级机制和发展一批“海外仓”等。

成都拟形成“一都一府三中心”的跨境电子商务发展格局。深圳将加强“法规、标准、公共服务”的可信交易环境建设。

宁波将依托国际深水良港形成开放、完善的集疏运体系和坚实的外贸产业基础，发展大产业、打造大物流、拓展大市场，形成跨境电子商务“一盘棋”发展格局。

青岛将构建“国际贸易信息流引领发展、监管服务窗口一体化、区域合作协同发展”三大机制。

苏州将着力在跨境电子商务B2B相关环节的技术标准、业务流程、监管模式和信息化建设等方面先行先试。

上海将把跨境电子商务公共服务平台建设成为“单一窗口”平台，为进出口电子商务和支付、物流、仓储等企业提供数据交换服务，为政府相关部门提供信息共享平台，实现“一次申报、一次查验、一次放行”，建立公平、开放、透明、高效的对接服务机制。

资料来源：张莉．“1 +12”个跨境电子商务综合试验区意味着什么，http：//www. chinatoday. com. cn/chinese/economy/fxb/201603/t20160329_800053380. html.

第二节　我国对进口跨境电子商务的监管与政策

一、对进口跨境电子商务通关的监管与政策

（一）监管的基本情况

国务院办公厅发布的《贯彻实施质量发展纲要2016年行动计划》，明确指出加强对跨境网络交易中邮递、快件渠道的监管，严厉打击利用电子商务平台以及跨境电子商务中邮递、快递渠道实施的走私违法活动和通过“蚂蚁搬家”等方式进出口侵权假冒商品的违法行为。

海关作为跨境电子商务监管链条的关键环节，在跨境电子商务政策制定上有着较高的权力。近年来，海关已经通过出台多项举措来保证跨境电子商务快速发展。如海关对跨境电子商务监管实行全年365天无休息日，货到海关监管场所24小时内办结海关手续，开展跨境电子商务监管业务的海关制定了联动工作作业机制、应急预案和全年无休日跨境电子商务通关总体工作方案等，加大海关便捷措施的宣传力度，全面落实有关要求，确保电子商务企业充分享受通关便利。

中国海关针对跨境电子商务零售进出口，在建立适合跨境电子商务发展的管理制度、监管模式和信息化系统建设等方面进行了有益的尝试，探索出一系列新理念、新模式和新手段。概括起来是“一个理念，两个平台，三单对比，四种模式，五大举措”，即始终坚持一个包容、审慎、创新、协同的理念；联通海关监管平台与跨境电子商务企业平台两个平台；实现交易、支付、物流三方数据与申报信息三单比对；试点网购保税进口、直购进口、一般出

口、特殊监管区域出口四种监管模式；实施正面清单管理，征收跨境电子商务税，实施清单申报，创新退货监管，实现申报信息和扫描图像同屏比对五大举措，确保有效监管。

海关总署发布的相关跨境电子商务政策包括：《关于跨境贸易电子商务进出境货物、物品有关监管事宜公告》《海关总署关于增列海关监管方式代码的公告》《关于加强跨境电子商务网购保税进口监管工作的函》《海关总署关于天津市开展跨境贸易电子商务服务试点工作的报告》《关于跨境电子商务零售进出口商品有关监管事宜的公告》《关于跨境电子商务进口统一版信息化系统企业接入事宜公告》《关于增列海关监管方式代码的公告》等。

为加快跨境电子商务商品的通关速度，中国海关为跨境电子商务量身打造涵盖“企业备案、申报、征税、查验、放行”等各个环节的无纸化流程，实现了通关手续的“前推后移”。2016 年 4 月 7 日，海关总署发布了海关总署公告 2016 年第 26 号《关于跨境电子商务零售进出口商品有关监管事宜的公告》，确认了不同参与者向海关发送相关数据的义务。在 B2C 电子商务进口报关前，电子商务平台公司、金融机构、物流公司应当通过海关总署开发的跨境电子商务进口统一版系统，分别向海关发送交易、支付和物流的“三单”电子数据，以便海关提前对商品名称、价格、运费、购买人实名信息等数据进行比对。在海关注册登记的电子商务企业、电子商务交易平台企业或物流企业作为税款的代收代缴义务人，在向订购人收取税费之前代为履行纳税义务。图 10－2 直观地说明了各个活动主体之间的数据交换情况。

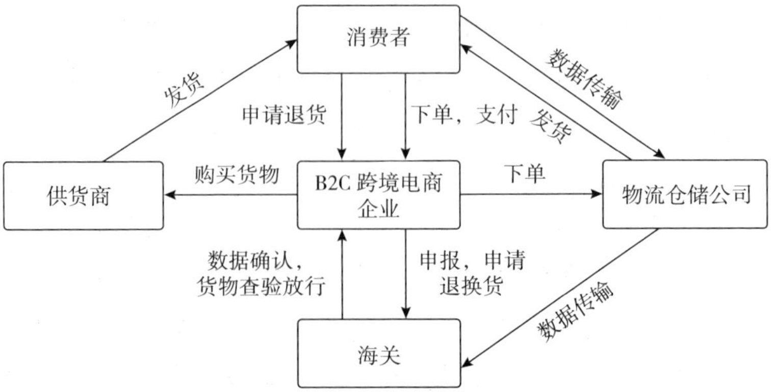

图 10－2　各跨境电子商务主体之间的数据交换

（二）重要的监管政策

1. 跨境电子商务零售进口税收政策

为营造公平竞争的市场环境，促进跨境电子商务健康发展，自2016年4月8日起，我国实施跨境电子商务零售（企业对消费者，即B2C）进口税收政策，并同步调整行邮税政策①。

目前，个人自用、合理数量的跨境电子商务零售进口商品在实际操作中按照邮递物品征收行邮税。行邮税针对的是非贸易属性的进境物品，将关税和进口环节增值税、消费税三税合并征收，税率普遍低于同类进口货物的综合税率。跨境电子商务零售进口商品虽然通过邮递渠道进境，但不同于传统非贸易性的文件票据、旅客分离行李、亲友馈赠物品等，其交易具有贸易属性，全环节仅征收行邮税，总体税负水平低于国内销售的同类一般贸易进口货物和国产货物的税负，形成了不公平竞争。为此，政府对跨境电子商务零售进口商品按照货物征收关税和进口环节增值税、消费税。

同时，为优化税目结构，方便旅客和消费者申报、纳税，提高通关效率，我国同步调整行邮税政策，将原先的四档税目（对应税率分别为10%、20%、30%、50%）调整为三档，见表10-1。其中，税目1主要为最惠国税率为零的商品，税目3主要为征收消费税的高档消费品，其他商品归入税目2。调整后，为保持各税目商品的行邮税税率与同类进口货物综合税率的大体一致，税目1、2、3的税率将分别为15%、30%、60%。

表10-1　中华人民共和国进境物品进口税率表

税号	物品名称	税率（%）
1	书报、刊物、教育用影视资料；计算机、视频摄录一体机、数字照相机等信息技术产品；食品、饮料；金银；家具；玩具，游戏品、节日或其他娱乐用品	15

① 根据《国务院关税税则委员会关于调整进境物品进口税有关问题的通知》（税委会〔2016〕2号），海关总署决定对2012年第15号公告公布的《中华人民共和国进境物品归类表》及《中华人民共和国进境物品完税价格表》的归类和税率进行相应调整，归类原则和完税价格确定原则不变，自2016年4月8日起执行（http：//www.customs.gov.cn/publish/portal0/tab49661/info793342.htm）。

续表

税号	物品名称	税率（%）
2	运动用品（不含高尔夫球及球具）、钓鱼用品；纺织品及其制成品；电视摄像机及其他电器用具；自行车；税目 1、3 中未包含的其他商品	30
3	烟、酒；贵重首饰及珠宝玉石；高尔夫球及球具；高档手表；化妆品	60

注：税目 3 所列商品的具体范围与消费税征收范围一致。

跨境电子商务企业对企业（B2B）进口，线下按一般贸易等方式完成货物进口，仍按照现行有关税收政策执行。

根据《关于跨境电子商务零售进口税收政策的通知》（财关税〔2016〕18 号，简称 18 号文），跨境电子商务零售进口税收政策如下。

（1）跨境电子商务零售进口商品按照货物征收关税和进口环节增值税、消费税，购买跨境电子商务零售进口商品的个人作为纳税义务人，实际交易价格（包括货物零售价格、运费和保险费）作为完税价格，电子商务企业、电子商务交易平台企业或物流企业可作为代收代缴义务人。

（2）跨境电子商务零售进口税收政策适用于从其他国家或地区进口的《跨境电子商务零售进口商品清单》范围内的以下商品：

①所有通过与海关联网的电子商务交易平台交易，能够实现交易、支付、物流电子信息“三单”比对的跨境电子商务零售进口商品；

②未通过与海关联网的电子商务交易平台交易，但快递、邮政企业能够统一提供交易、支付、物流等电子信息，并承诺承担相应法律责任进境的跨境电子商务零售进口商品。

不属于跨境电子商务零售进口的个人物品以及无法提供交易、支付、物流等电子信息的跨境电子商务零售进口商品，按现行规定（一般贸易进口）执行。

③跨境电子商务零售进口商品的单次交易限值为人民币 2 000 元，个人年度交易限值为人民币 20 000 元。在限值以内进口的跨境电子商务零售进口商品，关税税率暂设为 0%；进口环节增值税、消费税取消免征税额，暂按法定应纳税额的 70% 征收。超过单次限值、累加后超过个人年度限值的单次交易，以及完税价格超过 2 000 元限值的单个不可分割商品，均按照一般贸易方式全额征税。

专栏 10.2　跨境电子商务进口税收案例

（一）案例

2016 年 4 月 20 日，消费者 A 在海关联网电子商务交易平台进行身份信息认证后，购买跨境电子商务零售进口化妆品 800 元人民币（完税价格，下同）。2016 年 3 月 20 日，消费者 B 从国外旅游邮寄进口化妆品 800 元。2016 年 4 月 24 日，消费者 C 未进行身份信息认证，以其他人的名义付款，购买跨境电子商务零售进口化妆品 800 元。已知化妆品消费税税率为 30%，增值税为 17%，关税为 0%，原行邮税化妆品税率为 50%，现行行邮税化妆品税率为 60%。消费者 A、B、C 分别需要缴纳进口税款如下：

1. 消费者 A

消费者 A 在 4 月 20 日购买跨境电子商务零售进口化妆品，应按照 18 号文规定，以实际交易价格（包括货物零售价格、运费和保险费）作为完税价格，分别计算并缴纳关税、增值税与消费税进口环节税款，也可由电子商务企业、电子商务交易平台企业或物流企业代收代缴。

应纳消费税税额 =（完税价格 + 实征关税税额）÷（1 − 消费税税率）× 消费税税率 ×70% =（800 +0）÷（1 −30%）×30% ×70% ≈240（元）。

应纳增值税税额 =（完税价格 + 实征关税税额 + 实征消费税税额 + 实征关税税额）× 增值税税率 ×70% =（800 +0 +240）×17% ×70% ≈ 124（元）。

合计进口税收应纳税额 = 实征关税税额 + 实征消费税税额 + 实征增值税税额≈0 +124 +240 =364（元）。

2. 消费者 B

消费者 B 由于是在 3 月 20 日之前购买进口化妆品，仍按照原行邮税政策纳税。应纳进口税 = 完税价格 × 进口税税率 =800 ×50% =400（元）。

3. 消费者 C

消费者 C 虽然在 4 月 20 日购买跨境电子商务零售进口化妆品，但未通过海关联网的电子商务交易平台进行身份信息认证，且非本人支付物品的货款，也未超过单次购买 2 000 元，故适用现行行邮税政策。应纳进口税 = 完税价格×进口税税率=800×60%=480（元）。

（二）案例分析

由上例可以看出，跨境电子商务零售进口货物税收政策各异。根据政策规定，自2016年4月8日起，跨境电子商务零售进口商品单次交易限值为人民币2 000元、个人年度累计交易限值为人民币20 000元内的，按照关税税率暂按0%，进口环节增值税、消费税暂按法定应纳税额的70%的优惠政策征收。如果是超过单次限值、累加后超过个人年度限值的单次交易，以及完税价格超过2 000元限值的单个不可分割商品，均按照一般贸易方式全额征税。消费者A购买跨境电子商务零售进口化妆品800元，未超过单次交易限值人民币2 000元的限额。因此，享受增值税、消费税按70%征收的税收优惠。而消费者B和C不符合优惠政策的条件，应当分别按原行邮税和现行行邮税政策缴纳进口税。

从消费者A、B、C缴纳税款的对比分析来看，消费者购买跨境电子商务零售进口化妆品，并符合税收优惠条件的，征收关税、增值税与消费税比之前征收行邮税的税负有所下降。但对于购买同一款适用行邮税的化妆品，现行行邮税的税负略高于原行邮税。需注意的是，此案例是以化妆品为例进行分析，但并非所有物品均有此税负差异，还要根据物品的进口税收政策与行邮税税率的大小等因素而定。

现行新政与原政策相比对税收优惠的限值大幅提高，但取消了进口环节免征增值税、消费税的规定，单次购买小价值进口商品也要缴纳税款。如果是自海关放行之日起30日内退货的，可申请退税并相应调整个人年度交易总额。

资料来源：王文清，叶全华．跨境电子商务进口与出口退（免）税政策与案例分析．财务与会计.2016（17），40-41.

2. 跨境电子商务零售进口商品清单

2016年4月6日与4月15日，财政部、发改委、海关总署等部门联合公布了两批《跨境电子商务零售进口商品清单》（部分内容见表10-2），清单主要包括国内有一定消费需求，可满足相关部门监管要求，且客观上能够以快件、邮件等方式进境的生活消费品，其中包括部分食品饮料、服装鞋帽、家用电器以及部分化妆品、纸尿裤、儿童玩具、保温杯等。

清单内的商品免予向海关提交许可证件，检验检疫监督管理按照国家相关法律法规的规定执行；直购商品免予验核通关单，网购保税商品“一线”进区时需按货物验核通关单、“二线”出区时免予验核通关单。但是依法需要经过注册或备案的医疗器械、特殊食品（包括保健食品、特殊医学用途配方食品等），按照国家相关法律法规的规定执行。

表 10－2　跨境电子商务零售进口商品清单（第二批，部分）

序号	税则号列	货品名称	备注
1	02101900	干、熏、盐制的其他猪肉	仅限网购保税商品
2	02102000	干、熏、盐制的牛肉	仅限网购保税商品
3	03061200	螯龙虾（螯龙虾属）	仅限网购保税商品
57	10063010 *	籼型精米	每人每年进口 10061099、10062010、10063010、10063090 的商品合计不超过 20 千克
59	11010000 *	小麦或混合麦的细粉	每人每年进口 11010000、11031100 的商品合计不超过 20 千克； 仅限网购保税商品
60	11022000 *	玉米细粉	每人每年进口 11022000、11042300 的商品合计不超过 20 千克； 仅限网购保税商品

3. 海关监管政策

根据海关总署公告 2016 年第 26 号《关于跨境电子商务零售进出口商品有关监管事宜的公告》[①]，海关监管的主要内容如下。

（1）适用范围：电子商务企业、个人通过电子商务交易平台实现零售进出口商品交易，并根据海关要求传输相关交易电子数据的，按照本公告接受海关监管。

① 本公告虽然针对的是跨境电子商务进出口报关，但是主要还是针对进口报关。本公告有关用语的含义：“参与跨境电子商务业务的企业”是指参与跨境电子商务业务的电子商务企业、电子商务交易平台企业、支付企业、物流企业等。“电子商务企业”是指通过自建或者利用第三方电子商务交易平台开展跨境电子商务业务的企业。“电子商务交易平台企业”是指提供电子商务进出口商品交易、支付、配送服务的平台提供企业。“电子商务通关服务平台”是指由电子口岸搭建，实现企业、海关以及相关管理部门之间数据交换与信息共享的平台。

（2）企业管理：参与跨境电子商务业务的企业应当事先向所在地海关提交以下材料：

①企业法人营业执照副本复印件；

②组织机构代码证书副本复印件（以统一社会信用代码注册的企业不需要提供）；

③企业情况登记表，具体包括企业组织机构代码或统一社会信用代码、中文名称、工商注册地址、营业执照注册号，法定代表人（负责人）、身份证件类型、身份证件号码，海关联系人、移动电话、固定电话，跨境电子商务网站网址等。

企业按照前款规定提交复印件的，应当同时向海关交验原件。如需向海关办理报关业务，应当按照海关对报关单位注册登记管理的相关规定办理注册登记。

（3）通关管理：跨境电子商务零售进口商品申报前，电子商务企业或电子商务交易平台企业、支付企业、物流企业应当分别通过跨境电子商务通关服务平台（以下简称服务平台）如实向海关传输交易、支付、物流等电子信息。进出境快件运营人、邮政企业可以受电子商务企业、支付企业委托，在书面承诺对传输数据真实性承担相应法律责任的前提下，向海关传输交易、支付等电子信息。

跨境电子商务零售出口商品申报前，电子商务企业或其代理人、物流企业应当分别通过服务平台如实向海关传输交易、收款、物流等电子信息。

电子商务企业或其代理人应提交“中华人民共和国海关跨境电子商务零售进出口商品申报清单”（以下简称“申报清单”），出口采取“清单核放、汇总申报”方式办理报关手续，进口采取“清单核放”方式办理报关手续。“申报清单”与“中华人民共和国海关进（出）口货物报关单”具有同等法律效力。

电子商务企业应当对购买跨境电子商务零售进口商品的个人（订购人）身份信息进行核实，并向海关提供由国家主管部门认证的身份有效信息。无法提供或者无法核实订购人身份信息的，订购人与支付人应当为同一人。

跨境电子商务零售商品出口后，电子商务企业或其代理人应当于每月10日前（当月10日是法定节假日或者法定休息日的，顺延至其后的第一个工作日，第12月的清单汇总应当于当月最后一个工作日前完成），将上月（12月为当月）结关的“申报清单”依据清单表头同一收发货人、同一运输方式、同一运抵国、同一出境口岸，以及清单表体同一10位海关商品编码、同一申报计量单位、同一币制规则进行归并，汇总形成“中华人民共和国海关出口货物报关单”向海关申报。

除特殊情况外，“申报清单”“中华人民共和国海关进（出）口货物报关单”应当采取通关无纸化作业方式进行申报。“申报清单”的修改或者撤销，参照海关“中华人民共和国海关进（出）口货物报关单”修改或者撤销有关规定办理。

（4）税收征管：根据《财政部 海关总署 国家税务总局关于跨境电子商务零售进口税收政策的通知》的有关规定执行，跨境电子商务零售进口商品的申报币制为人民币。

海关对满足监管规定的跨境电子商务零售进口商品按时段汇总计征税款，代收代缴义务人应当依法向海关提交足额有效的税款担保。海关放行后30日内未发生退货或修撤单的，代收代缴义务人在放行后第31日至第45日内向海关办理纳税手续。

（5）物流监控：跨境电子商务零售进出口商品监管场所必须符合海关相关规定。监管场所经营人、仓储企业应当建立符合海关监管要求的计算机管理系统，并按照海关要求交换电子数据。跨境电子商务零售进出口商品的查验、放行均应当在监管场所内实施。海关实施查验时，电子商务企业或其代理人、监管场所经营人、仓储企业应当按照有关规定提供便利，配合海关查验。电子商务企业或其代理人、物流企业、监管场所经营人、仓储企业发现涉嫌违规或走私行为的，应当及时主动报告海关。

（6）退货管理：在跨境电子商务零售进口模式下，允许电子商务企业或其代理人申请退货，退回的商品应当在海关放行之日起30日内原状运抵原监管场所，相应税款不予征收，并调整个人年度交易累计金额。

（7）以保税模式从事跨境电子商务零售进口业务的，应当在海关特殊监管区域和保税物流中心（B型）内开展，除另有规定外，参照本公告规定监管。

二、对进口跨境电子商务检验检疫的监管与政策

（一）监管的基本情况

原质检总局对通过跨境电子商务渠道进口的玩具、纸尿裤、服装和餐厨

具等消费品开展专项质量抽查，共抽查 1 013 批，检出安全项目不合格 415 批，不合格率为 40.9%，质量安全问题较为突出。为适应跨境电子商务进口的迅猛发展，2015—2017 年间国家质量监督检验检疫总局先后发布了诸多指导意见和政策，包括 2015 年 3 月 16 日的《关于促进电子商务健康发展的指导意见》、2015 年 5 月 14 日的《关于进一步发挥检验检疫职能作用促进跨境电子商务发展的意见》、2015 年 6 月 9 日的《关于加强跨境电子商务进出口消费品检验监管工作的指导意见》、2015 年 12 月 9 日的《关于做好网购保税跨境电子商务进口动植物源性食品入境检疫监管工作的通知》等文件。

另外，原质检总局于 2015 年 11 月 24 日发布了《跨境电子商务经营主体和商品备案管理工作规范》，2017 年 4 月建立了"质检总局跨境电子商务零售进出口检验检疫信息化管理系统"（简称"总局版跨电系统"，www. kj. eciq. cn，如图 10 – 3 所示），并在 2017 年 6 月 6 日发布了《关于跨境电子商务零售进出口检验检疫信息化管理系统数据接入规范的公告》，对于跨境电子商务经营主体、商品的备案以及数据报送做了详细的规定。

图 10 – 3 原质检总局跨境电子商务零售进出口检验检疫信息化管理系统

除原质检总局外，各地质检系统亦发布了诸多管理办法，比如《上海出入境检验检疫局跨境电子商务检验检疫管理办法》《重庆检验检疫局跨境电子商务小批量进口免予强制性产品认证的特殊用途检测管理办法（试行）》《江苏跨境电子商务检验检疫监督管理办法（试行）》《浙江省人民政府办公厅关于印发浙江省跨境电子商务实施方案的通知》《中国（杭州）跨境电子商务综合试验区检验检疫申报与放行业务流程管理规程》《杭州出入境检验检疫局入境电子商务检验检疫监管工作办法》等。以上文件均对禁止以跨境电子商务形式进口的货品、电子商务企业及其产品备案等问题进行了细致的规定，具备较高的操作性。

专栏 10.3 跨境电子商务进口消费品质量安全问题突出

2015 年，原国家质量监督检验检疫总局对通过跨境电子商务渠道进口的儿童消费品，包括玩具、服装、纸尿裤、餐厨具、湿巾等，进行了质量抽查，总计抽样 654 批，检出品质不合格 217 批，不合格率为 33%。其中，进口玩具共抽查 124 批，检出 28 批产品存在小零件容易导致儿童窒息或物理安全性能不合格，产品主要来自泰国、韩国、德国、美国等国。进口儿童服装共抽查 133 批，检出品质不合格 29 批，主要存在服装绳带配件不符合标准要求、容易导致儿童窒息，以及面料酸碱度不合格等问题。产品主要来自韩国、土耳其、美国等国。

另外，抽查中发现产品标签标识或说明书不合格率达 26%，其原因是许多跨境电子商务经营企业不重视中国有关产品标签标识的法规或标准要求，没有在产品上加贴中文标识及说明书，或没在销售网站上提供电子标识说明书。

资料来源：网易新闻，news. 163. com/16/0315/21/BITR4K5I00014AED. html.

（二）重要的监管政策

根据原质检总局《关于进一步发挥检验检疫职能作用促进跨境电子商务发展的意见》《跨境电子商务经营主体和商品备案管理工作规范》[①] 以及《关于加强跨境电子商务进出口消费品检验监管工作的指导意见》等文件内容，现将重要的监管政策梳理如下。

1. 建立跨境电子商务清单管理制度

以下商品禁止以跨境电子商务形式进境：

---

① 本规范所称跨境电子商务经营主体，是指从事跨境电子商务业务的企业，包括跨境电子商务商品的经营企业、物流仓储企业、跨境电子商务交易平台运营企业和与跨境电子商务相关的企业。本规范所称跨境电子商务商品，是指通过跨境电子商务交易平台销售的进出口商品。

（1）《中华人民共和国进出境动植物检疫法》规定的禁止进境物；

（2）未获得检验检疫准入的动植物产品及动植物源性食品；

（3）列入《危险化学品目录》《危险货物品名表》《〈联合国关于危险货物运输建议书规章范本〉附录三〈危险货物一览表〉》《易制毒化学品的分类和品种名录》和《中国严格限制进出口的有毒化学品目录》的物品；

（4）特殊物品（取得进口药品注册证书的生物制品除外）；

（5）含可能危及公共安全的核生化有害因子的产品；

（6）废旧物品；

（7）法律法规禁止进境的其他产品和原质检总局公告禁止进境的产品。

以国际快递或邮寄方式进境的，还应符合《中华人民共和国禁止携带、邮寄进境的动植物及其产品名录》的要求。

另外，对整批入境、集中存放、电子商务经营企业按订单向国内个人消费者销售的消费品，按产品特性实施分类管理。

第一类：禁止入境类。列入《危险化学品目录》《剧毒化学品目录》《易制毒化学品的分类和品种名录》《中国严格限制进出口的有毒化学品目录》和《危险货物品名表》的物品；可能危及公共安全的核生化等涉恐及放射性等产品；废旧物品；法律法规禁止进境的其他产品和原质检总局公告禁止进境的产品。禁止上述产品以跨境电子商务形式入境。

第二类：重点监管类。国家实施质量安全许可管理或列入法检目录的产品。此类产品需进行现场核查，实施以风险分析为基础的质量安全监管，依据相关规定实施质量安全监测，可采信第三方检验结果，必要时可对第三方检验结果实施验证。

第三类：一般监管类。除第一、第二类以外的其他产品。对此类产品采取基于风险分析的质量安全监督抽查机制，实施事后监管。

对以直邮模式入境的进口消费品，按照快件和邮寄物相关检验检疫监管办法管理。

2. 实施跨境电子商务备案管理

检验检疫机构对跨境电子商务经营主体及跨境电子商务商品实施备案管理，落实跨境电子商务经营主体商品质量安全责任，推动规范跨境电子商务经营秩序，实现质量安全责任可追溯。跨境电子商务经营主体包括：跨境电子商务经营企业（电子商务经营企业）、跨境电子商务平台企业（电子商务平台企业）和跨境电子商务商品物流仓储企业。备案内容包括：企业基本制度和经营商品名称、品牌、HS编码、规格型号、原产国别、供应商名称等。跨境电子商务经营企业应仔细核对商品信息，确保信息准确、真实。

3. 创新跨境电子商务检验检疫监管模式

（1）对跨境电子商务商品实行全申报管理。收发货人或其代理人通过地方政府建立的跨境电子商务公共信息平台向检验检疫机构申报商品信息、订单信息、支付信息、物流信息、收发货人信息等，对低风险商品审核放行，高风险商品可逐步采信第三方检测结果合格放行。

（2）对出境跨境电子商品实行集中申报、集中办理放行手续。不断完善以检疫监管为主，基于风险分析的质量安全监督抽查机制。加大第三方检验鉴定结果采信力度，监督具有资质的第三方检测机构实施检验检测，进行产品质量安全的合格评定。对一般工业制成品，以问题为导向，加强事后监管。

（3）对入境跨境电子商务商品实行集中申报、核查放行。对通过国际快递或邮寄方式进境、收货人为个人、以自用为目的的物品，按照快件和邮寄物相关检验检疫监管办法管理。对整批入境、集中存放、电子商务经营企业按订单向国内个人消费者销售的物品，实施以风险分析为基础的质量安全监管，依据相应产品国家标准的安全卫生项目进行监测。

4. 构建跨境电子商务风险监控和质量追溯体系

（1）构建跨境电子商务风险监控体系。加强对跨境电子商务商品的风险评估，制定重点商品和重点项目监管清单，不断建立完善质量风险信息采集机制、风险评估分析机制和风险预警处置机制。特别是涉及人身安全、健康和环保的项目，通过现场查验、抽样检测和监督抽查等，加强风险监控和预警。对达不到质量安全要求的，采取风险通报、停止销售、强制召回、退运销毁等措施，保障质量安全。

（2）构建跨境电子商务质量追溯体系。充分运用信息化手段，建立以组织机构代码和商品条码为基础的电子商务产品质量追溯制度，通过加贴防伪溯源标识、二维码、条形码等手段，实现跨境电子商务商品“源头可溯、去向可查”。加强与质检部门的合作，探索建立“风险监测、网上抽查、源头追溯、属地查处”的质量监测机制，对发生的质量安全事故或投诉，及时组织开展调查，实现质量安全可追溯、责任可追究。

5. 关于跨境电子商务零售进口通关单政策的说明

原质检总局在2016年5月15日出台了《关于跨境电子商务零售进口通关单政策的说明》，规定：

（1）按照检验检疫法律法规规定，进口法检货物应凭检验检疫机构签发的通关单办理海关通关手续。跨境电子商务零售进口新政明确了跨境电子商务商品的货物属性，检验检疫应依法签发通关单。

（2）为提高跨境电子商务商品通关效率，原质检总局在通关单管理上采取了相应的便利措施。一是通关单仅针对跨境电子商务零售进口中的网购保税商品。而对于跨境电子商务零售进口中的直购商品，免予签发通关单。二是将通关单的签发环节设定在“一线”[①]，避免在“二线”出区时对小包裹逐个签发通关单，缩短通关时间、降低企业成本。三是实施通关单联网核查，检验检疫机构将通关单电子数据直接发送海关，尽最大可能实现通关单无纸化，进一步提高通关效率。四是清单内仅有约36%的编码在“法检目录”内，需要凭通关单验放，其余都不需要通关单即可办理海关通关手续。

第三节　我国对出口跨境电子商务的监管与政策

一、对零售跨境电子商务（B2C）出口税收（退免税）的政策

出口退税是指对出口货物退还其在国内生产和流通环节实际缴纳的增值税、消费税。[②] 出口货物退税制度，是一个国家税收的重要组成部分。出口退税主要是通过退还出口货物的国内已纳税款来平衡国内产品的税收负担，使

① “一线”是指货物从国外进入我国保税区；“二线”是指货物从保税区进入我国关内其他地区。

② 退税的形式包括：（1）出口免税并退税，指货物在出口销售环节不征增值税，对货物在出口前实际承担的税收负担，按规定的退税率计算后予以退税；（2）出口免税不退税，指货物在出口销售环节不征增值税，而且因为这类货物在前一道生产、销售环节或进口环节是免税的，因此出口时该货物的价格中是不含税的，也无须退税；（3）出口不免税也不退税，出口不免税是指国家限制出口的某些货物在出口环节视同内销，照常征税，出口不退税是指对这些货物不退还出口前实际负担的税款。适用这个政策的主要是税法列举限制出口的货物。

本国产品以不含税成本进入国际市场，与国外产品在同等条件下进行竞争，从而增强竞争力，扩大出口创汇。

跨境电子商务中，B2B 模式在出口流程以及退免税手续上基本等同于传统外贸。根据现行规定，出口退税货物应具备的条件如下：必须属于增值税、消费税征税范围的货物；必须是报关离境的货物；必须是在财务上做销售处理的货物；必须是出口收汇并已核销的货物。另外，对于外贸企业和生产企业，国家规定了不同的退税方法：对于前者出口货物实行免税和退税的办法，即对出口货物销售环节免征增值税，对出口货物在前各个生产流通环节已缴纳的增值税予以退税；对于后者自营或委托出口的货物实行免、抵、退税办法，对出口货物本道环节免征增值税，对出口货物所采购的原材料、包装物等所含的增值税允许抵减其内销货物的应缴税款，对未抵减完的部分再予以退税。

对于 B2C 模式，财政部和国家税务总局为落实《国务院办公厅转发商务部等部门关于实施支持跨境电子商务零售出口有关政策意见的通知》（国办发〔2013〕89 号）的要求，于 2013 年 12 月 30 日发布了《关于跨境电子商务零售出口税收政策的通知》，对相关政策做了规定。

（1）电子商务出口企业出口货物（财政部、国家税务总局明确不予出口退（免）税或免税的货物除外，下同），同时符合下列条件的，适用增值税、消费税退（免）税政策：

①电子商务出口企业属于增值税一般纳税人并已向主管税务机关办理出口退（免）税资格认定；

②出口货物取得海关出口货物报关单（出口退税专用），且与海关出口货物报关单电子信息一致；

③出口货物在退（免）税申报期截止之日内收汇；

④电子商务出口企业属于外贸企业的，购进出口货物取得相应的增值税专用发票、消费税专用缴款书（分割单）或海关进口增值税、消费税专用缴款书，且上述凭证有关内容与出口货物报关单（出口退税专用）有关内容相匹配。

（2）电子商务出口企业出口货物，不符合本通知第一条规定条件，但同时符合下列条件的，适用增值税、消费税免税政策：

①电子商务出口企业已办理税务登记；

②出口货物取得海关签发的出口货物报关单；

③购进出口货物取得合法有效的进货凭证。

（3）电子商务出口货物适用退税、免税政策的，由电子商务出口企业按现行规定办理退税、免税申报。

（4）适用本通知退税、免税政策的电子商务出口企业，是指自建跨境电子商务销售平台的电子商务出口企业和利用第三方跨境电子商务平台开展电子商务出口的企业。

（5）为电子商务出口企业提供交易服务的跨境电子商务第三方平台，不适用本通知规定的退税、免税政策，可按现行有关规定执行。

专栏 10.4　出口退税案例

一、案例

A 公司为已办理出口退（免）税资格备案的电子商务外贸公司，属于增值税一般纳税人。A 公司通过在境内设立的跨境电子商务第三方平台 B 开展出口业务，并按月支付服务费。2016 年 5 月 15 日，国外 C 客户通过互联网向 A 公司采购一批高尔夫球，增值税税率为 17%，退税率为 13%，消费税税率为 10%，合同签订出口销售额为 10 000 元人民币（FOB 价，下同）。5 月 22 日，A 公司从国内 D 生产企业购进同数量高尔夫球，取得的增值税专用发票上注明的价款为 8 000 元，增值税税额为 1 360 元；同时，取得该批高尔夫球消费税专用缴款书上注明消费税税额为 800 元。5 月 25 日，A 公司办妥出口离境手续，取得海关出口货物报关单电子信息，并且 C 客户已在网上支付货款。当月 A 公司记入外销收入账，于次月的增值税纳税申报期内申报了出口退（免）税。A 公司增值税与消费税退（免）税计算如下：

增值税应退税额 = 增值税退（免）税计税依据 × 出口货物退税率 = 8 000 × 13% = 1 040（元）。

结转成本税额 = 增值税退（免）税计税依据 ×（出口货物征税率 − 出口货物退税率）= 8 000 ×（17% − 13%）= 320（元）。

消费税应退税额 = 从价定率计征消费税的退税计税依据 × 比例税率 = 8 000 × 10% = 800（元）。

二、案例分析

（一）取得资格才能适用退（免）税政策

根据财税〔2013〕96号文《关于跨境电子商务零售出口税收政策的通知》规定，电子商务出口企业属于增值税一般纳税人并已向主管税务机关办理出口退（免）税资格备案，具备适用规定的退（免）税政策的基本资格条件。同时，自建跨境电子商务销售平台的电子商务出口企业和利用第三方跨境电子商务平台开展电子商务出口的企业适用退税、免税政策。但平台B属于现代服务中的信息系统增值服务，因此，应根据《财政部国家税务总局关于全面推开营业税改征增值税试点的通知》（财税〔2016〕36号）规定申报纳税。

（二）拥有凭证信息才能办理退（免）税

根据财税〔2013〕96号文规定，出口货物取得海关出口货物报关单电子信息，在退（免）税申报期截至之日内收汇。同时，如果电子商务出口企业属于外贸企业，必须在购进出口货物时取得相应的增值税专用发票、消费税专用缴款书（分割单）或海关进口增值税、消费税专用缴款书，且上述凭证有关内容与海关出口货物报关单电子信息有关内容相匹配。因此，电子商务出口企业应注意每笔出口业务的资料和信息的完整和及时，以免影响退（免）税。

（三）企业类型决定申报退（免）税的不同

A公司属于外贸企业，增值税适用于退（免）税，出口货物（委托加工修理修配货物除外）增值税退（免）税的计税依据为购进出口货物的增值税专用发票注明的金额或海关进口增值税专用缴款书注明的完税价格。如果是生产企业则适用于免抵退税，出口货物（进料加工复出口货物除外）增值税退（免）税的计税依据为出口货物的实际离岸价（FOB）。消费税退（免）税有别于增值税，出口企业出口适用增值税退（免）税的货物免征消费税，如果属于购进出口的货物，退还前一环节对其已征的消费税。

从上述分析可知，96号文虽主体政策明确，但配套的实施细则并未制订，所依据的操作流程均参照传统出口货物退（免）税步骤，在退（免）税环节上还不完全适用，如以特快专递方式出口的价值高、体积小的货物，无法取得出口货物报关单不能享受退（免）税。同时，对电子商务出口既不符合退（免）税又不符合免税条件的，是否采取视同内销征税方式的税收政策及范围应进行细化。

资料来源：王文清，叶全华．跨境电子商务进口与出口退（免）税政策与案例分析．财务与会计．2016（17），40－41.

二、对出口跨境电子商务检验检疫的监管与政策

2013年11月11日，原质检总局出台了《关于支持跨境电子商务零售出口的指导意见》，指出如下内容。

（1）积极推动跨境电子商务零售出口。积极贯彻落实相关政策措施，探索建立和完善跨境电子商务零售出口（以下简称电子商务出口）的检验检疫监管制度，有效推动电子商务出口，促进外贸持续健康发展。

（2）建立电子商务出口企业及其产品备案管理制度。对电子商务出口企业及其产品实施备案管理，及时掌握相关基础信息。鼓励电子商务出口企业通过跨境电子商务平台进行备案，向检验检疫机构提供企业及其产品的基础信息。对电子商务出口企业及其产品实施诚信管理和风险管理等措施，对高风险产品探索建立准入机制。

（3）建立电子商务出口产品全申报制度。通过跨境电子商务平台掌握电子订单、电子运单等信息，跟踪交易关键流程。根据对全口径数据的分析，建立对出口产品的质量监管机制，对严重质量安全问题进行追溯、通报、预警和处置，加强宏观质量管理。

（4）创新电子商务出口产品监管模式。对电子商务出口产品以检疫监管为主，探索建立基于风险分析的质量安全监督抽查机制。利用第三方检验鉴定机构进行产品质量安全的合格评定。根据出口退运、投诉、召回等信息实施有针对性的监管措施。积极探索集中申报、集中办理相关检验检疫手续等便利措施。

（5）加强跨境电子商务检验检疫信息化建设。积极参与地方政府牵头的跨境电子商务平台建设，加强与邮政、港务、民航等企业和相关监管部门的协作，实现与跨境电子商务平台、物流企业和相关部门的数据对接和信息共享。

三、对跨境外汇支付的监管与政策

国家外汇管理局于2015年1月发布了《支付机构跨境外汇支付业务试点指导意见》（以下简称指导意见），要求国家外汇管理局分局、外汇管理部（以下简称分局）应当依据《指导意见》，选择有实际需求、经营合规且业务和技术条件成熟的支付机构参与跨境外汇支付业务试点，并为其办理“贸易外汇收支企业名录”登记手续。对于试点业务的开办，各分局应按照审慎原则严格审核，视情况通过事前征询、事后告知等方式加强与当地人民银行分支机构支付结算管理部门的沟通，提高审核质量。

其重要政策如下。

（1）支付机构跨境外汇支付业务是指支付机构通过银行为电子商务（货物贸易或服务贸易）交易双方提供跨境互联网支付所涉的外汇资金集中收付及相关结售汇服务。

（2）支付机构开展跨境外汇支付业务应当接受国家外汇管理局及其分支机构（以下简称外汇局）的监督和管理，并按规定及时报送相关业务数据。

银行为支付机构办理业务，应合理尽责、严格审核支付机构主体资质和业务范围，对于存在异常的交易应予以拒办，并确保及时准确地录入相关数据信息。

境内机构和个人不得以虚构交易获取或转移外汇资金，不得以分拆等方式逃避外汇监管。从事跨境电子商务的主体还应遵守国家其他有关部门的法律法规。

（3）支付机构办理“贸易外汇收支企业名录”登记后可试点开办跨境外汇支付业务。支付机构申请“贸易外汇收支企业名录”登记，应符合下述条件：

①具有人民银行颁发的《支付业务许可证》，许可业务范围应包括互联网支付；

②近2年内无重大违反人民币及外汇管理规定行为；

③有完备的组织机构设置、业务流程规定、风险管理制度；

④具备采集并保留交易信息数据的技术条件，并能保障交易的真实性、安全性。

（4）支付机构应严格审核参与跨境外汇支付业务客户身份信息的真实性，并留存相关信息5年备查。个人客户留存信息包括但不限于姓名、国籍以及有效身份证件号码等；机构客户留存信息包括但不限于名称、组织机构代码等。

支付机构自主发展境外特约商户，应按照“了解你的客户”“了解你的业务”及“尽职审查”原则保证境外特约商户的真实性、合法性。

（5）支付机构参与跨境外汇支付业务试点，除另有规定外单笔交易金额不得超过等值5万美元。对于交易完成情况核查不充分或未按规定对相关商户执行货物贸易名录企业分类管理等的支付机构，外汇局可将其单笔交易限额下调至等值1万美元。

（6）支付机构可集中为客户办理收付汇和结售汇业务，并按照本指导意见要求实现交易信息的逐笔还原。支付机构应在收到资金之日（T）后的第一个工作日（T+1）内完成结售汇业务办理。在满足交易信息逐笔还原要求的情况下，支付机构可以办理轧差结算。

（7）支付机构在提供跨境外汇支付服务时，应允许客户用人民币或自有外汇进行支付。客户向支付机构划转外汇时，银行应要求其提供包含有交易金额、支付机构名称等信息的网上交易真实性证明材料，经核对支付机构账户名称和金额后办理，并在交易附言中注明“跨境外汇互联网支付划转”字样。

思考与实训

1. 你认为国家对进口跨境电子商务是支持的还是反对的？
2. 海关的“一个理念，两个平台，三单对比，四种模式，五大举措”指的是什么？
3. 跨境电子商务进口税与行邮税、一般贸易下的进口关税有什么区别？
4. 如何才能做到出口B2C模式下获得退税，请设计两种方案？
5. 原质检总局对跨境进口产品是如何进行监管的？

参考文献

［1］易传识网络科技．跨境电子商务多平台运营［M］．北京：电子工业出版社，2017.

［2］朱秋城．跨境电子商务3.0时代——把握外贸转型时代风口［M］．北京：中国海关出版社，2016.

［3］孙韬．跨境电子商务与国际物流——机遇、模式及运作［M］．北京：电子工业出版社，2017.

［4］Wish电子商务学院．Wish官方运营手册：开启移动跨境电子商务之路［M］．北京：电子工业出版社，2018.

［5］陈祎民．跨境电子商务运营实战：思路 方法 策略［M］．北京：中国铁道出版社，2016.

［6］阿里巴巴（中国）网络技术有限公司．从0开始——跨境电子商务实训教程［M］．北京：电子工业出版社，2016.

［7］柯丽敏，洪方仁．跨境电子商务理论与实务［M］．北京：中国海关出版社，2016.

［8］海猫跨境编委会．小而美的跨境电子商务［M］．武汉：华中科技大学出版社，2017.

［9］严行方．跨境电子商务业务一本通：运营管理+选品与营销+物流+结算+售后［M］．北京：人民邮电出版社，2016.

［10］李鹏博．揭秘跨境电子商务［M］．北京：电子工业出版社，2015.

［11］井然哲．跨境电子商务运营与案例［M］．北京：电子工业出版社，2016.

［12］关继超．跨境电子商务：运营基础　策略技巧　案例实践［M］．广州：广东人民出版社，2016.

［13］李鹏博，马峰．进口跨境电子商务启示录［M］．北京：电子工业

出版社，2016.

［14］李鹏博，郑锴. B2B 跨境电子商务［M］. 北京：电子工业出版社，2017.

［15］Dave C.，张景龙，黄磊，等. 微跨境电子商务：六个步骤把你的货卖遍欧美［M］. 北京：中国经济出版社，2015.

［16］林俊锋，彭月嫦. 跨境电子商务实务［M］. 广州：暨南大学出版社，2016.

［17］阿里巴巴（中国）网络技术有限公司. 挡不住的跨境电子商务时代［M］. 北京：中国海关出版社，2015.

［18］汤兵勇，熊励. 中国跨境电子商务发展报告（2015—2016）［M］. 北京：化学工业出版社，2017.

［19］翁晋阳，Mark，管鹏，等. 再战跨境电子商务——颠覆性商业时代下的“野蛮探路者”［M］. 北京：人民邮电出版社，2015.

［20］阿里巴巴（中国）网络技术有限公司. 做跨境电子商务，就是这么简单［M］. 北京：中国海关出版社，2015.

［21］冯晓宁，梁永创，齐建伟. 跨境电子商务：阿里巴巴速卖通实操全攻略［M］. 北京：人民邮电出版社，2015.

［22］麓云. 跨境电子商务：速卖通开店、推广、运营一册通［M］. 北京：清华大学出版社，2016.

［23］韩琳琳，张剑. 跨境电子商务实务［M］. 上海：上海交通大学出版社，2017.

［24］何传添. 跨境电子商务（出口篇）［M］. 北京：经济科学出版社，2016.

［25］汤兵勇，熊励. 中国跨境电子商务发展报告（2014－2015）［M］. 北京：化学工业出版社，2016.

［26］肖旭. 跨境电子商务实务（第 2 版）［M］. 北京：中国人民大学出版社，2018.

［27］马述忠，柴宇曦，濮云清，等. 跨境电子商务案例［M］. 杭州：浙江大学出版社，2017.

［28］徐凡. 跨境电子商务基础［M］. 北京：中国铁道出版社，2017.

［29］张瑞夫. 跨境电子商务理论与实务［M］. 北京：中国财政经济出版社，2017.

［30］鲁丹萍，张博融．跨境电子商务［M］．上海：立信会计出版社，2017.

［31］于立新．跨境电子商务理论与实务［M］．北京：首都经济贸易大学出版社，2017.

［32］杨立钒．跨境电子商务教程［M］．北京：电子工业出版社，2017.

［33］韩小蕊，樊鹏．跨境电子商务［M］．北京：机械工业出版社，2018.

［34］常广庶．跨境电子商务理论与实务［M］．北京：机械工业出版社，2017.

［35］冯晓宁．国际电子商务实务精讲［M］.2 版．北京：中国海关出版社，2016.

［36］兰宜生．国际电子商务教程［M］.3 版．北京：首都经济贸易大学出版社，2015.

［37］周升起．国际电子商务［M］.2 版．北京：北京大学出版社，2016.

11. JAC 外贸工具书——JAC 和他的外贸故事	JAC	45.00 元	978-7-5175-0053-7	2015 年 7 月第 1 版
12. 外贸菜鸟成长记(0~3 岁)	何嘉美	35.00 元	978-7-5175-0070-4	2015 年 6 月第 1 版

外贸操作实务子系列

1. 外贸高手客户成交技巧 2——揭秘买手思维	毅 冰	55.00 元	978-7-5175-0232-6	2018 年 1 月第 1 版
2. 外贸业务经理人手册(第三版)	陈文培	48.00 元	978-7-5175-0200-5	2017 年 6 月第 3 版

书名	作者	定价	书号	出版时间
3. 外贸全流程攻略——进出口经理跟单手记(第二版)	温伟雄(马克老温)	38.00 元	978-7-5175-0197-8	2017 年 4 月第 2 版
4. 金牌外贸业务员找客户(第三版)——跨境电商时代开发客户的 9 种方法	张劲松	40.00 元	978-7-5175-0098-8	2016 年 1 月第 3 版
5. 实用外贸技巧助你轻松拿订单(第二版)	王陶(波锅涅)	30.00 元	978-7-5175-0072-8	2015 年 7 月第 2 版
6. 出口营销实战(第三版)	黄泰山	45.00 元	978-7-80165-932-3	2013 年 1 月第 3 版
7. 外贸实务疑难解惑 220 例	张浩清	38.00 元	978-7-80165-853-1	2012 年 1 月第 1 版
8. 外贸高手客户成交技巧	毅 冰	35.00 元	978-7-80165-841-8	2012 年 1 月第 1 版
9. 报检七日通	徐荣才 朱瑾瑜	22.00 元	978-7-80165-715-2	2010 年 8 月第 1 版
10. 外贸实用工具手册	本书编委会	32.00 元	978-7-80165-558-5	2009 年 1 月第 1 版
11. 快乐外贸七讲	朱芷萱	22.00 元	978-7-80165-373-4	2009 年 1 月第 1 版
12. 外贸七日通(最新修订版)	黄海涛(深海鱿鱼)	22.00 元	978-7-80165-397-0	2008 年 8 月第 3 版

出口风险管理子系列

1. 轻松应对出口法律风险	韩宝庆	39.80 元	978-7-80165-822-7	2011 年 9 月第 1 版
2. 出口风险管理实务(第二版)	冯 斌	48.00 元	978-7-80165-725-1	2010 年 4 月第 2 版
3. 50 种出口风险防范	王新华 陈丹凤	35.00 元	978-7-80165-647-6	2009 年 8 月第 1 版

外贸单证操作子系列

1. 跟单信用证一本通(第二版)	何源	48.00 元	978-7-5175-0249-4	2018 年 9 月第 2 版
2. 外贸单证经理的成长日记(第二版)	曹顺祥	40.00 元	978-7-5175-0130-5	2016 年 6 月第 2 版
3. 信用证审单有问有答 280 例	李一平 徐珺	37.00 元	978-7-80165-761-9	2010 年 8 月第 1 版
4. 外贸单证解惑 280 例	龚玉和 齐朝阳	38.00 元	978-7-80165-638-4	2009 年 7 月第 1 版
5. 信用证 6 小时教程	黄海涛(深海鱿鱼)	25.00 元	978-7-80165-624-7	2009 年 4 月第 2 版
6. 跟单高手教你做跟单	汪 德	32.00 元	978-7-80165-623-0	2009 年 4 月第 1 版

福步外贸高手子系列

1. 外贸技巧与邮件实战(第二版)	刘 云	38.00 元	978-7-5175-0221-0	2017 年 8 月第 2 版
2. 外贸电邮营销实战——小小开发信 订单滚滚来(第二版)	薄如骢	45.00 元	978-7-5175-0126-8	2016 年 5 月第 2 版

书名	作者	定价	书号	出版时间
3. 巧用外贸邮件拿订单	刘　裕	45.00 元	978-7-80165-966-8	2013 年 8 月第 1 版

国际物流操作子系列

1. 货代高手教你做货代——优秀货代笔记(第二版)	何银星	33.00 元	978-7-5175-0003-2	2014 年 2 月第 2 版
2. 国际物流操作风险防范——技巧 · 案例分析	孙家庆	32.00 元	978-7-80165-577-6	2009 年 4 月第 1 版

通关实务子系列

1. 外贸企业轻松应对海关估价	熊　斌　赖　芸　王卫宁	35.00 元	978-7-80165-895-1	2012 年 9 月第 1 版
2. 报关实务一本通(第二版)	苏州工业园区海关	35.00 元	978-7-80165-889-0	2012 年 8 月第 2 版
3. 如何通过原产地证尽享关税优惠	南京出入境检验检疫局	50.00 元	978-7-80165-614-8	2009 年 4 月第 3 版

彻底搞懂子系列

1. 彻底搞懂信用证(第三版)	王腾　曹红波	55.00 元	978-7-5175-0264-7	2018 年 5 月第 3 版
2. 彻底搞懂关税(第二版)	孙金彦	43.00 元	978-7-5175-0172-5	2017 年 1 月第 2 版
3. 彻底搞懂提单(第二版)	张敏　张鹏飞	38.00 元	978-7-5175-0164-0	2016 年 12 月第 2 版
4. 彻底搞懂中国自由贸易区优惠	刘德标　祖月	34.00 元	978-7-80165-762-6	2010 年 8 月第 1 版
5. 彻底搞懂贸易术语	陈　岩	33.00 元	978-7-80165-719-0	2010 年 2 月第 1 版
6. 彻底搞懂海运航线	唐丽敏	25.00 元	978-7-80165-644-5	2009 年 7 月第 1 版

外贸英语实战子系列

1. 让外贸邮件说话——读懂客户心理的分析术	蔡泽民(Chris)	38.00 元	978-7-5175-0167-1	2016 年 12 月第 1 版
2. 十天搞定外贸函电	毅　冰	38.00 元	978-7-80165-898-2	2012 年 10 月第 1 版
3. 外贸高手的口语秘籍	李　凤	35.00 元	978-7-80165-838-8	2012 年 2 月第 1 版
4. 外贸英语函电实战	梁金水	25.00 元	978-7-80165-705-3	2010 年 1 月第 1 版
5. 外贸英语口语一本通	刘新法	29.00 元	978-7-80165-537-0	2008 年 8 月第 1 版

外贸谈判子系列

1. 外贸英语谈判实战(第二版)	王慧　仲颖	38.00 元	978-7-5175-0111-4	2016 年 3 月第 2 版
2. 外贸谈判策略与技巧	赵立民	26.00 元	978-7-80165-645-2	2009 年 7 月第 1 版

国际商务往来子系列

国际商务礼仪大讲堂	李嘉珊	26.00 元	978-7-80165-640-7	2009 年 12 月第 1 版

书名	作者	定价	书号	出版时间

贸易展会子系列

书名	作者	定价	书号	出版时间
外贸参展全攻略——如何有效参加 **B2B** 贸易商展（第三版）	钟景松	38.00 元	978-7-5175-0076-6	2015 年 8 月第 3 版

区域市场开发子系列

书名	作者	定价	书号	出版时间
中东市场开发实战	刘军　沈一强	28.00 元	978-7-80165-650-6	2009 年 9 月第 1 版

加工贸易操作子系列

书名	作者	定价	书号	出版时间
1. 加工贸易实务操作与技巧	熊　斌	35.00 元	978-7-80165-809-8	2011 年 4 月第 1 版
2. 加工贸易达人速成——操作案例与技巧	陈秋霞	28.00 元	978-7-80165-891-3	2012 年 7 月第 1 版

乐税子系列

书名	作者	定价	书号	出版时间
1. 外贸企业免抵退税实务——经验·技巧分享	徐玉树　罗玉芳	45.00 元	978-7-5175-0135-0	2016 年 6 月第 1 版
2. 外贸会计账务处理实务——经验·技巧分享	徐玉树	38.00 元	978-7-80165-958-3	2013 年 8 月第 1 版
3. 生产企业免抵退税实务——经验·技巧分享(第二版)	徐玉树	42.00 元	978-7-80165-936-1	2013 年 2 月第 2 版
4. 外贸企业出口退（免）税常见错误解析 **100** 例	周朝勇	49.80 元	978-7-80165-933-0	2013 年 2 月第 1 版
5. 生产企业出口退（免）税常见错误解析 **115** 例	周朝勇	49.80 元	978-7-80165-901-9	2013 年 1 月第 1 版
6. 外汇核销指南	陈文培等	22.00 元	978-7-80165-824-1	2011 年 8 月第 1 版
7. 外贸企业出口退税操作手册	中国出口退税咨询网	42.00 元	978-7-80165-818-0	2011 年 5 月第 1 版
8. 生产企业免抵退税从入门到精通	中国出口退税咨询网	98.00 元	978-7-80165-695-7	2010 年 1 月第 1 版
9. 出口涉税会计实务精要（《外贸会计实务精要》第二版）	龙博客工作室	32.00 元	978-7-80165-660-5	2009 年 9 月第 2 版

专业报告子系列

书名	作者	定价	书号	出版时间
1. 国际工程风险管理	张　燎	1980.00 元	978-7-80165-708-4	2010 年 1 月第 1 版
2. 涉外型企业海关事务风险管理报告	《涉外型企业海关事务风险管理报告》研究小组	1980.00 元	978-7-80165-666-7	2009 年 10 月第 1 版

外贸企业管理子系列

书名	作者	定价	书号	出版时间
1. 外贸经理人的 MBA	毅　冰	55.00 元	978-7-5175-0305-7	2018 年 10 月第 1 版
2. 小企业做大外贸的制胜法则——职业外贸经理人带队伍手记	胡伟锋	35.00 元	978-7-5175-0071-1	2015 年 7 月第 1 版
3. 小企业做大外贸的四项修炼	胡伟锋	26.00 元	978-7-80165-673-5	2010 年 1 月第 1 版

书名	作者	定价	书号	出版时间

国际贸易金融子系列

1. 国际结算单证热点疑义相与析	天九湾贸易金融研究汇	55.00 元	978-7-5175-0292-0	2018 年 9 月第 1 版
2. 国际结算与贸易融资实务(第二版)	李华根	55.00 元	978-7-5175-0252-4	2018 年 3 月第 1 版
3. 信用证风险防范与纠纷处理技巧	李道金	45.00 元	978-7-5175-0079-7	2015 年 10 月第 1 版
4. 国际贸易金融服务全程通(第二版)	郭党怀 张丽君 张贝	43.00 元	978-7-80165-864-7	2012 年 1 月第 2 版
5. 国际结算与贸易融资实务	李华根	42.00 元	978-7-80165-847-0	2011 年 12 月第 1 版

毅冰谈外贸子系列

毅冰私房英语书——七天秀出外贸口语	毅 冰	35.00 元	978-7-80165-965-1	2013 年 9 月第 1 版

“创新型”跨境电商实训教材

跨境电子商务概论与实践	冯晓宁	48.00 元	978-7-5175-0313-2	2019 年 1 月第 1 版

“实用型”报关与国际货运专业教材

1. 进出口商品归类实务(第三版)	林 青	48.00 元	978-7-5175-0251-7	2018 年 3 月第 3 版
2. e 时代报关实务	王 云	40.00 元	978-7-5175-0142-8	2016 年 6 月第 1 版
3. 供应链管理实务	张远昌	48.00 元	978-7-5175-0051-3	2015 年 4 月第 1 版
4. 电子口岸实务(第二版)	林青	35.00 元	978-7-5175-0027-8	2014 年 6 月第 2 版
5. 报检实务(第二版)	孔德民	38.00 元	978-7-80165-999-6	2014 年 3 月第 2 版
6. 现代关税实务(第二版)	李 齐	35.00 元	978-7-80165-862-3	2012 年 1 月第 2 版
7. 国际贸易单证实务(第二版)	丁行政	45.00 元	978-7-80165-855-5	2012 年 1 月第 2 版
8. 报关实务(第三版)	杨鹏强	45.00 元	978-7-80165-825-8	2011 年 9 月第 3 版
9. 海关概论(第二版)	王意家	36.00 元	978-7-80165-805-0	2011 年 4 月第 2 版
10. 国际集装箱班轮运输实务	林益松 郑海棠	43.00 元	978-7-80165-770-1	2010 年 9 月第 1 版
11. 国际货运代理操作实务	杨鹏强	45.00 元	978-7-80165-709-1	2010 年 1 月第 1 版
12. 航空货运代理实务	杨鹏强	37.00 元	978-7-80165-707-7	2010 年 1 月第 1 版
13. 进出口商品归类实务——实训题参考答案	林 青	12.00 元	978-7-80165-692-6	2009 年 12 月第 1 版

“精讲型”国际贸易核心课程教材

1. 国际贸易实务精讲(第七版)	田运银	49.50 元	978-7-5175-0260-9	2018 年 4 月第 7 版

书名	作者	定价	书号	出版时间
2. 国际货运代理实务精讲（第二版）	杨占林　汤　兴　官敏发	48.00 元	978-7-5175-0147-3	2016 年 8 月第 2 版
3. 海关法教程（第三版）	刘达芳	45.00 元	978-7-5175-0113-8	2016 年 4 月第 3 版
4. 国际电子商务实务精讲（第二版）	冯晓宁	45.00 元	978-7-5175-0092-6	2016 年 3 月第 2 版
5. 国际贸易单证精讲（第四版）	田运银	45.00 元	978-7-5175-0058-2	2015 年 6 月第 4 版
6. 国际贸易操作实训精讲（第二版）	田运银　胡少甫　史　理　朱东红	48.00 元	978-7-5175-0052-0	2015 年 2 月第 2 版
7. 进出口商品归类实务精讲	倪淑如　倪　波　田运银	48.00 元	978-7-5175-0016-2	2014 年 7 月第 1 版
8. 外贸单证实训精讲	龚玉和　齐朝阳	42.00 元	978-7-80165-937-8	2013 年 4 月第 1 版
9. 外贸英语函电实务精讲	傅龙海	42.00 元	978-7-80165-935-4	2013 年 2 月第 1 版
10. 国际结算实务精讲	庄乐梅　李　菁	49.80 元	978-7-80165-929-3	2013 年 1 月第 1 版
11. 报关实务精讲	孔德民	48.00 元	978-7-80165-886-9	2012 年 6 月第 1 版
12. 国际商务谈判实务精讲	王　慧　唐力忻	26.00 元	978-7-80165-826-5	2011 年 9 月第 1 版
13. 国际会展实务精讲	王重和	38.00 元	978-7-80165-807-4	2011 年 5 月第 1 版
14. 国际贸易实务疑难解答	田运银	20.00 元	978-7-80165-718-3	2010 年 9 月第 1 版
15. 集装箱运输系统与操作实务精讲	田聿新　杨永志	38.00 元	978-7-80165-642-1	2009 年 7 月第 1 版

“实用型”国际贸易课程教材

1. 海关报关实务	倪淑如　倪　波	48.00 元	978-7-5175-0150-3	2016 年 9 月第 1 版
2. 国际金融实务	李　齐　唐晓林	48.00 元	978-7-5175-0134-3	2016 年 6 月第 1 版
3. 外贸跟单实务	罗　艳	48.00 元	978-7-80165-954-5	2013 年 8 月第 1 版
4. 国际贸易实务	丁行政　罗艳	48.00 元	978-7-80165-962-0	2013 年 8 月第 1 版

电子商务大讲堂·外贸培训专用

1. 外贸操作实务	本书编委会	30.00 元	978-7-80165-621-6	2009 年 5 月第 1 版
2. 网上外贸——如何高效获取订单	本书编委会	30.00 元	978-7-80165-620-9	2009 年 5 月第 1 版
3. 出口营销指南	本书编委会	30.00 元	978-7-80165-619-3	2009 年 5 月第 1 版
4. 外贸实战与技巧	本书编委会	30.00 元	978-7-80165-622-3	2009 年 5 月第 1 版

中小企业财会实务操作系列丛书

1. 做顶尖成本会计应知应会 150 问（第二版）	张　胜	48.00 元	978-7-5175-0275-3	2018 年 6 月第 2 版
2. 小企业会计疑难解惑 300 例	刘华　刘方周	39.80 元	978-7-80165-845-6	2012 年 1 月第 1 版
3. 会计实务操作一本通	吴虹雁	35.00 元	978-7-80165-751-0	2010 年 8 月第 1 版

乐贸 LEMO

LOVE · EASY · MONEY · OPEN

2018 年中国海关出版社乐贸系列

新书重磅推荐 >>

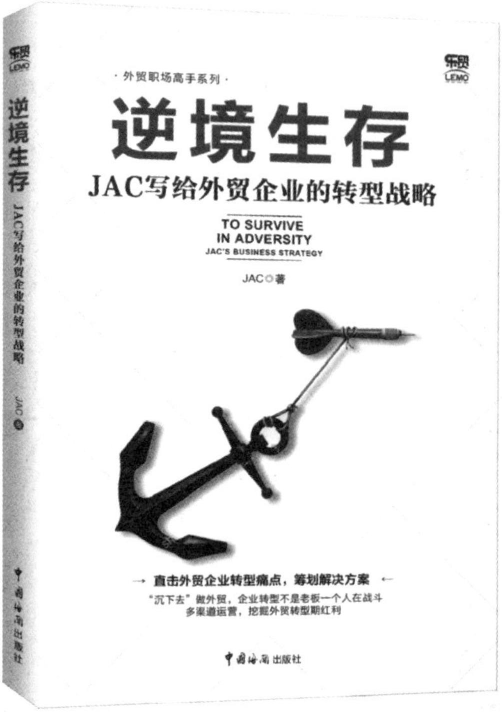

《逆境生存：JAC 写给外贸企业的转型战略》

作者：JAC

定价：55.00 元

出版日期：2018 年 11 月第 1 版

书号：978-7-5175-0315-6

内容简介

本书是外贸“大神”JAC 的又一力作，针对近年来外贸行业陷入的困境，打造了一整套转型战略。

1. 对外贸企业而言：要积累，结合客户画像、销售漏斗模型、标准化文件，全面开发客户；更要沉淀，结合地推与海外仓，抓住转型期红利。

2. 对老板而言：推翻中国式管理模式，落地标准化管理、职责管理方案，提高专业水平，获取更高利润。

3. 对业务员而言：改变陋习，巧用 JAC 议论文谈判法、三品策略等技巧，推进订单进程，晋升为顶级销售员。

4. 对渠道而言：解析 B2B 与 B2C 的真正区别，避开从选品、营销到平台操作中的众多“坑”，开发一片新蓝海。